宗教文化學導論

張 志 剛

學術少年情——臺灣版自序

　　欣聞我的宗教學處女作——《宗教文化學導論》將在台發行繁體字版，不免追憶自己的求知治學經歷，遂感有必要向讀者交代一下該書的探索立意及其學術思路。

　　「文化大革命」剛結束，我便有幸通過首屆（77屆）高考進入北京大學，再續少年時代的「求知夢」。從本科生到研究生，我的專業一直在哲學，畢業留校任教後，則以歷史哲學和文化哲學為治學方向。所以，我在宗教學上實乃「半路出家」。這一學問轉向出於主客觀兩方面的原因：一來像歷史哲學和文化哲學這類宏大的研究領域，注定會涉足不同的歷史或文化背景下的宗教源流，這就使我不得不在宗教學上「補課」，並進而投入相關問題的探索思考；二來當時的北京大學哲學系已開辦了「中國國立大學史上的第一個宗教學專業」，因需充實師資力量而將我調入了新建不久的宗教學教研室。當時我是這樣想的，既然轉而投身於一個新的治學方向，又是一門中國知識界尚待開拓的人文學科，那就該探求一條新的思路。基於自己以往的研究工作，經過再三推敲，我以為這條思路起碼應在如下幾點「出新」：（一）「納新」，即能廣納晚近人文研究領域的諸多新學術成果；（二）「創新」，即經整合晚近學術成果能昇華出一種新治學理念；（三）「更新」，即由前兩步探討所引發的新研討思路有助於更新「現代人」的宗教觀。

　　《宗教文化學導論》便是上述立意及思路的早期成果。就構思而言，全書的八章可歸結三部分內容：（一）提出一個理論假設，在當代人文科學領域，文化研究與宗教研究已被推向了學術前沿，而在二者的交匯處或結合部，一種新學術觀念——「宗教-文化觀」已見雛形，一門新人文學科——「宗教文化學」也在孕育之中；（二）評介六個研究範例，馬林諾夫斯基（Bronislaw Malinowski）的文化人類學，韋伯（Max Weber）的宗教社會學，道森（Christopher Dawson）的文化史學，湯恩比（Arnold

Toynbee）的歷史哲學，蒂利希（Paul Tillich）的文化神學，卡西爾（Ernst Cassirer）的文化哲學；（三）闡發「宗教-文化觀」的主旨要義和「宗教文化學」的學術潛力。

前後經過六、七個寒暑，該書的第一稿於1991年初收筆於北大暢春園「筒子樓」（55樓）的一間公用廚房。時隔不久，我便前往舊金山開始了預計一年的訪學研究。其間，我在舊金山大學、加州大學柏克萊分校、柏克萊協和神學研究生院（GTU）、史丹福大學、芝加哥大學、聖母大學等，或增補材料修改初稿，或向同行專家討教，也就該書主題做過講演。同年，概述本書工作的文章「在宗教與文化的交匯點上——論宗教觀念的一種現代形態」也在國內發表了（《中國社會科學》，1991年第3期）。國內外同行的熱心幫助、指教和好評，激勵我提前回校加工書稿，使之於1993年10月由人民出版社出版發行。

歲月如流，本書首版已有十年了（東方出版社曾於1996年第二版，第二次印刷）。就個體的求知治學歷程而言，可把本書比作「少年之作」，因它構思寫作於宗教學在中國大陸改革開放後的「復興期」，如實地記錄了我在該研究領域邁出的「第一步」。既屬此種特定背景下的「少年之作」，自然在字裏行間留下了「雙重意義上的歷史局限性」——「個體的」和「社會的」，前者主要表現的「虎頭蛇尾」，即相對於本書開篇提出的「一個大膽假設」而言，最後一章所做的學理闡釋尚顯得功力不夠；後者則明顯反映出書中所致力的學術評論、特別是方法論批判仍帶有「時下濃厚的意識形態色彩」。但儘管如此，我仍願將其原原本本地獻給海峽對岸的同胞讀者，這麼做不光是為了留存其「歷史真實性」，更主要的是為了與你們分享其「學術少年情」，因筆者至今仍相信：它所發現的「宗教-文化觀」可在現有人文認識水平上進展宗教學這個新興探索領域的廣度與深度；它所憧憬的「宗教文化學」在國際學界也還是「一片有待開墾的理論處女地」。因而，在它重印之際，與其用自己10年後的些許長進把它裝扮得成熟一點兒，肯定不如以其原有的「學術少年情」來誠邀志同道合者，大家一起探索開拓，試看能否憑藉中華文化的豐厚資源在

「這片理論處女地」上有所建樹。

張志剛，2003年歲末于北大清華蘭旗營小區

序

　　近年來，隨著我國社會的改革開放，在我國沉寂了許久的宗教學研究，開始呈現出活躍的氣氛，而且在研究學風上有很大的改變。人們不再是簡單地以某種固定不變的宗教本質去對它進行批判、否定和預言其消亡的時日了，而是更多地注意於從宗教的演進歷史中去探討其豐富的文化蘊含和它順世隨俗的適存性等等。

　　宗教文化與世俗文化為人類物質活動和精神活動的產物，同是人類現實生活和理性生活的反映。在人類初始時期，原始宗教與原始文化實在是很難分開，而各自給出一個明確的界定的。它們是相伴相依、共生共長的，兩者只是在人類文化進一步發展以後，才逐漸分離開來的。宗教不斷地神化，使其離一般世俗文化越來越遠，乃至在一些方面與世俗文化對立起來。不過，就在這種分離和對立的情況下，其間也還是不斷地相互滲透的。而到了近現代，宗教為了適應現代科技文化環境和現代人的社會生活，為了求得自身的生存和發展，在許多方面容納和吸收了世俗文化，並主動調整教理內容的側重點（如在彼岸、此岸問題上，把對此岸的關懷突出起來；在道德關係上，更側重強調世間道德義務等），從而使自身日益世俗化。尤其是當今世上許多新興的宗教和宗教流派，除了保留一些最基本的宗教儀式外，與一般的世俗文化已找不出多大的分別了。所以，對於現代宗教，我們不能再用對古典宗教的認識和理解去考察它、研究它了，而是需要把它放在當代社會的整體文化背景下，進行多視角、多層面的綜合交叉的考察和研究。

　　這些年來，學術界的同仁們為了拓寬宗教學研究的視野，翻譯出版了不少當代西方著名學者的著作，涉及內容廣泛，所用方法多樣。從研究方法來講，這些譯著中，既有用歷史文化學的方法來研究宗教的，也有用人類學的方法、社會學的方法、心理學的方法、比較宗教學的方法等來研究宗教的。而從內容方面來

講，這些譯著中，不僅有一般的宗教史、宗教學通論，更有眾多的有關宗教文學、藝術、宗教心理學、宗教倫理學等。應當肯定，這些譯著的出版，對我國宗教學的研究工作起了極大的刺激和推動作用。近年來，我國學者也撰寫、出版了不少有相當學術水平的宗教學專著，而且正朝著多視角、多層面的方向開展，這是十分令人欣喜的現象。

張志剛同志的這部著作，也是當今我國宗教學研究新探索道路上的一種嘗試。他試圖通過對當代西方六位著名的文化史學家、文化神學家、文化人類學家、宗教社會學家、歷史哲學家、文化哲學家：道森（Christopher Dawson，1889~1970），蒂利希（Paul Tillich，1886~1965），馬林諾夫斯基（Bronislaw Malinowski，1884~1942），韋伯（Max Weber，1864~1920），湯恩比（Arnold Joseph Toynbee, 1889~1975），卡西爾（Ernst Cassier，1874~1945）等人主要理論的介紹、分析和評論，揭示出當代人文學科研究中，宗教研究與文化研究相結合的趨勢，以及由此而萌生出來的新的現代宗教觀念。他書中在對於形成「宗教─文化」這一宗教觀念現代形態的社會歷史背景，以及對這一觀念形態的總體特徵的細緻分析，對於讀者是很有啟發的。

張志剛同志時值年富，又勤奮好學，近年來筆耕不輟，寫出了不少有見地的論文和專著。他希望我為他的這部書作一序，於是我就寫了以上這些話來聊以復命。我相信，這部著作的出版，將會對我國宗教文化學的研究有所借鑒和推進。此外，我還期待著張志剛同志有更多的新作品好作品問世。

樓宇烈

一九九三年四月於北大中關園寓所

目次

第一章　假設與求證

在當代人文科學領域，文化研究與宗教研究已被推到了學術探索的前沿，而將二者融為一體的宗教文化研究便成為一個跨學科、綜合性極強的課題。本書從作為一個學術交匯點的當代宗教文化研究入手，去批判地考察宗教觀念的晚近發展，並由此推出一個新的學科建設構想。

第一節　一個還算大膽的假設

本書透過具體分析當代人文研究領域六門前列學科的六個研究實例，力圖提出並證明這樣一個理論假設：在文化研究與宗教研究的交匯點上，一種現代形態的「宗教文化觀念」已初步形成，其學術取向與邏輯潛力都在預示著，一門新的人文學科——宗教文化學正在孕育之中。

筆者所以要把上述假設說成是「大膽的」，不光是指學術探索本身無異於「未知世界的精神歷險」，更重要的原因還在於，這個假設在相當大的程度上是基於作者對現代人文研究邏輯走向的一種嘗試性的重新反省而提出來的。

長期以來，國內大多數學者一般是從資本主義社會的基本矛盾和階級利益來闡明現代西方人文科學的發展趨向。從根本上來說，這種研究方法是符合唯物史觀的，是有其深刻根據的。同時也應該承認，在不少關於西學的研究論著中，國內學者對上述方法的實際應用往往存在著某種程度上的程式化、簡單化的傾向，即滿足於社會基本矛盾與統治階級利益的一般認識，而對其他諸多重要因素的具體分析卻顯得不足。這就難免使研究結論顯得「千篇一律」，過於抽象空泛。在我們看來，現代西方人文科學的理論傾向，跟資本主義社會的基本矛盾和階級利益當然有著本質的或根本的聯繫，可這恐怕不是唯一的、甚至不是直接的聯繫。應當意識到，學術活動有其鮮明的特殊性和相對的獨立性，因而

它與社會基本矛盾二者之間總是會有一定距離。也就是說，任何一種社會形態下的學術活動與社會矛盾之間還存在著諸多有待深入探討的「中介環節」。就目前的認識水平而言，至少可以肯定像社會價值或文化價值、社會心理或文化心理等就是溝通二者不可或缺的中介環節。假若能夠本著當代人文科學意義上的「文化觀念」來進一步思考人類社會形態，那麼，闡述中介環節的理論意義就愈發明顯。

擇要論之，在對人文科學晚近傾向的學術批判中，我們起碼應當意識到以下兩方面的問題：

首先，如果說學術活動有其相對的獨立性，而某種社會形態或文化類型的基本矛盾又是重大學術動向的根本原因，那麼，文化價值、文化心理等中介環節就是一些不可漠視的直接動因。也就是說，一個時代或一個歷史階段的學術探討活動，大多是從文化價值觀念與文化心理狀態的波動或巨變之中，直接捕捉重大理論問題，觸發創作動機，然後再去反省或反映社會基本矛盾以及各自階級立場。打個不一定確切的比方：當一個時代或一個歷史時期的學術探索活動發生重大轉向或變化時，社會基本矛盾的諸多方面彷彿是將要進行某種複雜而劇烈的「化學反應」中的「大量元素」，而文化價值或文化心理則往往發揮著「催化劑」的效用。

其次，假如我們的批判對象還屬於一種跨文化的學術活動，譬如，我們後面將要討論現代西方人文科學的晚近動向，而它的生成過程又有著特定且複雜的歷史背景——文化的、社會的、階級的、學術的、哲學的等等，那麼，我們的批判工作在一定程度上便具有值得注意的「歷史研究性質」。這主要是指，我們面對的學術批判對象雖然冠以「現代西方」的限定語，可實際上已經成為「思想史上的史實」。因此，這個批判對象在「現代」的意義下暗含著一種「時間的距離」或「歷史的差異」；而在「西方」的形式下又顯示出一種「空間的距離」或「文化的差異」。以上兩點無疑意味著：在對現代西方人文科學晚近邏輯走向進行具體批判之前，我們還需借助文化價值或文化心理等中介環節來溝通上述

意義的「時間與空間距離」。唯其如此，我們才有可能「於一種具體的文化背景之中歷史地再現批判對象」。關於這一點，也不妨作個通俗的比喻：假若跨文化的學術批判者是一位遠程的思想探索者，那麼，有關文化價值、文化心理、以及由這二者交織而成的文化背景的歷史闡釋，便彷彿是一張事先必備的思想史地圖，其主要功用在於標明：我們的出發點在哪兒？目的地在哪兒？當地當時的「氣候土壤」和「風土人情」又是什麼樣子？

因此，對現代西方人文科學邏輯走向的學術批判來說，在以往關於社會矛盾和階級利益研究的基礎上，進一步加強文化背景、特別是文化價值與文化心理的歷史分析，無疑會使我們的認識更具體、更全面一些。筆者對當代人文科學邏輯走向的重新理解主要就是沿著這樣一條思路展開的。

一般來說，歐洲現代史是從一九一四年算起的。這便意味著：當現代歐洲的歷史序幕一拉開，上演的就是一齣社會悲劇。這齣悲劇以第一次世界大戰為引子，歷經三〇年代的經濟大危機，至第二次世界大戰而告一段落。關於這段動盪年代的歷史進程、後果、以及社會歷史根源，我們原則上同意以往國內學者的基本觀點，茲不贅述。在此筆者想要著重分析的是：既對這一時期西方學術界發生直接影響，又為以往研究所輕視的一個重要因素，這就是整個西方社會在文化價值與文化心理方面的急遽轉向。論及文化價值或文化心理，無疑需要某種切身體驗。所以，我們首先還是來看看幾位西方歷史學家的有關論述。

曾出任過美國國務院歐洲調研室負責人的哈佛大學歷史系教授休斯（H. Stuart Hughes）說：「二十世紀頭十年裡，在西歐和中歐一些比較『先進』的國家，人們的心情普遍帶有清醒的樂觀色彩。確實，一般人懷著比過去任何時期都高的期望。因為在前一個世紀裡，人類，尤其是歐洲的人類似乎一直在穩步前進。歐洲人展望即將到來的新時代，總傾向於認為過去的進步將伸展到無限的未來。根據近百年來的記錄——其主調是和平、繁榮和政治社會生活的民主化——似乎沒有理由去設想未來不會朝著那一方向發展。」①這裡所講的「普遍心情」的確反映歐洲資本主義

上升時期的社會狀況，它根據科學技術的長足進步、經濟生活的日益繁榮和政治生活的相對穩定，對資產階級的理想與資本主義的前途抱有一種積極而樂觀的情緒。我們可以把這種普遍的社會情緒稱為「以理性主義為根基的文化心理狀態」。因為從其文化背景來看，對這種心理狀態影響最大的文化因素非近代西方自然科學的基本精神——理性主義莫屬。正如普林斯頓大學布萊克教授和鮑登學院赫爾姆賴克教授所說：「對工業主義技術上的進展作出如此巨大貢獻的科學思想，對歐洲領袖們有關人與宇宙關係的想法也產生重要的影響。人類在其周圍的神祕世界面前表現的謙卑態度，在十七、十八世紀已開始為較大的自信心所取代。」②

　　布萊克和赫爾姆賴克還進一步指出了這種自信心對整個歐洲學術活動的直接影響。「在二十世紀初十分自信的這種科學的態度，必然會把一種樂觀精神擴散到社會思想領域裡。經濟學家、政治學家和社會學家就從科學的一些新發現中找到方便的類似之處，並採取一種注重事實分析的實證主義態度。如同對一種植物或動物那樣，人們把人類的社會和機構從遠古以來的演變加以描述，並且滿懷希望地相信過去所取得的進步將會延伸到無限期的未來。」③事實的確如此。在這一時期，「自然科學→文化心理→社會科學」真稱得上是一個「觀念生成模式」。不過，布萊克和赫爾姆賴克二位教授只是提到了這一模式達到盛極之時的情形，而其對整個西方學術活動的強烈影響至少還可以往前推兩個世紀。先不說這一時期的社會學、經濟學、歷史學和政治學，即使連遠離現實生活的近代西方哲學在很大程度上也可以看作上述模式的直接產物。大家知道，西方哲學在近代經過一場轟轟烈烈的「認識論轉向」（epistemological turn）。它始於笛卡爾「確認心靈自在、講求清楚明白」，通過休謨等人的努力，最後是康德「批判純粹理性、限定認識能力」。這場轉向的主要成果就是為自然科學所蘊育的理性精神戴上哲學的皇冠，從而確立理性主義的絕對權威，建立了以注重「自然知識」為特徵的認識邏輯。在筆者看來，恐怕很難否認這場認識轉向與上述文化心理氛圍的直接聯繫。

然而，歷經動盪年代，上述帶有濃厚樂觀情調的文化心理狀態崩解了。第一次世界大戰留下的心理創傷尚未癒合，繼之而來的三〇年代經濟大危機和第二次世界大戰又給整個西方社會更沉重的打擊。面對戰爭的殘暴、經濟的蕭條、道德的墮落……西方資產階級有史以來第一次真切地感到，不僅自己的理想遭到挑戰，甚至連自身的生存也受到了威脅。資本主義究竟向何處去、其前途又如何？這是從第一次世界大戰以來便深深困擾著整個西方世界的一個時代難題。社會動亂年代往往也是傳統價值觀念的斷裂時期。這一點在現代歐洲初期反映得尤為明顯。我們在這一時期文化背景中所看到的是：從樂觀到悲觀，從自信到焦慮，從崇尚科學到懷疑科學，從高抬理性到審視理性……等。總之，似乎一切都走向傳統文化價值觀念的反面。正是在這種文化氛圍中，歐洲社會一度形成了以憂慮與悲觀為特徵、以非理性主義為基礎的文化心理狀態。

　　文學藝術總是以鮮明的性格表現出社會心態。例如本世紀二〇至三〇年代的歐洲文學藝術，在小說、戰劇、詩歌方面，儘管十九世紀後期的現實主義仍不失為風格，但真正控制文壇的卻是表現主義、達達主義、以及超現實主義；繪畫方面，一些年輕畫家拒絕印象派技法，推出野獸派、抽象派、立體派等等；而在音樂領域同樣也不乏反傳統的嘗試。當然，這一時期的文學藝術並非我們的分析重點，在此只是順便一提而已，關於學術活動與文化心理二者之間的真正聯繫還是應當從人文科學本身去尋找。

　　通觀一次世界大戰後的歐洲人文科學，深層心理學的確可以說是一門最活躍的學科。所謂的深層心理學也就是指精神分析心理學。事實上，早在第一次世界大戰之前，精神分析學派創始人弗洛伊德的基本觀點就已形成，並有一定傳播。然而，這些觀點的廣泛流傳和深刻影響無疑是在大戰之後。尤其是到弗洛伊德的《自我與本我》（1923）出版後，精神分析學派的觀念一時成為歐洲人文科學探討人類動機問題的主要方法之一。而在這時，弗洛伊德逐步轉向闡發精神分析學說的社會歷史意義。繼《自我與本我》後，他又寫出影響較大的《文明及其不滿》、《摩西與一神論》

等書。精神分析學派自早期就有分化的跡象；第一次世界大戰前夕，阿德勒（Alfred Alder）和榮格（Carl Gustav Jung）相繼背離弗洛伊德各立門戶，分別主張「個體心理學」和「分析心理學」。但二者相比，更有創新的還是榮格。榮格在避開「泛性論」傾向的同時，又堅持主張「潛意識是心理學的一個分野概念」。他通過研究東方的哲學、宗教、神話等文化現象，提出一種新的「潛意識分層構想」，即把潛意識劃分為「個人的潛意識」與「種族的潛意識」。他認為，前者包括被壓抑、被遺忘的各種經驗，後者主要是指隨人腦結構遺傳下來的「普遍精神機能」、尤其是「種族神話聯想」或稱「種族神祕意象」，而這正是全部意識與潛意識的原型或根底。榮格關於「種族潛意識」的假設，對當代歐洲文學、哲學、宗教學、神話學、人類學等等都有廣泛的影響。

　　無論分析心理學還是個體心理學，畢竟都是弗洛伊德的後學，是一根樹幹上的分枝。因而，若就深層心理學的文化影響而論，還是應當從弗洛伊德說起。弗洛伊德在《精神分析學概論》中毫無顧忌地承認，精神分析學說主要因兩個觀點觸怒了整個世界。一是「潛意識觀念」觸怒了「理智的偏見」；一是「性本能學說」觸怒了「道德的偏見」。④這恐怕就是深層心理學在第一次世界大戰後之所以能夠產生巨大文化影響的主因。想一想未等世界大戰的硝煙散去就已在歐洲大陸上蔓延開來那種懷疑一切的文化心理狀態──懷疑科學、懷疑理性、懷疑自我、懷疑一切傳統的文化價值觀念，就不難明白為什麼戰前即有的一門冷僻學問會一夜之間成為學術界的「爆發戶」，為什麼一種具有強烈反傳統傾向的觀念不僅可以征服哲學殿堂上的「理性主義」，而且還能贏得平民百姓的世俗情感。學術動向與文化心理的密切關係由此可見一斑。

　　但在所有人文學科中，對這一時期文化背景與文化心理反省最深刻的還是哲學，尤其是德國哲學。在這裡，我們想以一位長期以來沒有得到充分重視的德國歷史哲學家斯賓格勒（Oswald Spengler，1880～1936）為例來討論這一點。一提到斯賓格勒，便令人想起《西方的沒落》。這本書是斯賓格勒的成名作，出版於一

九一八年七月，那時一次世界大戰漸近尾聲，西方社會危機重重，該書一出版隨即以時興的主題吸引西方各界讀者，特別是在歐洲知識分子之間激起了巨大反響，由此引發了一場長達幾十年的西方文化命運之爭，可以說西方曾有一股「斯賓格勒熱」。現在看來，這股熱潮的確有其歷史根據。《西方的沒落》一書，一方面以其時髦主題回應了文化心理的現實需要，另一方面又借其文化批判昭示著人文科學的某種走向。

斯賓格勒是一位極富現實感的學者。他從事歷史哲學研究的動機在於探究西方文化的命運。他認為西方文化的沒落乍看之下似乎是一種具有時空限度的現象，其實是一個哲學問題，它包含著有關「存在」的全部重大意義。面對這樣一個艱巨的課題，非破除舊哲學觀念，發現一種新哲學不可為之。斯賓格勒指出，以往的全部哲學皆可劃歸於「形而上學」。這種形而上學只關注自然知識，只把「自然的世界」（World-as-nature）作為哲學的唯一對象，卻把更為重要的「歷史的世界」（World-as-history）全然忽視了。康德在其主要著作中討論了理性認識的形式法則。對他來說，理性的對象就是自然，所謂的知識就是數學。他自己以及後來的思想家都沒有意識到這種看法理應有所保留，更沒有思考過用來領悟歷史印象的方法。很顯然，這種形而上學的研究方法幾乎是從自然科學、特別是物理學中照搬過來的因果觀念，結果是哲學家們雖在討論自然卻自以為是在研究歷史。過去一百年間，上述形而上學的認識方法一直壟斷著西方哲學的歷史思維。而西方文化的沒落這個課題的提出，則標示著舊哲學的終結、新哲學之興起。伽利略說過，哲學作為自然的鴻篇巨制是用「數學語言」寫成的。我們正期待著一位哲學家告訴我們，歷史是用何種語言寫成的。斯賓格勒自信地說：我所主張的「世界歷史形態學」主旨就在於，一反舊哲學的觀念，重新審視世界的形成、運動和意義。但這一次不受限於僵死的、機械的自然，而是著眼在生動的、有機的歷史，不是訴諸理性的批判而是憑藉心靈的直覺；從各大文化的形式語言入手去揭示文化的基礎，闡述文化的邏輯。

斯賓格勒認為，要建立世界歷史形態學，還必須要根除「古

代——中古——近代」這個長期主宰著西方歷史研究的思維模式。這個模式的特點在於把歐洲文化當作中心、當作「太陽」，以歐洲歷史的三分法「古代——中古——近代」為框架編排世界通史，而把其他偉大的文化及其歷史一概看成環繞這個太陽旋轉的「行星」。所以，斯賓格勒把它比作「歷史研究領域中的托勒密體系」，進行了嚴厲的批判。他指出，首先這個體系是一種世界歷史的幻象。由於大量習以為常的視覺幻象，我們歐洲人便把其他文化的悠久歷史，例如中國和埃及的歷史，縮小成了簡短的插曲、附注，而把歐洲近幾十年的歷史恣意誇張。我們之所以把歐洲文化看作中心，理由似乎只是我們住在這裡。當然，對西方文化來說，雅典或巴黎的存在比洛陽等地重要的多。但難道可以根據這類估計來編造一種世界歷史體系嗎？相反，我用來取代這個體系的觀點可以叫做「歷史領域中的哥白尼發現」。「因為它不承認古典文化或西方文化比印度文化、巴比倫文化、中國文化、埃及文化、阿拉伯文化、墨西哥文化占有任何特權地位——這些文化都是動態存在的個別世界，就其意義來說，它們在歷史的一般景觀中和古典文化一樣重要，而就其精神之偉大和向上之力量來說，它們還往往超過古典文化。」⑤

其次，這個體系是一種直線發展的觀念。在這個體系中用來標示世界年齡的神祕數字「三」，對形而上學學者是很有誘惑力的。許多大思想家不僅不經深思就認可了這個「普遍同意的」體系，而且把它作為自己學說的哲學基礎。尤其錯誤的是，他們有意或無意地把其中的第三個詞「近代」視為人類的目標、歷史的終結。比如，歷史被赫德爾描寫成人類教育的進步，被康德描寫成自由觀念的演化，被黑格爾描寫成世界精神的展開等等。總之，人們可以各投所好，隨意解釋。這實際上是放任個人信仰，以種種抽象的公式作為評價整個歷史的準則。更何況如此種種自封為「永恆真理」的公式只不過反映了西方文化的觀念，有的甚至僅僅反映了歐洲知識階層的願望。一旦去除這個體系的幻象，豐富的現實形式馬上就會顯露出來，我們看到的就不會是某種直線發展的歷史，而是諸種偉大文化的生動場面。其中，「每個文

化都以原始的力量從故土中生長起來，並在整個生命周期裡植根不移；每個文化都把自己的影像印在它的材料、它的人類身上；每個文化都有自己的觀念，自己的愛好，自己的生命、意志和情感，自己的死。」⑥斯賓格勒正是根據上述主要認識，明確主張「文化是貫通過去與未來的世界歷史的基本現象」，而所謂的世界歷史就是各種文化的「集體傳記」⑦，並由此轉入了帶有濃厚文化比較色彩的世界歷史形態學研究。

我們在此之所以要以斯賓格勒為例，並非因為其歷史哲學思想多麼深刻。與同時代的其他著名哲學家相比，斯賓格勒的「世界歷史形態學」也許不值得在哲學史上留下一筆，尤其是他對西方文化前途問題的悲觀結論，早已在西方社會的譴責聲中被拋棄了。但不可否認，斯賓格勒卻有其過人之處。他不僅早在戰前就敏銳地意識到西方社會於近現代之交必然面臨的獨特問題——西方文化的沒落；更引人注目的是，他還通過文化背景與文化心理的哲學批判，充分揭示了人文科學在這一時期難以迴避的兩大難題：歐洲中心論與文化多元論的關係問題、理性主義與非理性主義的關係問題。在筆者看來，後兩個問題對於理解現代西方人文科學的邏輯走向有著不可小覷的意義。鑒於國際學術界斯賓格勒研究的一般水平，目前還不宜給斯賓勒較高的評價。但至少可以肯定的是，斯賓格勒比較早地借其文化批判使上述兩個悠關全局的問題明朗化了，而他在這兩個問題上所作出的觀念抉擇也比較明顯地向後人提示了現代人文科學研究的兩大邏輯轉向。

1.從歐洲中心論轉向文化多元論

在近代西方學術界，「歐洲文化中心論」的確可以說是一種潛移默化的思維定勢。著名的日本比較研究學家中村元指出：「西方人堅信歐洲精神的絕對優越性，對此容不得絲毫懷疑，這時他們的視野所及，自然只有唯一的西方思想。」⑧這種歐洲中心論的成因首先是近代歐洲在科學的領先地位，尤其是經濟和政治上的霸權地位。但它畢竟只是文化一元論的一個典型，因而其真正的文化根據也並不比其他文化一元論深刻多少。文化一元論不

能不說是一種由來已久、無所不在的文化現象，其淵源似乎可以一直追溯到原始部族出於生存需要而美化自身、拒斥異族的文化心態。據美國人類學家本尼迪克特（Ruth Benedict）考證，北美現存原始部落的名稱大多是一些用以自我肯定的土語。像祖尼（Zuñi）、丹尼（Déné）、基奧瓦（Kiowa）等等，這些字眼在當地土語都意指「人類」，即「我們自己」。不言而喻，我們之外的異己部落就都是「非人」、甚至是「野獸」。⑨由此細微之處已足見文化一元論的原初形態或其文化淵源之久遠。

事實上，直到世界性的工業體系形成之前，上述原始文化心理傾向不但沒有絕跡，反而依仗著千百年來的文化隔離狀態不斷生長蔓延，以致不僅在文化心理中積累成種族文化優越感，而且在學術研究中形成了一元文化觀。在上述意義上或許可以肯定，有多少種文化類型便有多少種「ＸＹ文化中心論」。這樣一種文化成見無疑有礙於整個世界歷史的認識。正如一種文化習俗必有其文化根源一樣，破除一元文化觀也需要特定的文化氛圍。今天看來，這種氛圍最早是在西方出現的。十九世紀後期以來現代工業的崛起，文化交流的疏通，人文研究，特別是人類學、考古學、語言學、神話學的進步，均為打破歐洲文化中心論提供了客觀的可能性。而近現代之交歐洲社會面臨的文化危機，則進一步加快了認識進程，使整個西方從自我中心的迷夢中驚醒過來。顯然，斯賓格勒對歐洲中心論的否定和對文化多元論的肯定，應當看作上述文化氛圍的理論回聲。

從總體來看，斯賓格勒由批判歐洲中心論轉入文化比較研究決非個別現象。中村元先生在剛才提到的那本書中指出，第一次世界大戰後，比較思想研究是以德國為中心的。筆者不知這種說法能否成立。但事實上，整個西方人文科學研究在一次世界大戰之後，圍繞著西方文化前途問題的激烈論爭，的確呈現出一派比較研究的新局面，而且這股趨勢至今方興未艾，以致可以視為現代西方人文科學研究的一個顯著特徵。筆者認為，這跟前面分析的文化背景有著直接聯繫。在國內外以往的研究中，常見有人把西方比較研究的源頭遠溯到古希臘羅馬時期。如果這只是在一般

意義上說說而已倒也罷了。但若就現代意義上的比較研究、尤其是文化比較研究而論，那就有點扯遠了。道理很明白，不摒棄歐洲文化中心論，根本就沒有真正意義上的文化比較研究可言。換句話說，文化比較研究首先是以多元文化觀為基本前提的。總之，我們的第一個結論是：從歐洲中心論轉向文化多元論，進而展開文化比較研究，這對現代西方人文科學來說是一種帶有必然性的邏輯走向。

2. 從理性主義轉向非理性主義

接下來討論的第二種轉向較之前一種更根本一些。要說前一種轉向尚屬一般學術觀念的變化，後一種則是深層哲學觀念的革新。關於第二種轉向的歷史原因，我們已從斯賓格勒的文化批判中有所了解，這就是試圖清除近代自然科學的基本精神——「理性觀念」對人文科學、特別是哲學的不良影響。當然，斯賓格勒對近代西方歷史思維和哲學研究的方法論觀念提出的批評有失偏頗，他所主張的基本觀念，諸如神祕的直覺、歷史的宿命、有機的邏輯等等更顯荒誕。然而，他卻以其過激的語言提出了一個發人深省的問題：近代自然科學的方法論觀念、尤其是理性概念對史學、哲學乃至整個人文科學到底有無消極影響呢？

其實，早在斯賓格勒以前就有一大批思想家開始反省這個問題。在這場學術反省中，歷史哲學一馬當先。德羅伊曾（J. G. Droysen）、布拉德雷（F. H. Bradley）、狄爾泰（W. Dilhelm）等人一再指出，自然科學與人文科學二者無論在對象上還是方法上都是截然不同的，因而歷史研究應當擺脫自然科學的長期影響，尋找適合自身特點的理論方法。從文德爾斑（W. Windelband）到李凱爾特（H. Richert），歷史科學方法與自然科學方法的區別問題更是成了弗賴堡學派的中心論題，李凱爾特反覆論證，歷史領域只有「個別」，自然領域才有「一般」，所以歷史科學運用的是個別化的方法，自然科學運用的則是普遍化的方法。而在斯賓格勒之後，柯林武德（R. G. Collingwood）更尖銳地指出，近代西方的歷史研究方法完全是在其「長媚」自然科學方法的隱蔽之下成長

起來的。因此，若想進行科學的歷史研究，首先必須明辨自然過程與歷史過程的本質區別。他還通過對整個西方思想史的全面反省進一步指出，十九世紀以前，人類的思想先後注重數學、神學和自然科學，由此激發了哲學對這些領域的反思。而當代思想的一大顯著特徵，就是歷史思維日漸重要。於是，哲學反思的重點必然要從自然科學轉向歷史研究。而基於這種反思而形成的歷史哲學也勢必會像前幾個世紀的自然科學那樣，對當代歷史進程產生巨大影響。⑩

由此可見，上述這些歷史哲學家們之所以要緊緊抓住歷史科學與自然科學的區別問題不放，本意無非是想基於現代人文研究的長足進步，竭力擺脫前一代學者對自然科學方法的機械模仿、探求一種適合於歷史研究對象的新觀念、新方法。正因如此，狄爾泰把歷史研究劃歸於「人文的、精神的科學」，主張「內在的體驗」；斯賓格勒把歷史研究視為「文化的研究」，提倡「心靈的直覺」；而柯林武德則認為「一切歷史都是思想史」，因而歷史研究的過程就是「前人思想之重演」。據此我們可以說，這些歷史哲學家想要實現的是一種「觀念的超越」，即超越近代自然科學的方法論觀念，特別是作為其主導精神的理性主義觀念。顯而易見，這種觀念超越現象在現代西方人文科學領域既非偶然、也非個例。像胡塞爾「直面生活世界」，海德格爾發掘「基本本體論」，卡西爾（E. Cassier）「擴大近代認識論的計劃」，拉康（J. Lacan）闡釋「無意識的語言結構」、福柯（M. Foucault）探究「無意識的知識型」……無一不可以看作上述觀念超越傾向的典型代表。至於人文科學的一些前列學科，諸如深層心理學、文化人類學、生命哲學、文化哲學、文化神學、文化史學等等，其名稱本身就彷彿是一種超越的標記，很難想像這一些學科會在上一個世紀的文化環境中得以如此迅速的發展。

從理性主義走向非理性主義，這已是現代西方人文研究的一種明顯動向。現有的問題在於，究竟應當如何理解這種傾向，尤其是如何理解「非理性主義」這個基本概念。筆者認為，這對國內的西學研究來說已經成了一個極待解決的問題。查閱幾年前新

版的《中國大百科全書（哲學卷）》，竟還沒有把「非理性主義」列為正式條目，只是在「唯理論」條目的最後略作解釋：「凡相信理性的理論觀點或思想傾向，都可以稱之為理性主義。與此相對立的是種種形式的『非理性主義』或『反唯理主義』，包括神祕主義、信仰主義、唯情主義、直覺主義以及宗教迷信、盲目崇拜權威或墨守舊傳統思想等等。」⑪上述闡釋明顯給人徹底否定「非理性主義」的感覺，不過它還是比較真實地反映了國內理論界的一般觀點。在近些年來出版的不少西學論著中，「非理性主義」都是以貶義詞的面目出現的。

筆者認為，上述理解實際上存在較大的偏差。我們從前面的文化背景分析已經知道，作為一種人文研究傾向的非理性主義，直接起因於一大批當代學者激烈批判前一代思想家對近代自然科學方法論觀念的盲目崇拜，因而確實可以把「非理性主義」規定為「理性主義」的對立面。但為了避免常見的誤解，這種規定尚需加以限制，即這裡所講的理性主義並非一般意義上的，而是特指近代學者從自然科學那裡照搬過來的、用以處理人文科學研究對象的「自然主義的方法論觀念」。不必諱言，這種意義上的理性主義在有力推動近代哲學與社會科學發展的同時，顯然也給這一時期的人文研究帶來了特定的歷史局限性。這主要表現在：有意或無意地把人文科學的研究對象等同於自然科學的研究對象，乃至用後者的方法論觀念簡單地對待前者。斯賓格勒等人把近代哲學的研究對象說成是「自然」，柯林武德等人把近代史學的研究方法譏諷為「自然科學的學徒」，其批判根據也正在於此。因而，要是非理性主義對理性主義來說真是一種歷史性的反叛，那麼這種反叛傾向的主要意圖即在於以下兩點：第一，在研究對象上，從「自然」走向「自然的對立面」；第二，在研究方法上，由「理性」發現「理性的原動力」。

何為「自然的對立面」呢？與「自然」相對的就是「文化」。斯賓格勒拒斥傳統觀念，再三強調人類歷史是一種文化現象；李凱爾特在討論科學分類問題時，從研究對象的角度有意把人文研究命名為「文化的科學」，諸如此類的做法的確耐人尋味。在德文

中，「自然」為Natur，「文化」則為Kultur，由這兩個詞相同的詞根和不同的前綴可見其對立的含義；而在英文中對應的詞分別為Nature和Culture，其對立意義也同樣明顯。說到這些，筆者並無意從德文或英文一直扯到拉丁文，把讀者引入繁瑣的西語詞源考據，因為名稱問題終歸不是導致現代人文科學轉向文化研究的主要原因，根本的起因還是應該從前述文化背景與學術背景中去尋找。不過，對於文化危機與學術傳統的批判，確曾促使一批當代人文學者開始醒悟到「文化」一詞的真切含義，並為之注入了新的邏輯內涵。所以，有心的讀者可以結合文化背景進一步作些詞源、語義分析，以此作為輔助性的論據。

坦率些說，對非理性主義的評價問題目前還處於一種二難境地。一方面，從西方近現代之交的特殊文化背景來看，非理性主義的文化心理狀態一度有力地助長了近代人文研究中的非理性主義苗頭，使其迅速發展成為現代人文科學的一大潮流。在這一時期，作為一種學術思潮的非理性主義確實產生過不良的理論影響與社會效果，像神祕主義、虛無主義、相對主義、實用主義等等。這無疑從根本上反映出非理性主義早期方法論觀念的不合理成份。但另一方面，從現代人文科學的發展趨向來看，文化心理也的確促使當代人文學者借助於非理性主義比較深刻地反省了近代哲學與社會科學研究的歷史局限性，從而使人文科學無論在研究對象上還是在研究方法上均有一定進展。這尤其表現在，把人類社會及其歷史理解為整體的文化，並通過一些具體手段來探討文化現象的深層動因。因此，就基本精神來看，不妨先把學術上的非理性主義作為一個「中性的概念」來理解；就其積極意義而言，也不妨暫時作出我們的第二個結論：從理性主義轉向非理性主義，進而深化文化研究，這對現代西方人文科學來說也是一種帶有必然性的邏輯走向。

總而言之，現代人文科學中日盛一日的文化研究大致就是在上述兩種轉向的基礎上形成的。換言之，現代人文研究中的文化觀念主要應從上述兩大邏輯走向構成的學術背景中才能獲得較貼切的理解。很顯然，由此而生的現代文化觀已遍及人文科學的各

個領域，用以審視人類社會的種種現象。在這樣一種學術背景下，作為文化整體中的一種基本現象、一種非理性因素、一種主要傳統、一種價值觀念的宗教信仰勢必成為當代文化研究所關注的一個理論重點。概觀現代人文科學諸多前列領域中富有現代意識、不乏創新因素的宗教文化研究，似乎不難看出一門新的人文學科——宗教文化學正在形成。

這是宗教研究領域裡的一種現代傾向；這是一個新的理論生長點或學術至高點。筆者認為，要是基於前述文化背景與學術背景所提出的假設能成立，要是我們懷著科學批判精神與學術超前意識去研討這個新理論的生長，無疑會使我們抓住一次新的機會，有力地推動國內長期沉寂的宗教學研究，使我們在這一領域盡快跨入世界學術前列。

二、關於求證過程的幾點解釋

本書論及的主題既然尚屬「假設」，那便少不得「求證」。而這裡所作的幾點解釋，無非是想先交個底，以便讓讀者明瞭我們的求證過程將從哪兒起步，如何進行，最後又能達到什麼程度。

1.選材

前面提到，我們想要研討的對象並非一門成熟的學科，僅是一門初露端倪的學科，準確地說是一種新的、散見於現代人文科學諸多領域中的學術傾向。這就是一個選材的問題。對此，筆者主要是本著以下三個原則來進行選擇：

第一，注重前列學科的代表人物。本書作為一種新學術傾向的引導性讀物，其目的在於「出新」而不在於「求全」，因而也就有了這樣一個重點選擇的標準。一般來說，前列學科最能反映當代人文研究的新近動向，而其代表人物的基本觀點又比較成熟，這對我們來說無疑是一種較為妥當的選擇。所以，我們將以下列幾位著名學者的有關思想作為考察重點：馬林諾夫斯基的文化人類學；韋伯的宗教社會學；道森的文化史學；湯恩比的歷史哲

學；蒂利希的文化神學；卡西爾的文化哲學。

　　第二，既注重無神論學者的思想，也不輕視身為教徒或神學家的人文學者觀點。宗教文化研究是一個具有雙向吸引力的學術前沿領域。在這裡既有大批無神論學者進行著嚴肅思考，同時也有不少信教的學者、甚至神學家作出了深刻反省。這樣，對同一課題也就有了兩個截然不同的認識角度，即宗教圈之外的觀點與宗教圈之內的看法。不用說，一種科學的批判理應正視來自內外雙方的學術觀念，使之互補而成一完整的研究對象，以求我們的批判更全面、更中肯。在前述考察重點中，道森是一位聲名顯赫的羅馬公教教徒；蒂利希則是一位涉足神學與哲學的兩棲學者；其餘各人可以看作宗教圈之外的當代著名思想家。

　　第三，注重基本問題、尤其是方法論觀念。我們將要討論的這種新學術傾向散見於人文科學的諸多領域，這便意味著儘管我們從中選擇的是那些十分關注宗教文化研究的著名學者，但他們中間有些人的研究興趣恐怕也不僅只於此。所以，對幾位興趣相對集中於宗教文化研究的學者，像道森、蒂利希、湯恩比的觀點，我們將盡可能地全面考察；而對另外幾位興趣較廣的學者，我們將擇其相關論點。但無論如何，我們的評論重點均將置於宗教文化研究中的基本問題、特別是方法論觀念，對這一門有待建設的新學科來說無疑是首要的東西。

2.描述

　　「述」與「評」是西學研究中的兩個基本步驟。按筆者的理解，所謂的「述」在這裡主要是指「引述」或「描述」，而「評」則指「評價」或「批判」。二者的聯繫在於，「述」為「評」之條件，「評」為「述」之目的。由此可見，引述或描述的確是一個不可或缺的研究環節。對不同的研究對象應有不同的描述方法，也就是說，描述的原則應當取決於對象的特質。

　　筆者認為，本書的研討對象主要有兩個特點：其一，它是現代人文科學領域中一些已故著名學者的觀點，在現代思想史上業已成為史實的思想；其二，它是由一些作為史實的思想匯集起

來、尚待探討的一個新學術領域。因此，我們的描述顯然應當力求達到這樣的程度：忠實於歷史事實，盡可能客觀地而不是任意地，完整地而不是支離地描述各位學者的基本觀點。簡言之，盡可能使研究對象還其原貌。唯其如此，才能為我們的批判奠定較牢靠的基礎。

所以，我們在描述過程中採取以下步驟：首先，概述各位學者的一般觀念，為理解他們的整體思路提供必要的理論背景；其次，分述這些學者的具體論點，即他們各自提出的問題及其給予的答案。鑒於目前國內西學文獻的翻譯出版水平，我們的描述也將盡可能以原始資料或英譯本為主要依據，並一一注出英文本的書名與版本，便於讀者查閱。

3.批判

在交代選材原則時，我們實際上已經對批判重點作了限定，即著重批判各個學者在宗教文化研究中提出的基本問題，特別是方法論觀念。而在這其中，我們又將把方法論觀念批判擺在首位，因為方法論觀念往往是作為一門新建學科的先行原則而出現的。

不言而喻，中國人研究西學就是為了批判。當然，這裡的批判不是指「機械的否定」，而是說「辯證的揚棄」。那麼，究竟如何在具體研究過程中體現出這種真正的批判精神呢？我們是否可以這樣認為，人文科學研究中的方法論觀念大致可分為兩類：一般哲學觀念和具體研究方法。從一般哲學觀念來看，現代西方人文研究在很大程度上仍沿襲著唯心史觀的基本觀念，宗教文化研究領域的情形也是如此。這對我們來說顯然是要加以否定的。但另一方面也必須看到，不少現代西方人文學者在宗教文化研究中確實提出了一些帶有突破性的具體研究方法。儘管這些具體方法與唯心史觀不無關聯，但其合理因素還是不宜簡單否定的。所以，我們將以唯物史觀為研究準則，首先在描述的基礎上對上述兩個層次的方法論觀念展開批判，進而在批判的基礎上，把各個學者在宗教文化研究中所提出一些有價值的基本問題梳理出來。

【注解】

①休斯：《歐洲現代史》，商務印書館一九八四年版，第十頁。

②布萊克和赫爾姆賴克：《二十世紀歐洲史》，上冊，人民出版社一九八四年版，第十四頁。

③同上書，第十五頁。

④參見弗洛伊德：《精神分析學概論》（A GENERAL INTRODUCTION TO PSYCHOA-NALYSIS，New York 1920），第七頁。

⑤斯賓格勒：《西方的沒落》（THE DECLINE OF THE WEST，Complate in One Volume New York 1939），第十八頁。

⑥斯賓格勒：：《西方的沒落》（THE DECLINE OF THE WEST，Complate in One Volume New York 1939），第二十一頁。

⑦參見上書，第一〇四—一一〇五頁。

⑧中村元：《比較思想論》，浙江人民出版社一九八七年版，第四十三頁。

⑨參見本尼迪克特：《文化模式》（PATTERNS OF CULTURE，London 1936），第一章；或中譯本，三聯書店一九八八年版。

⑩以上觀點參見柯林武德：《歷史的觀念》，中國社會科學出版社一九八六年版，第二五八—二五九頁；《自傳》（AN AUTOBIOGRAPHY，Oxford 1939），第八十七—八十九頁。

⑪參見《中國大百科全書（哲學卷)》，第九〇四頁。

第二章
馬林諾夫斯基的文化人類學

　　馬林諾夫斯基（Bronislaw Malinowski，1884～1942）是本世紀上半葉最有影響的文化人類學家之一、功能學派的創始人。全書的討論從他的文化人類學開始，在時間與邏輯上並無太複雜的設想。主要是考慮到馬林諾夫斯基的宗教文化研究帶有強烈的實證色彩，而其方法論觀念又相對比較簡明。這就有利於我們先從一種較為通俗的觀點起步，然後逐步過渡到其它比較複雜的學說。

　　人性的異同源於文化的異同。現代人文科學為一門年輕的學問──文化人類學奠定了新的邏輯起點。在馬林諾夫斯基看來，所謂的文化人類學就是研究文化的特殊科學。它的研究對象是文化，而其各個分支「真正中心就是對文化進行科學研究」。①那麼，文化人類學究竟應該如何研討文化現象呢？作為功能學派的鼻祖，馬林諾夫斯基推出了《西太平洋上的航海者》、《巫術、科學與宗教》、《原始心理中的神話》、《野蠻社會的犯罪與習俗》、《野蠻社會的性交與抑制》等一系列重要著作後，又寫過一本概論性質的《文化》。該書的寫作宗旨總結自己多年來的研究成果，闡發功能學派的基本觀念，為整個文化人類學提供一份研究大綱。

第一節　　《文化》：功能學派的研究大綱

　　馬林諾夫斯基認為，所謂的文化「主要是由既得的人工製品、財物、技術、觀念、習俗和價值構成的。」②所以，若想對文化及其成份進行科學分析，首先必須杜絕形而上學，專注於經驗考察。在以前的社會學研究中，有的學者把文化比作「有機體」，有的把它視為「集合心靈」，還有的則把它看作物質利益或精神衝動單獨作用的結果。上述這些觀點都多少帶有形而上學的

味道；都是不大妥當的。事實上，文化的實體是獨特的，因而必須加以特殊的研究。馬林諾夫斯基指出：「我們發現，文化實質上是由兩大部分構成——物質的和精神的，即已形成的環境和已改變的人類機體。文化實質存在於這兩方面的關係之中，正如我們所見，片面強調其中任何一方都勢必導致社會學上的形而上學，陷入無聊的臆想。」③因此，要正確認識文化的實體與實在，就必須從物質與精神這兩種文化基本成份的相互關係著手進行考察。

文化人類學一向注重實地經驗考察。因而，它比社會學有著天然的長處，沒有深受形而上學觀念的影響。但是，以往的文化人類學研究也存在著相當嚴重的缺陷。過去的學者在處理實地考察材料時常用兩種方法，即「進化學派的方法」與「歷史學派的方法」。它們代表著對於文化進程的兩種不同觀點。進化學派認為，文化的發展是依照一定法則，有一定次序的進化過程。該學派假定文化是可以劃分為簡單要素的，但對這種假設本身卻不予深究。於是，我們在進化學派那裡可以發現各種各樣的進化學說，譬如，關於火神的進化學說，關於宗教的進化學說，關於經濟活動的進化學說，關於婚姻家庭的進化學說，乃至於工具、陶器、裝飾等等的進化學說。必須指出的是，雖然像經濟、工具、陶器等文化現象的演變一般都要遵循一定進化法則，歷經一定發展階段。但是，像家庭、婚姻、宗教等等文化現象並不受制於任何簡單的進化法則。在人類文化活動中，種種基本制度總是不斷變化的，但這種變化決不是形式上的而是功能的。因而，除非對於各種文化現象的功能及方式已有充分認識，任何有關文化現象的起源與發展的猜測都是沒有意義的。迄今為止，在文化人類學研究中一些基本概念，像「起源」、「階段」、「進化的法則」、「文化的發展」等等仍舊是含混不清的，無法用經驗來解釋。「遺俗」是進化學派方法論中最重要的概念。進化論者正是本著此概念由現狀來重構歷史。然而，遺俗這個概念無非是指「一種習俗或制度在現存文化中失去了功能而繼續得以存在」。這樣一來，進化論者作為推測起點的所謂遺俗，就成了一些無法了解的東西。

事實上，如果對於一種文化的認識愈深，其中可稱之為遺俗的現象便愈少。除非我們認為全部文化人類學研究可以建立在「猜測」或「無知」的基礎上，否則在進行任何進化論的研究之前，還需要先作文化功能的分析。

馬林諾夫斯基指出，對進化學派的上述批評同樣也適合於歷史學派。歷史學派試圖通過追尋文化傳播的基本線索來重新建構人類文化的全部歷史。該派學者認為，文化發展中的關鍵性因素是模仿，也就是習俗或工具的傳入。因此，他們在方法上十分關注各種文化的相似之處，並據此來重新建構整個人類文化的傳播過程。問題在於，他們的研究結果卻往往迥然相異。例如，史密斯（E. Smith）的構想與博厄斯（F. Boas）不同；佩里（W. J. Perry）的看法與施米特（P. Schmidt）不同；弗羅貝紐斯（L. Frobenius）的結論與里弗斯（W. H. Rivers）也不同。他們之間的分歧主要是對於文化傳播的單位及其歷程有著不同理解。總體看來，他們是求助於主觀猜測的，而很少把文化傳播問題置於現存的文化當中實際考察。問題的要害正在於，只有根據經驗去研討現有的文化傳播現象，才有希望得到可靠的歷史結論。

然而，歷史學派方法論最薄弱的環節就在於，這些學者用以認同文化要素的標準。文化傳播問題的研究，起因於不同的文化區域發現了相同的或相似的「文化特性或文化叢體」（the traits or complexes of culture）。可是，如何認同兩種文化要素之間的相似性呢？歷史學派所採用的標準可以表述為：「文化形式上互不相干」和「文化要素間偶然相關」。前者是他們方法論中最基本的概念，因為一種文化形式要是取決於該種文化的自身需要，它便不存在任何傳播問題，而是能夠獨自發生，自然連結為文化叢體。所以，格雷布內爾（Graebner）及其後學認為，凡是那些形式上互不相干、要素間偶然相關的文化現象，肯定是文化傳播的直接結果。馬林諾夫斯基指出，傳播論者所採用的標準本身就帶有否定含義。「形式上互不相干」和「要素間偶然相關」，這在最終意義上無異是說，我們目前對於某些文化形式還不能解釋，對於某些文化要素之間的基本聯繫也還不甚明白。對此，我們可以再次提

及批評進化學派時講過的觀點；文化人類學決不能建立在「無知」或「猜測」的基礎上。假若歷史學派不對某一文化先作功能分析，不了解該文化諸多要素之間的相互聯繫，決不可能認識該文化的任何形式。這樣，該派的結論也就沒有任何價值了。

在馬林諾夫斯基看來，上述批評足以說明功能分析之重要。任何一種文化實際上都包括物質與精神兩大方面，它們都是直接或間接地滿足人類需要。如果說文化在物質方面主要表現為一整套工具或器物，那麼我們很難相信現存的文化只是維持著由外來文化傳入、或由以往文化遺留某些偶然的特性或遺俗。就文化的精神方面而言，習俗、制度、道德、價值等等更不可能來自偶然的特性或遺俗。而進化學派和歷史學派恰好就是對這一些偶然的東西抱有濃厚的興趣。馬林諾夫斯基強調指出：「如果我們的看法屬實，那麼所有文化要素必定是活動的、有功能的、有實效的。文化要素及其相互關繫本質上所具有的這些動態特性意味著，人類學最重要的任務即在於研究文化的功能。」④因此，功能學派深信，如果文化進程有一定的法則，這種法則必然體現為文化要素的基本功能。而像進化學派或歷史學派那樣，把整個文化分解為單個原子加以研究是沒有任何出路的，因為文化的意義即寓於文化要素的相互聯繫之中。

由以上觀點可見，馬林諾夫斯基排斥進化學派和歷史學派的方法概論，而把「功能分析」視為文化人類學的首要原則。那麼，何為「功能」呢？又何以能夠揭示文化要素的基本功能呢？馬林諾夫斯基試圖借助一個淺顯的例子來回答這些問題。拿一根五、六尺長、略加修整的木杖來說，即使在最原始的文化中也是一種簡便的工具。它可以用來掘土、墾地、撐船或助行。因此，這一根木杖可以看作一種最理想的「文化要素」或「文化特性」，因為它既有簡單的形式又是一個自足的單位。在馬林諾夫斯基看來，這根簡單的木杖即可以用來說明一些基本的方法論原則。首先可以討論一下，能否像傳播論者那樣，從這根木杖的形式，比如它的質地、長度、重量、色彩等物質特性，來識別各種文化中所用木杖的相同性呢？這種考察問題的程序在方法上顯然是錯誤

的。這是因為，一根作為掘地工具的木杖總是隨人而用的，有時在地裡用，有時在森林裡用；要用時隨手找一根，用完了又往往隨意扔了。一根木杖的經濟價值是很低的，但它卻出現於任何社區的經濟活動中，並出現於任何一種文化的習俗、民謠和神話裡。它的形式時有變化，但這些變化均取決於它特有的用處，比如是用來掘土，抬石頭，還是用來撐船，當拐棍等等。進一步說，在同一種文化裡，形式相同的木杖還可以一物多用，比如，既可以當勞動工具，也可以當生活用具，還可以作防身武器等等。值得注意的是，在所有不同的用途中，它都參與了不同的文化背景（culture context）。也就是說，它所具有的不同用處實際上都內含著不同的思想，體現著不同的價值，實踐著不同的功能。這一點即便是在普通的語言中也能反映出來。例如在英語裡，當一根木杖不具備任何文化功能時，用的是a stick一詞，而具有不同功能的木杖則分別叫做a punting-pole, a walking-staff, a digging-stick等等。文化研究到底應該注重什麼呢？是形式上的相同性還是功能上的差異性？顯然，對於上述問題是不必躊躇的。一物之所以能夠成為文化現象，關鍵因素在於它能滿足人類某種特殊需要，即它在人類文化活動中有其特殊功用。一根鋤把，一根篙竿，一根手杖，在物質特性上本無差異，而一旦參與人類文化活動，它們便各不相同了。簡單的工具是這樣，複雜的事物與觀念也是如此。

　　總結以上分析，馬林諾夫斯基提出了以下幾個基本結論：(1)文化要素的同一性不在其形式而在其功能。假若不能確證形式是取決於功能的，那麼形式本身便不足以作為識別同一性的標準。因此，文化功能是文化要素的基本特性。(2)所謂的文化功能就是指文化要素在人類活動體系中所處的地位與作用。文化功能是文化需要的反映。(3)這裡所說的人類活動體系具有極重要的意義。它並非偶然形成，而是有組織、獨立、永久、普遍的。相同體系可以見之於不同的文化。上述意義上的人類活動體系可以稱之為「制度」（institution），它是構成文化的真正成份。(4)在做為一個整體的文化中，要素、功能與制度三者之間有著密切關係。若想規

定任何一種文化要素的同一性，唯有把它置於做為一種制度的文化背景中，去闡明它所處的地位，去揭示它所起的功能。⑤依筆者所見，上述幾個基本結論即構成功能學派文化研究大綱的主導思想。可以說，馬林諾夫斯基本人在其整個學術生涯中也正本著這些基本思想，廣泛地探討文化的各方面。在這其中，有關原始宗教與原始巫術的研究占有相當大的份量。這些研究成果為建立宗教文化學提供了十分難得的第一手材料。

第二節　原始文化中的「聖」與「俗」

以前的研究者們通常認為，原始文化欠缺理智與科學。馬林諾夫斯基卻對這種傳統觀念持有異議。他指出，只要深入實地潛心觀察即會發現，無論多麼原始的部族均有其巫術、宗教和科學。這便意味著：無論如何原始的文化均有其「聖」與「俗」的一面。聖的一面體現於巫術與宗教；俗的一面則表現於理智與科學。於是，原始文化也就可以相應地劃分為兩大領域：神聖的領域與世俗的領域。

由於存在著上述傳統偏見，以往的文化人類學便忽視了關於原始知識問題的研究。只是近幾十年來才有幾位學者開始注意這一方面的問題。法國學者萊維布呂爾（Lévy-Bruhl）認為，所謂的原始人尚無理智可言。他們不善觀察，不能推理。在他們的心目中還沒有產生本性與屬性、因果與異同等抽象概念，而只是充斥著「主體與客體混然一體」的心理。因此，原始文化生活完全處於「前於邏輯的」神祕狀態。大多數哲學家和人類學家也有相同看法。然而，也有一些學者提出相反的觀點。邁爾斯（J. L. Myres）在為《人類學手冊》而寫的一篇專論中指出，原始社會根據觀察而總結出來的知識已是夠清楚、夠正確的了。戈登威澤（A. Golden Weiser）專門研究原始社會的發明、創造、革新等問題。顯然，所有這些事情都不是「前於經驗」或「前於邏輯」的心靈力所能及。上述兩種截然相反的觀點為後人留下了兩個問題：第一，原始人究竟有無理智？第二，原始知識能否算作早期的科

學？

　　馬林諾夫斯基指出，要探討第一個問題，必須考察原始文化生活中的世俗方面，比如，農業、航海、漁業、戰爭等等，看看其中到底有無一種行為是以經驗和邏輯為依據的，從而有別於巫術和宗教；同時還要著重考察這兩類行為在原始人中是相互區別，還是常為巫術和宗教所包容。為此，馬林諾夫斯基首次運用自己從事實地考察所得的一些第一手資料。

　　新幾內亞及其鄰近地區向來以盛行巫術著稱，這些地區大多還處於石器時代。位於新幾內亞東北部的美拉尼西亞人主要以農業為主。他們的農具十分粗始，用一根尖頭木棍掘地，附以一把石斧。但即使靠這些簡單的農具，他們也能獲得豐產，而且還能做到年年有餘。早些時候，他們的餘糧任其腐爛，現在則用來出口。他們在農業上的成功，除了農業資源天然豐饒之外，就是靠豐富的農業知識。他們深知土壤種類，作物品種，以及耕作技巧之重要，嚴格地因地施種，量時耕作。這些都表明，他們已經十分了解土壤、作物、節氣、蟲害等方面的知識。但與此同時，當地一切農事又都摻雜著巫術活動。美拉尼西亞人每年都要按時在地裡舉行一整套傳統的巫術儀式，這些儀式也都是跟農業活動密切相關的。這就往往使那些膚淺的研究者們誤以為，當地土人的農業與巫術是相混的，因為這些土人是缺乏理智的。事實並非如此。

　　的確，照當地土人看來，巫術對於農業之興旺是不可少的。務農不行巫，對他們來說是絕對不可想像的，因為他們祖祖輩輩就是這樣過來的。儘管他們和白人通商已經一百多年了，受歐洲人的統治和基督教的影響也有三十多年，但所有這些變化都沒能徹底改變他們的信仰：務農行巫方可免災。可是，這並非意味著當地土人把農業活動中的一切有利結果統統歸功於巫術。如果你對一位當地人說，種地不必幹活，只要求助巫術就行了。他一定會反過來嘲笑你思想簡單。實際上，他跟你一樣了解自然條件，知道憑藉自己的智力與體力可以控制某些自然力量。當地土人的知識固然有限，但在這有限的範圍內卻是不帶任何神祕色彩、正

確無誤的。種子壞了，籬笆倒了，遇到天旱或水災，他們都會在理智與知識的支配下辛勤勞動，而不會僅僅求助於巫術。但另一方面，經驗也告訴他們，不論如何小心從事，也總是存在著某種無法支配的力量。有些年頭風調雨順，喜獲豐收；有的年頭則惡運作怪，事事為難。他們的巫術就是用來控制好運與惡運的。由此可見，當地土人是把兩個領域劃分得一清二楚的：一方面是已知的自然條件和作物生長過程，另一方面則是意想不到的幸運和災難。他們用知識來對付前者，而用巫術來應付後者。

當地土人在農業活動中是這樣，在其他活動中也是這樣：知識與巫術二者同時並存、分而用之。製造獨木舟時，當地土人非常清楚，舷旁支架的橫面越寬，平衡力越大，阻力則越小。他們也能向你講清楚，為什麼橫面寬度要占一定的比例，為什麼舷旁支架必須放在迎風的一面，為什麼有的獨木舟可以頂風而行，有的則不行等等。他們的解說雖然十分粗淺，但也有明確的術語。此外，他們還有成套的航海知識，通過豐富而複雜的術語代代相傳，嚴加遵守。這跟現代水手信守科學知識並無多大區別。但是，當地土人雖然已有系統的航海知識，終歸避免不了狂風、惡浪、暗礁等等意外發生。因此，他們便採取了相應的巫術。造船時用巫術，出海時用巫術，遇險時也要乞靈於巫術。

在美拉尼西亞人中，漁業也是一個很有說服力的例子，可以用來說明當地土人何時使用巫術，何時運用知識。依淺水湖畔而居的部落，一般都有一些簡便易行的捕魚方法，既沒有危險又能穩定產量，所以這些部落也就沒有專門用於漁業的巫術儀式。而在海邊居住的部落，則要出海捕魚，不僅有危險，產量也往往深受魚群活動情況的影響。所以他們便有複雜的巫術儀式，用來保平安求高產。除上述幾個例子，在戰爭、疾病、生死等方面，當地土人也是無一不把知識與巫術相互區別，分而用之的。「因此，原始人對於自然和命運，不管是想要利用前者還是躲避後者，總是清楚地認識到這兩種勢力或力量，即自然的和超自然的，並且總是出於自己的利益而試圖利用二者。只要借助經驗了解在知識引導下作出的努力會有收益，他們便不會放棄或忽視各

種努力。他們知道，種莊稼不能只靠巫術，獨木舟製造不當或操持不當也不能下水航行，打仗時缺乏武藝和膽量也是無法取勝。他們從來就沒有僅僅依賴巫術，相反，有些時候甚至根本不需要巫術，比如在取火以及其他一些事務。然而，每當他們不得不承認自己的知識和理性技能於事無補時，他們便求助於巫術了。」⑥

　　既然原始知識是經驗的、合理的，這種知識能否算作早期的科學呢？馬林諾夫斯基認為，如果說科學是指以經驗為根據、以邏輯推理為起點的一整套概念與法則，而且這些概念與法則能夠反映在物質成就和傳統觀念裡，並通過某種社會組織得以延續，那麼，即使連最原始的經驗知識無疑也可以看作是早期的科學。很顯然，從事認識論研究的大多數學者是不會滿足於如此簡單的科學定義，因為這樣的定義同樣也適用於一般的技藝。關於這部分，學者認為所謂的科學首先必須是明確的法則。一方面，這些法則可經試驗或理性的檢驗；另一方面，它們不僅僅是行為的實際法則，還必須是知識的理論定律。馬林諾夫斯基認為，即便是接受這種比較嚴格的科學定義，也很難把原始知識中的許多成果排除於科學範圍之外。譬如，土著船匠不僅在實際操作中了解槓桿，浮力、平衡等力學現象的基本作用，而且他們在製造獨木舟時顯然也十分了解有關的知識定律。況且他們還能借助有限的術語和簡單的手勢來解說平衡與動力的一般原理，講授代代相傳的知識法則。誠然，他們的這些知識還只是達到目的的手段，還沒有從技藝中分離出來，甚至還顯得幼稚粗陋，但我們根據這些並不能否認這些原始知識是整個科學發展過程中的雛形。再退一步講，即使選用另一種標準，即用真正的科學態度來衡量原始知識的性質，我們也很難作出否定的回答。在原始文化生活，顯然還沒有形成普遍的求知慾，更沒有歐洲時論之類的把戲，人們的全部生活興趣主要集中於固有文化的傳統世界裡。然而，在他們所固有的文化範圍之內，不僅有人熱心於神話、習俗、族譜、古跡等等，也有人關注著大自然，能夠比較有系統地觀察動物、森林、海洋等等。據說，歐洲一些著名的自然科學家常常從原始人

那裡領悟到自然的趣意，僅此一事便足以說明原始部族也是不乏科學態度。

那麼，原始知識到底可以算作科學，還是僅僅屬於經驗的、合理的知識呢？這在馬林諾夫斯基看來都是無關緊要的。問題關鍵在於，他是想證明原始文化生活到底只有一面還是兩面。因為根據馬林諾夫斯基的研究設想，只有明確地劃分出原始文化生活中「聖」的一面與「俗」的一面，才有可能就其中聖的一面——巫術與宗教加以有效的探討。

第三節　原始宗教

如果說馬林諾夫斯基有關「聖」與「俗」的討論彷彿在原始文化生活中確立了一個「坐標系」，那麼他真正興趣則在於著重考察其中聖的一面，以確定原始宗教與原始巫術的「坐標」。宗教信仰究竟在整個原始文化中占有什麼地位、具有什麼功能呢？這便是馬林諾夫斯基想要追究的一個主要問題。

原始宗教研究歷來就是一個學派林立、眾說紛紜的領域。如果不謂前人學說便易陷入老生常談。馬林諾夫斯基對此有著清醒的認識。因此，他在具體闡述自己的觀點之前，首先以功能學派的眼光審視以往原始宗教研究中提出的主要學說。泰勒（Tylor）認為，原始宗教是一種原始的「泛靈論」，馬累特（Marett）則以為，應當稱之為「前泛靈論」；馮特（Wundt）指出，原始宗教出自「恐懼情緒」，而在繆勒（Müller）看來，它源於「語言失誤」；豪爾（Hauer）把原始宗教歸結為「天賦的本能」，迪爾凱姆（Durkheim）則把它看作「社會的自我啟示」。馬林諾夫斯基指出，如此種種宗教學說不僅各持一端，讓人無所適從，更重要的問題是它們存在著一種根本缺陷，即把原始宗教誤解為超越於整個人類文化結構之上的某種東西。這種東西雖然也能滿足人類的某些需要，但這些需要都是獨立的，是與人類文化中的生存現實毫無關係的。因此，要想真正揭示原始宗教的文化地位與文化功能，最好首先放棄這一些形而上學的神思玄想，直接面對文化事

實，即直接考察原始文化中的「生命過程」。這是因為，只要涉獵一下人文科學的有關資料，就會發現原始宗教活動中的大多數信念、儀式、行為等都是跟生命過程息息相關。換言之，人生的每一生理階段，尤其是每次重大轉機幾乎均有相應的宗教需求。這樣，馬林諾夫斯基便一反傳統，另闢蹊徑，沿著生命過程的展開，逐一考察原始文化中的受孕、出生、成年、婚姻和死亡等生命現象。他也考察了「成年禮」和「喪禮」。我們就以這兩部分為例，勾勒出馬林諾夫斯基的原始宗教文化功能觀。

馬林諾夫斯基指出，在原始文化生活中，凡是信奉「成年禮」的地方都有一些相似之處。每當一位或一批社會成員步入成年即將入世時，首先都要經過很長一段預備期或隔離期。在這之後才舉行正式的成年禮。這種成年禮儀式一般包括以下三個特點：第一，肉體靈試。譬如，劃傷一部分皮膚或打掉一顆門牙；稍重的還要實行「割禮」，即切割包皮；像澳洲的有些部落還有更殘酷的「割禮」，即割開溺管。在做這類靈試時，受試者一般都要裝作當場死去旋即復活的樣子。第二，接受傳統與神話。這就是由首領把本部落所沿襲的傳統、信奉的神話，有系統地傳授給參加儀式的青年人，從而使他們了解本部落的「奧祕」或「聖物」。這一點雖然不如前一方面富有戲劇性，但卻更為重要。第三，親近超人的力量。前兩個方面的用意均在於，通過不同手段使入世的青年跟某種超人的力量相溝通。譬如，北美印第安人有「訓育神」或「守護神」，澳大利亞土著有「萬有之父」，美拉尼西亞人則有「神話英雄」等等。

問題在於，這些習俗具有什麼社會作用呢？它們對於原始文化的存在與發展又有什麼功能呢？前面提到，借助這些習俗，入世青年都要歷經十分嚴格的準備、靈試和訓導，而所有這些最終又都集中於一點，這就是通過某種超自然力量的認可來接受本部族的神聖傳統。如所周知，在原始文化生活的狀態下，傳統對於社會具有無上的價值。只有嚴守前人留下的習俗和知識，才能維繫秩序與文明。否則的話，勢必導致社會不和，文明崩潰。原始社會沒有現代意義上的科學，它們的組織、知識、習俗和信仰等

等都是由列祖列宗的經驗積累而成寶貴的財富。所以，原始道德以效忠傳統為重；而這種以傳統為聖的社會也會因世襲權勢而得以鞏固。因此，有關成年禮的信仰與儀式為傳統套上神聖的光環，打上超自然的烙印，這對原始文化生活來說的確具有「生命的價值」。「這樣，我們便可以確定種種入世儀式的主要功能了：它們對於原始社會傳統中的最高勢力和價值來說，是一種儀式性的、戲劇性的表達；它們也有助於把這種勢力和價值銘刻在每一代人的心裡，在此同時，它們對於傳授部落的知識，保障傳統的延續，以及維持部落的內聚力也是一種極其有效的手段。」⑦

不僅如此，成年禮中的生理事實與原始文化中的宗教信仰二者之間也有著深刻的關係。不難看出，有關成年的宗教儀式除了將青年入世這一生命轉機神聖化外，還有一種不可估量的社會作用。這就是把生理過程轉化為社會過程，在體格成熟之上再加入成人意識，從而使年輕人認識傳統，親近聖物，享有權利，克盡義務。可以說，所有宗教儀式的創造行為也正在於此。正是這類富有創造性的行為使個人生活具有社會意義，它們的社會功能即在於創造社會心理與社會習俗，從而裨益原始文化生活的延續。

再來考察一下原始文化生活中的「喪禮」。馬林諾夫斯基指出，我們可比從多種角度去探討宗教的根源，但在所有角度中恐怕要數死亡現象最為重要了。死亡是人生的根本轉機，是整個生命過程的終結。以往研究原始宗教的大多數學者認為，原始文化生活中的宗教啟示主要得之於死亡這一事實。這種傳統觀點基本上是正確的。人類根本無法掙脫死亡的陰影。至於那些熱愛生命、充分享有生活的人就更畏懼死亡。人因生命而有複雜的情感。歷經漫漫人生旅程，這種情感在生命終結時反映得尤為強烈，於是也就觸發了相應的宗教情緒。

原始部族對待死亡的態度，要比常人的想像複雜得多，而且也和我們現代人的態度相近得多。有不少人類學家認為，在死亡問題上，原始人的主要情感是對屍體的反感、對鬼魂的恐懼。著名學者馮特也把這種雙重態度視為原始宗教行為的核心觀念。而實際上，原始人所抱有的情感是複雜的，甚至是矛盾的。他們一

方面對死者厚愛，另一面又對屍首反感；一方面懷念死者的人格，另一方面又畏懼物化的屍體。這兩方面的情感似乎總是同時並存，合而為一的。這種情形在行為的自然流露和喪禮的基本程序都可以得到證實。最親近的家屬，失去兒子的母親，失去丈夫的妻子，失去雙親的子女等等，不論在喪前的裝殮還是在葬後的祭祀上，既懷有真誠的眷戀又抱有深刻的恐懼，總是兩情相融，難解難分。

世界各地的喪禮都是十分相似的。臨終前，親屬們，有時包括當地的居民，總要一直守在臨終者的跟前。於是，死亡這一個體的生命行為變成了一項公共事務或一種部落行為。按照常規，這時要有一點遠近親疏之分，有的守在跟前，有的操持後事，或許還有人事先要到某個神聖的地方進行一些宗教活動。例如，美拉尼西亞的某些部落是由姻親來籌辦喪禮的，而宗親則需迴避；而澳大利亞的某些部落則採取相反的辦法。人死後，先要洗屍，修面，裝裹等等，有時還要把口竅填滿，把手腳捆束起來。然後再讓人們向遺體告別舉哀。舉哀時，人們不但不能躲避屍體，反而要滿懷深情地向屍體表達敬意。有些儀式為了表示眷戀之情，還要撫摸屍體，甚至把屍體放在親人腿上加以撫摸。當然，這一類的行為總會令人反感，但這是生者的責任，是不得不付出犧牲精神的。最後一項儀式就是裝殮，常見的方式有土葬、穴葬、火葬、水葬、野葬等等。

馬林諾夫斯基指出，考察到這裡便真正接觸喪禮中最重要的宗教因素，這就是處置屍體兩種截然相反的方式。一是想要保存屍體，使其完整無損，至少也要保存部分屍體；一是想把屍體拋棄，甚至將其徹底毀滅。木乃伊和火葬，就是上述兩種傾向的極端表現。有些學者把這兩種傾向以及介於兩者之間的一些做法，看作某種信仰的偶然產物，或看作某種文化的歷史產物，從而把這些做法一概歸結為文化傳播的結果。這類看法是錯的。因為在所有的喪事習俗中，死者的親朋好友都明顯地表現出雙重心態：對死者的眷戀和對死亡的畏懼。這種雙重心態最明顯、最極端的一種表現形式就是，美拉尼西亞人所信奉的「分食人肉習俗」

（sarco-cannibalism），即懷著虔敬的心情來分享死者的屍體。這種禮儀確實充滿恐怖氣氛，參加者過後一般都是大吐大泄。但同時，它也是一種傳統的盡忠盡孝的行為。後來，雖然由於白人政府強令禁止，當地土人不敢公開舉行這種儀式，但對他們來說，分食親人的屍體是一種神聖的，寧肯觸犯刑律也要暗地裡盡職。在澳大利亞的某些部落則流行著另一種習俗，把死者的脂肪塗在活人的身上。所有這些儀式，其目的都在於既想維持活人與死者之間的聯繫，又欲斷絕這種關係。所以，喪禮歷來就被看作不祥的活動，接觸屍體也被看作齷齪而危險的行為。一般說來，人們參加過這些儀式都要沐浴淨身，以便跟屍體接觸後不留任何痕跡。可是，喪禮總要人們克服畏懼心理，充滿愛慕之情，而且還要堅信人有來世，靈魂不死。

馬林諾夫斯基認為，至此便可以開始討論宗教信仰的社會功能了。前面分析注重的是人們在面對死亡、接觸屍體時所產生的直接情感，因為這些情感從根本上支配著人們的行為。但更值得注意的是，與這些情感相伴而生的還有靈魂觀念，即相信死者復活，人有來世。然而，靈魂又是什麼東西呢？信仰靈魂有無心理根源呢？馬林諾夫斯基回答說，原始人害怕死亡，這大概屬於人和動物都有的一種本能。原始人不願承認死亡是生命的終結，不願相信死亡是生命的消失，於是便產生了靈魂觀念。至於這種觀念的經驗來源，泰勒作過探討。在他看來，靈魂觀念是一種令人安慰的信仰。它使人相信生命的延續，即相信人死後還有生命。但是，這種信仰也不是沒有困難的。顯然，當人們面對死亡的時候，總是懷有希望與恐懼交織而成的雙重心理。一方面，人們可以借助希望而得以安慰，產生長生不死的強烈慾望；另一方面，他們又總是擺脫不了恐懼的徵兆，因為感官證明逝者長逝，屍體也已腐爛了。這種本能的恐懼似乎可以使人類在任何文化發展階段上均能感到死亡的威脅。馬林諾夫斯基認為，有關死亡現象的宗教信仰就是這樣而生的。它們的社會功能即在於，促使人們去「選擇自信的信念、自慰的觀點和具有文化價值的信仰，即相信生命不朽，相信靈魂獨立於肉體，相信死後生命延續。在形形色色

的喪禮中，在悼念死者並與死者的交流中，在祖靈崇拜中，宗教信仰均為得救觀念提供了內容與形式。」⑧

由此可見，原始文化生活中的靈魂觀念並非古代哲學的抽象產物，而是情感啟示的直接結果。人類有關生命延續的信念乃是宗教信仰的重要貢獻。正是因為有了這樣頑強的信仰，每當生之希望與死之恐懼劇烈衝突時，人們才會選擇有利的一面，選擇了生存而不是屈服於死亡；也正是因為有了上述信念及其效果，人們也就相信了靈魂的存在。所以說，靈魂觀念就其本質而言，是生命慾望所特有的豐富情感，而不是渺茫的夢幻或錯覺。這種強烈的慾望、深厚的情感，正是靈魂觀念的真正根源。這樣一來，我們便可以把喪禮看作宗教行為的典型，把靈魂觀念看作宗教信仰的原型。如同其他各種宗教儀式一樣，喪禮不假外求，行為本身就是目的。喪禮儀式上的各個環節均是為了表達人們的悲哀與損失。人們的自然情感為喪禮所認可，並通過喪禮而表達出來，這就借助於自然事實產生了社會效果。因此，對於原始文化生活來說，喪禮本身就有著十分重要的社會功能。

那麼，喪禮的社會功能具體表現在哪些地方呢？根據馬林諾夫斯基的基本看法，有關生命現象的一切宗教儀式的社會功能都在於維護神聖的傳統。例如，有關食物的禮儀，其功能在於通過「聖餐」或「獻祭」而使天人一體，也就是使人與某種左右作物生長的超自然力量合為一體；又如，圖騰制度的主要功能在於使人的選擇與人的環境彼此協調。整個喪禮事實上也具有類似的功能。原始社會人口稀少，一個部落失去一個成員，尤其是一個重要成員，無疑是巨大的損失。而前面討論過那些強烈的情感衝動，像恐懼情緒，拋棄屍體，甚至銷毀死者的所有遺物等等，又都是客觀存在的。因此，如果沒有行之有效的辦法來抑制這些消極的衝動，那是十分危險的。有時甚至會擾亂正常生活，瓦解社會組織，乃至動搖整個原始文化生活的物質基礎。在這種情形下，宗教信仰的基本功能即在於順應人類自我保護本能的另一種傾向，促使出於生命慾望的積極衝動得以神聖化、條理化，從而使人們的心理得到慰藉，精神得以完整。同時，有關喪禮的宗教

信仰不但使個人精神得以完整，而且也使整個社會得到鞏固。通過喪禮，人們與死者保持著一種關係，相信靈魂不死，相信靈魂有善有惡，此外再加上追悼、祭禮等等，這樣宗教信仰必能幫助人們最終戰勝恐懼、灰心、失望等社會離心力，使深受死亡威脅的群體生活得以延續。「一言以蔽之，當傳統和文化遭到挫折而作出了本能的純消極反應時，宗教為其提供了保障。」⑨

　　總之，馬林諾夫斯基認為，原始宗教並不是超越於文化結構之上的某種抽象觀念，而是原始文化生活中的重要組成部分；原始宗教所能滿足的需要也不是與現實的生命活動毫不相干，而是和人類的基本需要，即生理與心理的需要有著內在的聯繫。因此，只要正視生命現實，沿著生命過程的展開去追究原始宗教的活動線索，我們就會發現：在原始文化生活裡，生命過程中的每一次重大轉機，都會引起情感的紊亂，精神的衝突和人格的解組。所以，任何形式的宗教信仰均是適應個體的或社會的某些基本需要而形成的。它們的主要功能在於，將人類情感、精神、人格中的積極因素予以傳統化、標準化、神聖化，從而使個體的心理得以滿足，又使社會的生活得以鞏固。

　　最後需要指出的是，雖然馬林諾夫斯基潛心於原始宗教——文化問題研究，但他卻對自己的研究成果抱有更高的期望。他自信，上述基本結論不但適用於原始宗教研究，而且也適用於一般意義上的宗教研究。這種意圖在以下這段引文裡得到比較充分的反映。馬林諾夫斯基說：「宗教的需要出於人類文化的延續，這種文化延續是指超越死亡之神並跨越代代祖先之存在，而使人類的努力和人類的關係持續下去。因此，宗教在其倫理方面使人類的生活與行為神聖化，而且還有可能成為最強大的社會控制力量。在其教義方面，它為人類提供了強大的內聚力，使人類成為命運的主人，消除了人生的苦悶。凡有文化便必有宗教，因為知識產生預見，但預見並不能戰勝命運；因為人們終生互助互利形成了契約般的義務觸發了情感，而情感則反抗著生離死別；因為每每跟現實相接觸便會發現一種邪惡而神祕的意志，另一方面又有一種仁慈的天意，人們對於這兩者，必須親近一方而征服另一

方。儘管文化對於宗教的需要是天生的、間接的，但歸根到底宗教卻植根於人類的基本需要，以及滿足這些需要的文化方式。」
⑩

第四節　原始巫術

如前所述，馬林諾夫斯基認為，原始文化可以劃分為兩個方面：俗的一面與聖的一面。其中，聖的一面又可以進一步劃分為宗教與巫術。三者相比之下，馬林諾夫斯基最重視的還是原始巫術研究。因為根據他的觀點，原始巫術是以往研究中一個最薄弱的環節。以前的人類學家或其他學者一般都把巫術視為原始文化生活中的特殊現象或歷史糟粕，認為巫術活動在原始文化生活裡沒有多少積極意義和文化功能，而馬林諾夫斯基想要做的，就是把原始巫術這種表面看來最無價值、最難理解的文化現象作為最典型、最雄辯的研究例證，以確證功能分析方法，透徹認識原始文化生活。概覽有關資料，馬林諾夫斯基的原始巫術研究主要包括以下兩項工作：第一，論證巫術現象的普遍性；第二，闡釋原始巫術的文化功能。

在馬林諾夫斯基看來，無論原始知識還是現代科學，都不可能完全支配機遇，消除意外，預測偶然，也不可能確保人類活動滿足實際需要，達到如期目的。所謂的巫術就是人們在這樣一個充滿機遇、意外與偶然的領域中進行的「一類具有某種明確實踐目的的特殊儀式活動。」⑪這也就是說，在整個人類活動領域裡，是知識或科學的局限性為巫術行為讓出了地盤。這種情形在原始文化生活中表現得尤為明顯，馬林諾夫斯基通過一系列具體例證作出了說明。

航海對於原始人來說是一種充滿危險的活動。他們在製造船隻或準備出海時，總是求助於知識或科學，認真設計船隻，精心制訂航程。但不難想像，無論他們的知識如何豐富、準備如何充分，都無法保障航事一帆風順。航行過程中常會遇到一些偶發事件，像狂風巨浪、潛流暗礁等等，以致打亂事先的謀劃，甚至造

成海難。常言道，人事之外尚有天命。天命固然難以意料，但它好像總是有目的的。況且，偶然事件的發生與發展也好像總是有預兆、有邏輯的。這就使人們感到自己似乎也有某種可能或能力來左右命運這種神祕的力量。航海活動中一直流行著多樣的迷信，而航海巫術在原始文化生活中更是發達。那些通曉某種巫術的水手們往往較一般人更有自信與膽識，善於應付各種險況。而這種態度也確實能使他們有效地迎接自然和命運的嚴峻挑戰。

上述情形同樣可以見之於戰爭。對於戰爭，不管多麼原始的部族無疑都明白，武器、兵力、地形、士氣等等乃是戰爭勝負之所繫。但是，即使具備了所有有利因素，仍會碰到一些意料之外的事情，例如遭到夜襲、埋伏等等，從而導致意外的結局，使弱者勝，強者敗。因此，在原始文化生活中也可以發現大量的戰爭巫術。原始部族一般都相信，巫術是獨立於武器、兵力、士氣等因素之外的某種神祕力量，它可以抑制偶然事變，保證戰爭順利。

此外，如同航海與戰爭一樣，原始部族通過耕種、畜牧、狩獵等基本的經濟活動也能直接而深切地感受到命運的作弄。不難證實，凡是以耕種、畜牧、狩獵為生的原始部族，無一不具有相關的經驗和知識，但這些經驗或知識同樣也無力支配機遇、意外和偶然。於是，在原始文化生活中就出現了相應的耕種巫術、畜牧巫術、狩獵巫術等等。

馬林諾夫斯基指出，從上述事例中可以看到一種情形：人們在實踐活動中常會發現知識或科學的確是無能為力的。但人們卻不得不反抗這種無能為力的局面，而且往往事到臨頭欲罷手亦無從罷手。讀者可以設想：要是你突然間遇到了風浪，或遭到襲擊，或碰到了天災，你會怎麼辦？原始巫術事實上就是在這一類情形下出現的，雖然表面看來，原始巫術既愚昧又無聊。因此，當我們現代文明人見到當地土人拿符咒來抑制風浪，借舞蹈來消滅敵人，用儀式來消災避難，往往認為這是一種愚不可及的野蠻習俗。可是我們不要忘記，即便是在現代文化生活中也存在著大量的迷信現象。事實上，迷信所含有的巫術，以及迷信本身所形

成的種種文化現象，正是檢驗功能分析方法的試金石。只要加以深入分析就不難發現，那些莫名其妙的咒語、儀式和行為，不但可以滿足個體的心理需要，而且還具有重要的社會價值或文化功能。

如果以上分析是正確的，那麼我們就必須肯定：巫術是一種普遍存在的文化現象，其文化功能就在於滿足人類的某種共同需要。事實也是如此。巫術的表現形式千變萬化，但巫術行為處處可見。以現代社會為例，一提起巫術這個字眼，我們自然會想起：13是個不吉利的數字，星期五也不是個好日子，不宜在梯子下面穿來穿去，不要用一根火柴點三根香煙，打碎鏡子也大不吉利等等。對於這些枝節上的迷信觀念，雖然有知識的人也常常顧忌，但總是不太經心的。可是，現代社會中的下層居民不僅十分看重這些事情，而且還有比這更嚴重、更流行的迷信。在倫敦的貧民窟，常見有人用撕相片的辦法來中傷仇人。新婚夫婦在婚禮上要嚴守各種規矩，像灑米酒、扔拖鞋等等，據說不這麼做就會影響今後的好日子。在歐洲中部和東部的鄉下，巫術十分盛行。馬林諾夫斯基講，我小時候家裡人就為我請過巫師。我從小就知道在當地某某能抑止母牛產奶或催使母牛下崽（生產），某某能使一對戀人相愛或相恨，某某能呼風喚雨等等。一些羅馬天主教神父也常常施展這樣或那樣的巫術，用來求雨、除病、驅瘟、滅蝗，而且有的宗教儀式及其器皿也可以用於巫術。

在現代文明社會，巫術不但殘留於日常迷信和宗教儀式中，舉凡常有危險性或充滿偶然性的活動領域也同樣存在著巫術。比如，很多汽車駕駛員相信有關行車凶吉的迷信說法，隨身帶著五花八門的壓邪品；對於海灘，有人總能找出一些神祕的原因；在飛行員中不少機組成員不歡迎身著綠色服裝的乘客。再比如，很多賭場、賽馬場和開彩儀式上，常有一些所謂的「賭注公式」，其實連最簡單的算術知識也可以告訴人們，賭博是沒有什麼公式可信的；但是，即使那些最精明的賭客也寧願違背事實邏輯而不忍放棄命運的邏輯。在任何一個歐美城市，只要你肯出錢就可以從相手的或算命的人那裡學到一些巫術把戲，用來預知未來的命

運，曉得如何避凶就吉。巫術最盛行的領域要數保健活動了。在原始社會，幾乎所有疾病都求助於巫術。這在現代文明社會裡也不乏其例。宗教在保健活動中往往變成了巫術。羅馬天主教神父公開用神力來治病，這種神力療法在其他教會中也一樣流行。所謂「基督科學」的主要功能就是通過信念來忘卻痛苦、疾病和死亡，因而它的儀式實際上就是一種實現健康與快樂的工具。此外，在現代文明生活中還有所謂的「日光浴」、「冷水浴」、「百靈機」、「萬應散」等等無病不醫、藥到病除的妙方，這些多多少少帶有巫術色彩。因而，即使我們僅僅以現代文明社會為例也很難斷定，常識在何處終止而巫術又從哪兒開始。由此可見，巫術的確是一種普遍的文化現象，決不能輕易地把原始巫術歸咎於原始人類的無知或愚昧。「要說這是愚蠢，那麼這便是一種普遍的愚蠢。而一種看起來如此不可或缺的愚蠢，決不可能是一種純消極的特性。」⑫

對馬林諾夫斯基來說，論證巫術現象的普遍性是一個重要前提，為進一步闡釋巫術活動的文化功能打下必要的鋪墊。在此基礎上，馬林諾夫斯基主要從兩個角度——個體心理與社會價值分析了巫術行為的文化功能。這種分析首先是從個體心理在兩難處境中的基本反應形式入手。

根據前面的詳細論證，人類在實踐活動中經常陷入一種兩難的境地，一方面無法求助於既有的經驗和知識，另一方面又必須有所反應和舉動。這時，我們便會發現一種帶有普遍性的文化現象——巫術。那麼，巫術活動的基本功能具體表現在哪些地方呢？照馬林諾夫斯基看來，要回答這個問題，最好先把巫術活動暫且放在一邊，看看人們在這種兩難的處境中會有什麼樣的心理反應。

譬如，在憤怒的時候，人們容易產生一種報復情緒。面對朋友的背信棄義，人們常常撕碎他們的照片和信件；深受仇人的殘忍迫害，人們往往暗地裡詛咒，算計著如何報復甚至殺了他們。在這種情形下，群體的反應形式也跟個體一樣。當一場戰爭突然爆發的時候，交戰國雙方一般都會馬上中斷以往的友好往來，大

量破壞與對方有關的任何東西，互相謾罵、中傷和攻擊，使交戰雙方為一種巫術的氣氛所籠罩。這些舉動都不是傳統的而是自然的，即人類對於無從發洩的憤怒的一種自然反應。例如，在恐懼時，人們面臨某種嚴重的危險也會做出盲目而必要的舉動，諸如輕聲的囈語，含混的呼救，默默的祈禱等等，均是難以自制的恐懼感的反應形式。想像中的危險、迷信裡的鬼怪，也會迫使人們做出類似的反應。不論是野蠻人、鄉下人還是神經衰弱的人，一般都喜歡待在亮處。當人們獨自行走在陰暗的森林中，往往會情不自禁地自言自語或引吭高歌。即使連平時不信鬼神的人，在深感恐懼時也常會作幾聲禱告，求得神靈保佑。比方說，在一些充滿競爭性的活動中，像決鬥、打獵、會考、打官司、爭冠軍等等，人們也往往容易沉溺於白日夢般的期待，因期待成功而期待機遇。

馬林諾夫斯基想借助上述事例說明以下幾點：首先，當一個人身處兩難境地的時候，實際上就是他的情感與慾望難以自制的時刻。這時，個體的生理機制和言語舉止都會任憑先前受到抑制的緊張情緒自然而然地流露、發洩出來，從而產生了一種「替代行為」。其次，在所有的替代行為中均含有某種居於支配地位的「希冀目標」。「這是一種醉人的想像」⑬，它促使個體的言語行為傾向一個固定的目的。再次，替代行為所含有的希冀目標意味著一種「主觀價值」。這主要是指每個個體借助於替代行為彷彿覺得自己接近或達到了嚮往的目的，例如，仇人得到了報應，勇氣戰勝了恐懼，希望消除了焦慮等等，這樣也就重新恢復了心理平衡，產生必需而有益的生理效應。因而，從根本上來說，個體情感在兩難境況中的常態反應或自然流露即是巫術活動的基本素材。巫術行為乃是「情感的戲劇性表現」⑭。

據此，馬林諾夫斯基進一步指出，從生理學的角度來看，對於難以滿足的希冀一般有兩種解決途徑：一是積極的，即不放棄希望，渴望成功；另一個則是消極的，即為焦慮與失望所困擾。而巫術活動則屬於第一種方式。「標準化的、傳統的巫術並非別的什麼東西，而是一種習俗，這種習俗以積極的方式凝聚、組織

並影響著社會心理，以便解決那些不可避免的衝突。而這些衝突正是由於人類徒勞地只靠知識技能來應付所有的或然性問題而引起的。」⑮在這裡，功能分析方法又給我們提供了重要的答案。人類文化，不論在什麼地方，總是要以人類的興趣和活動為基本素材整合而成標準的、傳統的文化習俗；而在一切文化傳統中又可以發現，人類總是從諸多可能性中作出某種相對固定的選擇。巫術傳統也是如此。巫術並不是由其他任何行為發展而來的。作為素材的自然情感為巫術活動提供了多種可能，而巫術傳統就是在這些可能中進行選擇，從而固定了一種特殊的類型，並為之打上社會價值的烙印。

信仰的功能基於信仰的根據。這是一個含有雙重意義的命題。就信仰者而言，只有牢牢地把握住信仰的根據，才能有效地實現它的功能；而對研究者來說，也只有深刻地揭示出信仰的根據，才能如實闡釋它的功能。筆者認為，馬林諾夫斯基對於這個命題的重要性已有足夠認識。在他看來，上述分析已說明，巫術活動所依賴的經驗顯然是跟觀察自然沒有關係的。因而，巫術經驗並不是科學經驗，它所體驗到的實際上只是一種近乎夢想、飲乎於望梅止渴的「虛假滿足」而已。既然如此，為什麼人們還會普遍相信巫術呢？馬林諾夫斯基從以下三個方面探討巫術信仰的主要根據：

其一，巫術經驗的真實性是以其相應的心理效應為根據。這也就是說，巫術經驗的存在有其生理基礎。巫術活動的形式、結構和意向均與個體心理的自然過程吻合，巫術總是見之於個體心理即將解組的關鍵時刻，而其功能也在於滿足此時此刻的某種生理需要。如果你相信一種巫術的價值，不論是自然的還是傳統的，那麼你肯定會投入全身心力以維繫必勝的信念。譬如，身染疾病時，若你自信依靠巫術可以康復，也許你的病情真會逐漸好轉；步入難關時，若你自信借助巫術可以成功，也許你的機會就會比較多一些。因此，巫術信仰是有其自然根據的，而這種自然根據或許就是巫術信仰的最終根蒂；也因此，巫術活動不僅具有經驗上的真實性，而且也具有功能上的真實性。

其二，巫術傳統原始素材所選擇的標準化反應，為巫術信仰又添一憑藉。在原始文化生活中，人們一般認為只有特定的儀式、咒語、禁忌、法師等等，才能操持機遇，逢凶化吉。因而，巫術常常是某一個群體，如家族、部落或部族的傳統特權。更重要的是，圍繞著某種巫術或某位巫師往往會形成「一種神話傳說」。這一類傳說總是片面地為巫術信仰提供有利證據，即僅僅記載成功的事例。它們把所謂的幸運歸功於巫術的力量，從而過於誇大某種巫術或某個巫師的神奇作用，使巫術活動帶有超自然的色調。同時，這類傳說還常常跟原始神話相揉合，並充作巫術的有力證據。在此，馬林諾夫斯基強調，所謂的神話既不是傳說、歷史也不是文學、藝術。事實上，神話有其獨特的功能。這種功能主要表現為，用往事來證實現存秩序的合理性，並為現存社會提供社會關係、道德價值、以及宗教與巫術信仰的模式。由此來看，巫術傳統中的神話成份便成了巫術信仰的一個重要根據。⑯

其三，巫術活動與社會組織、社會重要人士的密切聯繫，也是巫術信仰的一個重要根據。一般來說，巫術大師在原始文化生活中靠其秘傳的巫術，常能部分或完全控制一個原始群體的實際活動，從而成為社會上的重要人物。馬林諾夫斯基指出，這一事實的發現是弗雷澤對人類學作出的一大貢獻。弗雷澤在《金枝》中講過，在很多部族，巫術實際上是一種為了群體利益而控制自然的重要力量。如果這是一個事實，那麼巫術法師在任何部族中肯定都是一些具有重要影響的人物。馬林諾夫斯基根據上述觀點進一步指出，巫術活動對於原始文化生活的重要性，不僅表現在它如何使某些人得到權勢，更重要的還在於它是一種不可或缺的社會組織力量。比如，澳大利亞的一些部落或其他許多地區的社會組織，都是基於一種圖騰巫術觀念而建立起來的。這種圖騰巫術體系在禮儀上主要表現為繁殖儀式和成年儀式。而這兩種儀式既是以圖騰神話為根據的巫術觀念的反映，同時又是整個社會組織的基礎。因此，主持這些儀式的首領，都是在巫術傳統中有重要背景的人。這樣一來，這些圖騰巫術體系就成了社會的主要組織結構。此外，新幾內亞地區的實地考察資料也可以證實，巫術

活動在農業、漁獵、貿易、航海、戰爭等社會活動中也有著重要的組織功能。

不難看出，馬林諾夫斯基有關巫術信仰之主要根據的分析，實際上就是他對巫術活動文化功能的闡釋。這兩部分工作對他而言是合而為一的。對於巫術活動的文化功能，他是這樣總結的：「我們已經發現，其個體功能在於以下事實：巫術使人自信，使道德習俗得以發展，同時還能使人們在終極問題上抱有一種積極或樂觀的信念，去正視危險、動盪和焦慮，從而有助於重新協調。我們也已經看到，巫術的社會功能在於它所具有的組織力量。它為社會提供自然領袖，把社會行為納入規律與秩序；它產生先知先覺，並借助自身跟權勢與法則的關係而成為任何社區、尤其是原始社會中的一大保守因素，而能更有力地抵禦變遷與分裂，同時也使各種主要活動更加行之有效，這樣，巫術也就實現了一種重要的文化功能。」⑰

第五節　馬氏留下的啟示與謬誤

馬林諾夫斯基在原始宗教與原始巫術研究中博採了原始神話學、理論社會學、深層心理學、宗教心理學等學科的方法論觀點。但就研究方法而言，最值得重視的還是他的宗教哲學思想。因為這部分思想不僅構成馬林諾夫斯基方法論原則的核心，同時也是理解他原始宗教與原始巫術研究的關鍵所在。

馬林諾夫斯基把自己的方法論原則命名為「功能分析方法」，並主張將這種方法作為整個文化人類學的研究前提。這一主張在他的原始宗教與原始巫術研究中得到充分的體現。在研究方法上，馬林諾夫斯基的原始宗教與原始巫術研究給人留下一個深刻印象就是，摒棄形而上學，注重經驗事實。這種印象的確反映出功能分析方法的鮮明特點。馬林諾夫斯基本人曾把自己的功能分析方法乃至整個文化學說叫做「經驗的文化論」（an empirical theory of culture）。⑱從具體觀點來看，我們也完全有根據把馬林諾夫斯基在原始宗教與原始巫術研究中透露出來的哲學傾向定性

為「經驗主義的宗教文化哲學。」筆者通過這種定性，試圖概括出馬林諾夫斯基功能分析方法的兩個基本特點：第一，功能分析方法首先是以經驗主義的哲學觀念為本；第二，在此基礎上，功能分析方法又是把原始宗教與原始巫術作為兩種基本的文化要素，納入整個原始文化生活之中加以探討。為了說明上述兩個基本特點的邏輯形成過程，我們先從整體考察馬林諾夫斯基對於傳統研究方法的批判，然後再來具體分析他的原始宗教與原始巫術研究。

　　如前所見，馬林諾夫斯基所主張的功能分析方法首先是針對文化人類學研究中的兩種主要傳統方法——進化學派和歷史學派而發的。進化學派堪稱人類學的古典學派。該派的方法論觀念主要是在近代進化論思想的強烈影響下，通過巴斯蒂安、斯賓塞、泰勒、摩爾根、弗雷澤等人的具體工作得以確立。在這批著名學者看來，由於人類心理類型的一致性和社會發展過程的統一性，整個人類文化也必然表現為直線性的進化過程，即由簡單到複雜、由低級到高級的演變過程。而以博厄斯、威斯特、克羅伯等人為代表的歷史學派，則激烈抨擊進化學派的簡單化傾向，強調諸種文化類型決無高低之分，文化的發展實際上是一個「輻合過程」。因此，文化人類學的基本任務應當是通過歷史地考察各個族體文化之間的共性及其影響，來發現歷史現象的類型和社會變遷的動力，並在此基礎上重新建構整個人類的文化歷程。然而，不論是進化學派再現進化過程的觀念，還是歷史學派重建整個歷史的主張，在馬林諾夫斯基看來均浮於形而上學的抽象思辯，因而在哲學方法論上尚處於一種無根無底的狀況。所以，他重點批判了二者方法論原則中最關鍵、同時也是最薄弱的概念「文化遺俗」和「共性尺度」，指出了其中的矛盾。他認為，要擺脫這種矛盾，要認識文化本性，必須從根本上杜絕抽象思辨，依賴經驗事實，即直接面對文化現實，直接考察原始文化生活中的「生命過程」。由此可見，對於傳統研究方法的批判是馬林諾夫斯基轉向經驗主義的一個重要邏輯步驟。

　　在馬林諾夫斯基那裡，哲學方法論的破與立同屬一個過程。

也就是說，經驗主義在他手中既是批判傳統研究方法的依據，又是建立功能分析方法的基礎。總體看來，所謂的功能分析方法包含這樣幾點要義：文化功能是文化要素的基本特性；文化功能主要是指文化要素在「社會制度」或「文化背景」中的地位與作用；所以只有切入「文化背景」或「社會制度」，才有可能準確揭示文化要素的基本功能。顯然易見，以上幾點要義也要求馬林諾夫斯基在其研究過程中把前人的邏輯由抽象推向具體，而要實現這一邏輯轉折也非得借助於經驗主義的哲學觀。

在馬林諾夫斯基的原始宗教和原始巫術研究中，功能分析方法所蘊含的這種強烈的經驗主義精神具體表現在兩方面：個體方面，注重生理、心理、精神，乃至整個人格；在群體方面，注重社會制度、習俗、傳統、道德，以及價值觀念。就這兩方面的基本聯繫而言，個體與群體對馬林諾夫斯基來說不只是兩個認識角度，而且還是同一認識過程中依次遞進的兩個分析步驟。譬如，在原始宗教研究中，馬林諾夫斯基首先著眼於個體的生命活動，即沿著個體生命過程逐步展開——歷數人生的各個生理階段，尤其每次重大轉機，考察生理事實與心理反應、精神需求之間的基本關係，從中發掘宗教信仰的根源與功能。進而，再由個體的生命過程追究群體的社會過程，由宗教信仰的個體功能推出它的社會功能。相同的分析路數也貫穿於馬林諾夫斯基的原始巫術研究當中，只不過在那裡他的分析過程始於個體身處兩難境地的心理反應形式。

通過以上討論可以看出，無論在文化研究的一般方法論還是在宗教文化研究的具體方法上，馬林諾夫斯基均以經驗主義為槓杆，積極推動一場文化哲學、包括宗教文化哲學的觀念變革，由形而上學的抽象思辨走向經驗主義的具體分析。僅就馬林諾夫斯基的原始宗教與原始巫術研究而言，儘管後來的研究者可對其中所包含的宗教文化哲學觀點進行批評，但至少有兩點成就是難以否認的：其一，馬林諾夫斯基的方法論揭示出以往宗教與巫術研究中的重大缺陷；其二，他的宗教文化哲學觀念也賦予了原始宗教與原始巫術研究更強烈的實證性和現實感。對於這兩點成就，

讀者是不難從馬林諾夫斯基有關原始宗教和原始巫術的一系列基本結論中有所感受。

需要注意的是，馬林諾夫斯基在宗教文化研究方法上留下的「謬誤」是跟「啟示」同樣明顯的。或許可以說，所謂的謬誤與啟示在馬林諾夫斯基那兒實際上是同一個東西。如果承認馬林諾夫斯基在宗教文化研究方法上給人的啟示主要在於從抽象的思辨哲學轉向求實的經驗主義，那麼也必須指出，他所陷入的方法論謬誤也正在於過分推崇經驗，乃至以經驗劃地為牢，最終走向了「極端的經驗主義」。

首先，這種極端的經驗主義使馬林諾夫斯基對傳統研究方法的批判作出了矯枉過正、全盤否定的結論。在以往的文化研究中，進化學派和歷史學派關於文化演進或文化通史的種種構想，無疑存在著嚴重的缺陷。在原始宗教與原始巫術研究中，以前的學者把宗教排斥在文化結構之外，把巫術視為原始文化的歷史糟粕等等，這些觀念也都遠遠脫離了現實。因此，馬林諾夫斯基從哲學方法論上責難傳統觀點的抽象性、思辨性，將其研究結論歸之於「臆想」、「猜測」，不能不說是切中要害，言之有理。但同時他完全忽視了以往研究方法中的合理因素，將其作為「思想垃圾」而一併掃除。應當看到，無論是在馬林諾夫斯基之前的文化研究還是原始宗教與原始巫術研究中，傳統的方法均是以近代科學和哲學的基本精神為廣闊背景，因而也都含有合理的成份。就哲學觀念來說，這些合理成份中最富有理論魅力的因素就是一種凝重的歷史感，一種深刻的歷史主義精神。它先是經過近代自然科學的長期孕育，後又經過康德、黑格爾、馬克思等人的哲學反思而日臻成熟。其主旨即在於，以真實的辯證精神去考察人類歷史的發展與聯繫，重現歷史運動的過程與規律。由上述歷史背景來看，在馬林諾夫斯基之前，進化學派和歷史學派的方法論傾向，原始宗教與原始巫術研究中對於宗教和巫術發展過程的積極探索，也都在追求著這樣一種歷史感與歷史主義精神。儘管在西方學術界這些理論派別或研究領域由於深受黑格爾哲學體系的影響，始終未能擺脫唯心主義的基本立場，從而難免在研究方法及

其研究結論上露出或大或小的破綻，但對於真正的批判者來說，決不該因其荒謬之處而漠視其合理因素的。在對學術傳統的批判中，全盤否定無異於一場「思維悲劇」。而馬林諾夫斯基對於傳統研究方法的片面批判彷彿就在重演著這樣一場悲劇，而他自己即是這場悲劇的主角。

悲劇總有一個悲慘的結局。馬林諾夫斯基在宗教文化哲學觀念上的偏頗主張，必然使他在原始宗教與原始巫術研究中陷入理論謬誤，得出自相矛盾的難堪結論。馬林諾夫斯基的理論謬誤大致是這樣形成的：首先他以極端的經驗主義原則機械地劃分研究範圍、框定研究對象。在他看來，不管有多麼高深的知識和科學來幫助人類實現自己的需要，它們總是有限度的。也就是說，在人類的活動範圍內總是有那麼一片廣闊的領域，非知識和科學用武之地。在這裡，知識和科學無法根除疾病、抵抗死亡，無法實現人與環境之間的和諧，更無法真正建立人與人之間的良好關係。因此，這片廣闊的領域永遠處於知識和科學的支配之外，它屬於宗教和巫術的活動場所。⑲通過這一劃分再輔以前文提及的有關論述，馬林諾夫斯基人為地製造了一系列非此即彼的對立關係，諸如科學經驗與宗教經驗或巫術經驗的對立，理智與情感的對立，必然與偶然的對立等等。在這些對立中，前者屬於科學的研究對象，後者則屬於宗教和巫術的活動領域。兩者涇渭分明，互不搭界。

馬林諾夫斯基就是這樣把原始宗教與原始巫術研究的著眼點對準了非科學的經驗、情感和偶然。而這在他的具體研究過程中意味著：重視橫向的、現實的功能分析，輕視甚至漠視縱向的、歷史的聯繫、發展和過程。因此，馬林諾夫斯基只是討論宗教和巫術的「直接根源」和「心理根源」，以及二者對個體心理與群體活動的現實意義，而絕口不提甚至一口否認宗教和巫術的起源、發展、規律等等。比如，他十分肯定地指出：「巫術壓根兒就沒有『起源』，它從來就不是編造或發明出來的。一切巫術自古以來就是一種必不可少的輔助手段，用以幫助人類應付所有跟人生息息相關、而通過正常的理性努力又不可為之的事物和過程。」⑳

因此筆者認為，馬林諾夫斯基對原始宗教和原始巫術所作的文化功能分析，基本上還是一種機械的、靜止的觀點，而不帶有辯證的、歷史的含義。㉑這一重大缺陷正是馬林諾夫斯基的方法論觀念在原始宗教和原始巫術研究的一處致命傷。不言而喻，所謂的靜態功能對文化活動來說是難以想像的。換言之，文化要素的基本功能本是文化過程的歷史產物，作為一種文化現象的宗教或巫術的基本功能也是如此。所以，只有把文化要素置於文化過程之中，才有可能就其文化功能進行有效考察。這是在宗教文化研究的方法論上理應注意的一個基本觀點。正如列寧所說，為了解決社會科學問題，「最可靠、最必需、最重要的就是不要忘記基本的歷史聯繫，考察每個問題都要看某種現象在歷史上怎樣產生，在發展中經過了哪些主要階段，並根據它的這種發展去考察這一事物現在是怎樣。」㉒而馬林諾夫斯基的宗教文化哲學觀念所欠缺的也是這樣一種深透的歷史主義精神。

　　最後，馬林諾夫斯基在哲學方法論上的反歷史主義傾向，還使其研究結論陷入了自相矛盾。在批判傳統研究方法時，他曾再三指責進化學派和歷史學派滿足於一知半解或主觀臆想，力主先作功能分析再論歷史過程，並把自己倡導的「經驗文化論」看作重建歷史的「基礎」，研究文化的「起點」。可回過頭來看，馬林諾夫斯基的原始宗教和原始巫術研究不僅沒有實現上述初衷，而且其基本結論反倒成了這種初衷的偽證、諷刺。究其原委，是馬林諾夫斯基沒來得及付諸這種設想還是沒有能力作出這種努力呢？依筆者來看，後者可能性大一些。這是因為，馬林諾夫斯基所主張的極端經驗主義的哲學觀念本身內含著一種徹底否定歷史過程的邏輯條件，隨著在具體研究過程中的推演必然導致如此矛盾的結論。

【注解】

① 馬林諾夫斯基：《一種科學的文化理論》（A SCIENTIFIC THEORY OF CULTURE, New York 1960），第四頁。

② 馬林諾夫斯基：《文化》（CULTURE, Typewritten Manuscript），第三頁。

③ 同上書，第一三〇—一三一頁。

④ 《文化》（英文打印稿），第十六頁。

⑤ 以上幾個結論，參見《文化》（英文打印稿），第二、六、七節。

⑥ 馬林諾夫斯基：《巫術、科學與宗教》（Magic Science and Religion, in SCIENCE RELIGION AND REALITY, The Macmilian Company 1925），第三十三—三十四頁。

⑦ 《巫術、科學與宗教》（英文版），第四十頁。

⑧ 《巫術、科學與宗教》（英文版），第五十頁。

⑨ 《巫術、科學與宗教》（英文版），第五十一頁。

⑩ 《文化》（英文打印稿），第一〇八頁。

⑪ 《文化》（英文打印稿），第五十九頁。

⑫ 《文化》（英文打印稿），第八十九頁。

⑬ 《文化》（英文打印稿），第九十三頁。

⑭ 《巫術、科學與宗教》（英文版），第六十七頁。

⑮ 《文化》（英文打印稿），第九十四頁。

⑯ 馬林諾夫斯基的神話學觀點，對於理解其原始巫術研究有重要意義，有關論點可以進一步參考他的《原理心理中的神話》（MYTH IN PRIMILIVE PSYIHOLOGY）一書。

⑰ 《文化》（英文打印稿），第一〇一頁。

⑱ 《文化》（英文打印稿），第一三〇頁。

⑲ 參見《文化》（英文打印稿），第五十九頁。

⑳ 《巫術、科學與宗教》（英文版），第六十九頁。

㉑ 這種批評同樣也適用於馬林諾夫斯基的整個原始文化研究。在以前的有關討論中，不少學者僅僅抓住馬林諾夫斯基的個別詞句，就認為他所主張的是一種動態的功能分析。實際上，「動態」一詞在他那裡主要是指諸種文化要素是活動著的、相互聯繫著的，而不是指通常所說

的動態分析，即歷史的分析。

㉒《列寧選集》第四卷，第四十三頁。

第三章　韋伯的宗教社會學

　　馬克斯‧韋伯（Max Weber，1864～1920）以其世界宗教系列比較研究而揚名於國際學術界。韋伯治學生涯雖短，但理論著述甚豐。要是再考慮到殘忍的精神疾病從他那裡奪去的大量寶貴時光，那麼韋伯的理論興趣之廣、創作精力之旺就更令人驚嘆了。

　　概覽韋伯的遺著，他的研究興趣遍及歷史學、經濟學、政治學、宗教學、社會學、文化學、法學、哲學、乃至音樂等等諸多領域，但在這其中最有建樹的無疑還是他那規劃龐大的世界宗教系列比較研究。該項研究猶如一條「邏輯命脈」，即充滿了韋伯的畢生心血，又孕育了韋伯學術的基本方法與主要成就。而其他研究方向或是由此而發，或是為其所用。因而，把握這條邏輯命脈也就成了認識韋伯的基本途徑。

第一節　主題與取向

　　韋伯有關世界宗教比較研究的論著在其去世前後結集而成三卷本的《宗教社會學論文集》（1920～1921）。其中主要包括：《新教倫理與資本主義精神》（1904～1905）、《新教教派與資本主義精神》（1906）、《儒教與道教》（1915，英譯本改名為《中國宗教：儒教與道教》）、（《印度教與佛教》（1916，英譯本改名為《印度宗教：印度教與佛教的社會學》）和《古代猶太教》（1917）等。韋伯的所有論著均致力於闡明一個主題：宗教觀念與資本主義精神的關係問題。而這一主題又是韋伯通過從整體上反省世界文化現象擇定的。

　　韋伯在他去世那年修訂出版了《宗教社會學論文集》的第一卷。他在為這套文化比較系列專著所作的「導論」中指出，一個於近代歐洲文明中成長起來的學者，在研討任何有關世界歷史的問題時都不免反思：在西方文明中表現出來的那些特有的文化現象，究竟應當歸咎於哪些因素的綜合作用呢？在韋伯看來，西方

文化現象的獨特性在於「理性化」。譬如，唯有西方才具有理性化的科學。誠然，在許多文明中，尤其是在印度、埃及、中國和巴比倫，都不乏具有高度精確性的知識。可是，埃及的天文學缺少數學基礎，印度的幾何學也沒有推理證明，而它們所缺少的這些知識都是古希臘文化的產物。中國自古以來就有高度發達的歷史學，卻不曾有過歐幾里德那般嚴謹的史學方法；印度出現過政治學的先驅，但印度的所有政治學說都缺乏一種可與亞里士多德政治學相比擬的系統方法和理性概念。

又如，在藝術和建築領域也是如此。世界各地幾乎都有復調音樂、器樂合奏和多聲部合唱等等。但是，真正理性化的音樂是以三個三度迭置的三和弦為基礎的全音程構成。就此來看，西方音樂中的半音和等音、以弦樂四重奏為核心的管弦樂隊、低音伴奏、記譜系統，還有奏鳴曲、交響樂、歌劇，以及表現上述這些風格或形式的主要樂器，像風琴、鋼琴、小提琴等等，均屬西方文化所特有的現象。在建築方面，尖頂拱門在世界建築史上向來就是一種裝飾手段，無論在古代西方還是在亞洲地區都是如此。但是，合乎理性地把哥德式拱頂作為分散壓力和覆蓋空間的方式，作為雄偉建築物的鮮明特點，並將其推廣到雕塑和繪畫領域來作為一種藝術風格的基礎，所有這些做法除歐洲之外的其他地方都是未曾出現過。

再譬如，在政治領域，封建統治階級的政治組織形式在世界各地都是大同小異的。然而，西方意義上的封建國家，恐怕只是西方文化史上的特有現象。至於由定期選舉產生的議會，以及在議會監督下的內閣政府，更是西方文化的獨特產物。事實上，如果國家是指一個擁有理性化的成文法，並為理性化的規章律法所制約、由訓練有素的行政官員來管理的政治聯合體，那麼，恐怕也只有在西方我們才能發現完備上述諸種基本性質的國家形式。

韋伯認為，上述那些或大或小的文化差異尤為深刻地反映在西方現代社會生活中「決定命運的力量——資本主義」那裡。究其原委，西方文化現象的普遍理性化源於西方資本主義的理性化。常見有些人把資本主義視同為注重金錢、追逐利潤，在韋伯

看來，這實際上是一種素樸的誤解。幾乎可以說，這類慾望是一切時代、所有國家的人共有的，諸如侍者、車夫、妓女、貪官、士兵、貴族、賭徒、乞丐、藝術家等等皆未例外。由此可見，所謂貪婪的慾望壓根就不等同於資本主義，更不是資本主義的基本精神，倒不如說資本主義是對非理性貪慾的一種抑制，至少也可以說是一種合理的緩解。所謂的資本主義經濟行為應當是指「依靠種種交換機會來指望獲利的行為，即依賴於（形式上）和平的獲利可能性的行為」。①也就是說，資本主義經濟行為在實際活動中要適於進行貨幣收支比較，至於比較的方式多麼原始則沒有多大的關係。從現有的經濟史料來看，這種意義上的資本主義和資本主義企業在所有的文明國家或文明地區，比如中國、印度、埃及、巴比倫、古代地中海地區、中世紀的西方等等都是早已存在的。

除此之外，在近代西方還出現了一種獨特的資本主義形式。就是以自由勞動的理性化為基礎的資本主義勞動組織方式。這種勞動組織方式主要有以下三個基本特點：(1)形成與固定的市場相協調的理性化工業組織；(2)將勞務與家務劃分開來；(3)採用了合乎理性的簿記方式。②可以說，這種獨特的資本主義勞動組織方式在世界其他地方從來就沒有真正出現過，至多也不過是略有跡象而已。就整個世界文化史的研究而言，我們應當考察的中心問題不是資本主義的發展過程本身如何，而是近代西方以理性化的自由勞動組織方式為特徵的資本主義起源問題，即便只從經濟的角度來看也應確認這個中心論題。

那麼，究竟應當從何入手去揭示西方近代資本主義的起源呢？乍看起來，西方近代資本主義從一開始就深受科學技術的影響，它所具有的理性如今已經徹底依賴一些至關重要的技術因素的可靠性。這種情形在根本上意味著兩方面的相互作用：一方面，西方近代的資本主義依賴於現代科學技術，尤其是以理性化的數學和實驗為基礎的自然科學。另一方面，西方近代資本主義的經濟利益又大大刺激了現代科學及其應用技術的發展。顯然西方的科學並非起源於資本主義的經濟利益。十進位制的計算方法

是由古代印度人所發明。問題在於，這種計算方法在印度並沒有導致現代算術和簿記方法的產生，反倒在西方近代資本主義的發展過程中得到了合理的利用。此外，數學和機械學的起源也不是取決於西方近代資本主義的經濟利益。但是，這些學科的發展及其應用的確深受經濟利益的刺激，而這種刺激也是從西方近代社會結構的特性中衍生出來的。這就促使我們發問：既然西方近代社會結構中各方面並不是同等重要，那麼這種刺激主要來自哪些方面呢？

當進一步考察上述問題時，韋伯認為，西方理性化的法律制度和行政體制無疑具有不可忽視的重要性。這是因為，西方近代資本主義的形成與發展不僅需要理性化的科學技術，同時也需要行之有效的法律制度和行政機構。沒有後二者的維繫，或許可能出現冒險性或投機性的資本主義，也有可能出現各種政治性的資本主義，但絕不可能形成由個人創辦、固定資本完備和經濟核算的理性化資本主義企業。雖然只是在近代西方法律制度和行政機構才處於一種相對合理的狀態，從而能夠有力推動經濟活動的發展，但我們還必須進一步發問：這種相對合理的法律制度和行政機構又是如何形成的呢？不可否認，資本主義的經濟利益曾經促進了它們的形成。但是無論法律制度還是行政機構都不是經濟利益單獨作用的結果，而是多種力量綜合作用的產物。

韋伯指出，上述種種問題實質上都從不同的角度涉及近代西方文化所特有的理性主義問題。「因此，我們的首要任務在於，從發生學上窮究並闡明西方理性主義的個別特質，並就此範圍闡明近代西方形態的特質。」③當然，在試圖說明這個關鍵問題時，必須首先考慮到經濟狀況，因為我們承認經濟因素在歷史進程中有著根本的重要性。但同時，也必須考慮到來自相反方向的有關作用。理由在於，經濟理性主義的形成與發展雖然部分地依賴理性化的技術和法律，但在實際活動中某些類型的理性行為取決於人的能力與氣質。也就是說，假如這些類型的理性行為受到精神的妨礙，那麼，理性化的經濟行為勢必遇到嚴重的內在阻滯。值得注意的是，在西方歷史上，「那些神祕的、宗教的力

量，以及基於它們而形成的有關責任的倫理觀念，在過去歷來就對行為有著至關重要、促其生成的影響。」④在一定的意義上可以說，正是為了闡明這些神祕的宗教力量在文化變遷中的決定性作用，韋伯傾其畢生精力，推出了一系列世界宗教比較研究論著。

第二節　關於資本主義精神的規定

作為一個德國學者，韋伯深諳西方哲學傳統，十分注意精神觀念在人類歷史進程中的重大作用。在他看來，西方近代資本主義得以擴張的動力不在於資本的來源，而在於資本主義精神的形成與發展。不論在哪，只要資本主義精神扎下根並反映出來，便會創造出經濟活動所必需的資本來作為達到目的的手段，否則資本主義經濟活動便難以展開。那麼，何為資本主義精神呢？這是韋伯在全面鋪開世界宗教系列比較研究之前，首先想要澄清的一個基本概念。

韋伯指出，如果「資本主義精神」這個術語含有什麼可以理解的意義，那麼他所適用的對象只能是「一種歷史的個體」（a historical individual），亦即由歷史實在中相互關聯的各個要素而形成的「一種復合體」。顯然對於這一種歷史的個體，是不能按照「屬加種差」的一般公式來加以規定的，而必須首先從歷史實在中逐一汲取有關的要素，然後再依據這些要素的文化意義構成概念整體。這便意味著，這種概念的構成不是在研究之前而是在研究之後。因此，如果想對資本主義精神作出比較完整的規定，從一開始就要放棄概念定義的一般程式，只能先對資本主義精神作出一種帶有暫且性的描述。但這種描述對於所要說明的對象來說卻是不可或缺的。因此，韋伯選取了一份有關資本主義精神的歷史文獻。他認為，這份文獻以近乎典型的純粹性保存著資本主義精神的原本面貌，更難得的是它與宗教信仰沒有直接的關係。這對於我們想要達到的研究目的來說，便具有了擺脫各種先入之見的優點。

上述有關「歷史個體概念」的討論，對於理解韋伯的整個宗教社會學觀點有著不可忽視的意義。因為這些論述帶有濃厚的歷史哲學方面論色彩，韋伯正是以此為據轉入了史料分析，以求具體闡明西方近代資本主義精神的獨特內涵。下面，我們就來看看韋伯的有關分析。

韋伯所選中的那份歷史文獻主要是指美國著名作家、政治家班杰明·富蘭克林（Benjamin Franklin，1706～1790）的兩篇文章——《給一個年輕商人的忠告》和《給希望發財致富的人們的一些必要提示》。為了釐清韋伯的思路，現把其中的主要內容節錄如下：

富蘭克林說：「記住，時間就是金錢。一個人靠自己的勞動一天能掙十先令，而他這一天卻跑出去或閒呆著半天，儘管他在消遣或閒呆期間不過花了六個便士，但也不應算成只花了這些；他實際上已經花了、或者不如說是扔了另外的五先令。

記住，信譽就是金錢。要是一個人在借款到期以後還把他的錢放在我的手裡，那他便把這筆利息給我了，或者說把我在這期間利用這筆錢所能掙到的全給我了。只要一個人的信譽又好又廣，而他又善於利用自己的信譽，那麼這就會成為一筆可觀的收入。

記住，金錢有著繁殖且多產的本性。錢能生出錢來，而且這些生出來的錢還能生得更多，以致生生不已。五先令周轉後就是六先令，再周轉就是七先令三便士，如此下去，一直變成一百英鎊。錢越多，每次周轉就會生出更多的錢，因而利潤也就提高得越來越快……。

記住這句俗話：出色的支付者就是他人資金的老板。一個被公認為信守諾言而準時如數付款的人，可以在任何時間、任何情況下把朋友們所能出讓的一切餘款籌集起來。這經常是大有用處的……。

對於影響到一個人信譽的瑣碎舉止也要留心。要是一個債權人在早上五點或晚上八點聽到你的錘聲，那會使他半年都覺得寬心；可是，當你該工作時，如果他在撞球房裡看到你或在小酒館裡聽到你的聲音，那他第二天就會派人來討債，而且會在債期結

束之前要你一次還清。

　　留意，不要以為你所擁有的統統都是你自己的，不要照此想法去生活。這是許多負債人所犯的一個錯誤。若想避免這個過錯，就要堅持記帳，日後一筆一筆地記下你的收入情況……」⑤

　　在韋伯看來，富蘭克林的這些格言式的忠告或許並沒有把資本主義精神囊括無遺，但它們所表達的卻是道地的資本主義精神。這些忠告所宣揚的不僅是一種從商的精明，一種發跡的路數，實際上還是一種嶄新的倫理觀，一種獨特的精神氣質。而這些正是我們所感興趣的東西。精於從商、樂於致富的大有人在。著名的德國大亨雅各布・福格（Jacob Fugger）與一位已告退休的商界朋友作過一次有趣的交談。這位朋友想勸福格隱退。他說，你賺的錢夠多了，該給別人機會。福格卻回答，隱退不就是卑怯嗎？對他來說，錢只要能賺，他就要賺到底。福格的話表現出來的精神顯然與富蘭克林的意思大相徑庭。前者表現的是商人的大膽、個人的嗜好，而後者力圖表達的則是帶有強烈倫理色彩的勸世格言。韋伯指出，他所要考察的就是後種意義上的資本主義精神，亦即近代以來在西歐和美國發展起來的資本主義精神。從純經濟的角度來看，無論在中國、印度、巴比倫，還是在古希臘羅馬和中世紀西方，都出現過資本主義的經濟活動。但問題在於，所有這些資本主義的表現形式均缺乏上述那種獨特的精神氣質。

　　韋伯進一步分析，富蘭克林所主張的倫理觀念確實帶有濃厚的功利主義色彩。誠實有用，因為誠實能換來信譽；守約、勤奮、節儉等等也有用，所以也都是美德。照這邏輯推下去，或許可以得出這樣的結論：假如誠實的外表能夠達到同樣的目的，那麼在富蘭克林看來只要有個誠實的外表也就足夠了，而過多的美德只會造成不必要的浪費。但實際上，事情並非如此簡單。富蘭克林本人的品格就與上述結論不符，這從他那坦誠的自傳裡可以找到佐證。富蘭克林曾把自己深得上述美德的結果歸因於引導自己走上正路的上帝啟示。這種情況表明，他的勸世格言主要不是叫人們出於純粹利己的動機而粉飾自己，其中還包含著更豐富、更深刻的道德意義。事實上，這種倫理觀念所主張的「至善」——盡力贏利，首先袪除了幸

福主義或享樂主義的成份。富蘭克林把這種至善直接等同於目的本身，以至於經濟活動中的贏利不再是人們滿足物質需要的主要手段，而是成了人生的最終目的。這從素樸的觀點來看似乎是對自然關係的顛倒，是絕對非理性的。但實際上它卻是「資本主義精神的一條首要原則」。值得特別注意的是，它還表達了一種與某種宗教觀念密切相關的情緒。富蘭克林雖然是一個泛神論者，但他從小就深受加爾文教的薰陶，嚴厲的父親向他反覆灌輸的一條聖經古訓就是：「你看見辦事殷勤的人嗎？他必站在君王面前。」（聖經·箴言、二十二章二十九節）人為什麼要盡力贏利呢？富蘭克林在自傳中回答這個問題時所用的就是這條古訓。因而，在現代經濟制度下設法贏利，只要掙得合理合法，便是精於某種「天職」（Calling）的表現和結果；而這種美德與能力正是富蘭克林所力主道德倫理觀念的全部內容。

韋伯最後指出：「其實，一個人擔負著一種天職的責任，這種我們今天十分熟悉、而實際上又並非理所當然的特殊觀念，正是資本主義文化的社會倫理中最富有特點的東西，而且在某種意義上也正是資本主義文化的根基所在。」⑥照韋伯看來，「這種最富有特點的東西」、「這一資本主義文化的根基」，事實上在整個西方文化傳統中又有著深遠的宗教來源。

第三節　新教禁慾主義與資本主義精神

如前所述，韋伯認為以「天職觀念」為特徵的資本主義精神不僅是西方近代社會倫理中「最富有特點的東西」，同時還是整個西方近代文化的「根基」。而這種「特點」與「根基」又是有著深刻的宗教來源。那麼，資本主義精神與宗教信仰二者之間的關係究竟為何？根據韋伯的觀點，這種關係主要在於資本主義精神與新教禁慾主義之間有著一種明顯的「親和性」（affinity）。

歐洲經過宗教改革之後，主要形成了四大具有禁慾主義傾向的新教教派。這就是：加爾文宗、虔信派、循道派、浸禮宗諸派。其實，這四大教派在教理教義上並無多大分歧，尤其是在倫

理觀念上有著明顯的共性。因而，韋伯就宗教倫理把它們統稱為「新教禁慾主義」，並把這種意義上的新教禁慾主義作為一個整體，納入了自己的研究過程。同時，由於發端於加爾文宗的英國清教從為禁慾主義的職業觀提供了系統的宗教根據，所以，韋伯在研究方法上還是始終如一地看重典型史料，首先通過考察著名的英國清教神學家、清教倫理權威R‧巴克斯特（Rechard Baxter，1615～1691）的主要觀點，展開了對新教禁慾主義與資本主義精神之間「親和性」的歷史分析。

在研讀巴克斯特的《基督教指南》（Christian Directory）或《聖徒的永恆安息》（Saint's Everlasting Rest）等著作時，首先給人留下的一種強烈印象就是，它們在討論財富問題時特別強調的是《新約》裡的伊便尼派的觀點。按照這種觀點，財富乃是塵世間最大的危險、永恆的誘惑。因而，財富不僅在道德上頗成問題，而且與天國的無上重要性相比，追求財富也是毫無意義的。瀏覽其他清教徒的著述，其中對追求財富行為的非難俯拾即是。他們對之加以非難的道德依據在於：占有財富必然導致懈怠，享用財富勢必造成遊手好閒、陷於肉體享樂。更重要的是，財富最終會使人們放棄正義的人生追求。在他們看來，聖徒唯有在彼岸世界方可得以永恆的安息。因而，在塵世生活中，若想確保神恩的殊遇，就必須出色地完成主所指派給每個人的工作。這也就是說，只有辛勤勞動而非悠閒享樂才能為上帝增添榮耀。於是，虛度時光也就成了難以饒恕的萬惡之首。人生短促，為了確保自己的選擇，這短暫的人生之旅便顯得愈加珍貴。應酬社交，喜好閒聊，耽於享樂，甚至包括過量的睡眠，凡此種種行徑在清教徒看來均應受到強烈的道德譴責。對於真誠的教徒來說，時光無價，虛度一刻光陰更意味著喪失了一段為上帝工作的寶貴時間。

韋伯指出，上述財富觀念與時間觀念實際上深刻地反映了清教教義對於「救贖」的理解。正是本著這些觀念，巴克斯特才充滿激情地一再告誡清教徒們：「務必要使自己從事一種職業，這將使你在直接服務於上帝之外的一切時間裡發現自己的工作。」「如果你未能更直接地服務於上帝，那就全身心地投入你的合法職

業吧！」「在你的職業中辛勤勞作吧！」……總之，信奉上帝的人們必須盡心盡力地投入艱辛的職業勞動，無論這種職業勞動屬於體力的還是智力的。由此可見，在巴克斯特的有關論述中，不僅沿襲了西方基督教教會的傳統觀點，把勞動當作禁慾的一種重要手段，而且還進一步將勞動視為人生的目的，視為上帝的聖訓。「不勞動者不得食」，聖·保羅的這句名言無條件地適用於每一個人。而厭惡勞動則是墮落的表現。

因此，在勞動分工問題上，巴克斯特也不再像托馬斯、路德等人那樣，把階級差別與勞動分工解釋為上帝隨意安排的結果，以為富人有免除勞動專門思想的特權。巴克斯特強調，上帝已經毫不例外地為每一個人安排了一種職業，這種安排實質上即是一種道德上的絕對命令。因而，人人均須服從神意，各司其業，辛勤勞動。即便是百萬富翁也不得因富有而逃避勞動，雖然他們無需靠勞動謀生，但也必須跟窮人一樣服從於上帝的聖訓。

那麼，究竟怎樣衡量一種職業是否有益，即能否搏得上帝的青睞呢？在巴克斯特看來，這當然要以道德為標準，來衡量該種職業為整個社會創造了多少財富。但除此之外，還有一個更具體、更重要的標準，就是看看每個人通過其職業所獲利益的多寡。根據清教教理，既然一切生活現象均是由上帝設定的，那麼，如果上帝賜予某個選民贏利的機緣，他便理應順從上帝的召喚，竭力利用這天賜的良機。反之，要是上帝為你點明了一條合法致富的道路，而你卻有意拒絕，自行選擇了某種難以獲利的途徑，那麼你便徹底背離了獻身於職業的根本目的。這也就意味著，你拒絕接受上帝的恩賜，拒絕成為上帝的僕人，拒絕遵循上帝的聖訓。因而，在清教徒們的眼中，只有當財富誘使人們無所事事、溺於享樂時，這種財富方法是邪惡的；只有當人們為了日後的奢侈生活而追逐財富時，這種行為是不正當的。相反，如果發財致富意味著熱愛職業、履行天職，這不僅是道德的，而且理當如此的。正如有些清教徒所說，期待自己一貧如洗無異於希望自己病入膏肓；甘於貧窮名曰弘揚善行，實為貶損上帝，這就是典型的清教利益觀念。

最後，在行為觀念上，《舊約》中的一些行為戒律也對清教徒發生了重要的影響。清教十分重視《舊約》裡的摩西律法。這一部分內容充滿對律法化行為的溢美之辭，並將此視為深得上帝讚賞的行為標誌。對於這一部分內容，清教提出了這樣一種看法：一方面，摩西律法中確實包括一些僅適合猶太民族的家規和誡條，所謂的摩西律法已在基督手裡喪失了效力就是指此而言；但另一方面，這些律法作為成文的自然法規卻一直是有效的，因而必須予以保留。這種觀點使清教徒們有可能從摩西律法中刪除那些與現代生活格格不入的內容，而充分利用其中的有利因素，形成了束身自好、嚴以律己的律法精神。而這種精神正是新教禁慾主義的本質特徵，因為新教教徒在經濟行為上表現出來的精神氣質就是合乎理性地籌集資本、組織勞動。

韋伯認為，綜合以上幾方面的分析可以看到，清教教徒的職業觀主要是根據新教「救贖論」中的「財富觀念」與「時間觀念」而建立起來的，它主要包括以下幾點內容：(1)把勞動接看作人生目的的求職觀念；(2)以服從神意為宗旨的分工觀念；(3)以履行天職為目標的利益觀念；(4)以嚴於律己為特徵的行為觀念。顯然，這樣一種職業觀念事實上已經包含著對世俗生活的一種新的、肯定性的評價，即對於個人道德行為所能採取的最高評價形式，應當是看其能否在世俗職業中履行義務。這種觀點無疑會為日常的世俗活動注入宗教意義，同時也為新教的禁慾主義奠定了道德基礎。韋伯指出，新教禁慾主義的核心思想就是從上述職業觀念中引申出來的：「能為上帝接受的唯一生存方式，並不是指以修道僧般的禁慾主義來超越世俗道德，而是要每一個人去實現他在塵世間地位所賦予個人的義務。那就是他的職業。」⑦不難看出，這種意義上的新教禁慾主義實質上就是一種世俗化的倫理觀念。它在西方近代歷史上必然會直接影響資本主義生活方式的發展，從而也就對整個資本主義的進程產生了巨大的推動作用。

韋伯指出，新教禁慾主義對西方近代資本主義的直接影響大致可以概括為以下幾個方面：

第一，合理地限制消費。新教禁慾主義強烈反對非理性地使

用或享用財產，嚴格限制消費，尤其是奢侈品的消費。任意動用財產，包括享有奢侈品，這些在封建頭腦看來是自然而然的事情，卻被清教徒斥為「肉體崇拜」。但另一方面，清教徒們又贊成按照理性主義和功利主義的精神來使用財產，認為這是上帝的旨意，是為了滿足個人和社會的需要。他們並不想把禁慾主義強加於有產階級，只是苛求人們出於合理的目的來動用資產。在清教徒們的生活中，理性的舒適觀念極富特點地限定了倫理所許可的開支範圍。他們把中產階級的純正而適度的舒適觀念作為生活理想，堅決反對封建主義華而不實、故作富貴的生活態度。

第二，合法地追逐財富。新教禁慾主義把合理地追逐財富視為上帝的具體意願，從而使贏利活動合法化，並在社會心理上把贏利衝動從傳統宗教倫理的禁錮之中解脫。在經濟活動中，新教禁慾主義譴責欺詐與貪婪，反對完全出於個人目的而追求財富的拜金主義行為。但是，如果財富是從事一種職業而獲得的勞動果實，那麼這種來路的財富便是上帝祝福的標誌。「更重要的是：在一種世俗職業中不滿足、不懈怠、有秩序地勞作，這樣的宗教評價作為禁慾主義的最高手段，同時又作為轉生與篤信中最可靠、最明顯的證明，對於我們在此稱之為資本主義精神的人生態度的擴展來說，無疑曾是最有力量的槓桿。」⑧

第三，有力地推動資本累積。當前述兩種影響合而為一時，即當合理地限制消費與合法地追逐財富自由結合在一起時，一種不可避免的結果便出現了：新教禁慾主義所力主的節儉必然導致資本累積。顯然，新教禁慾主義強加於消費行為的種種合理性限制，使大量資金轉化為生產性投資成為可能，這樣也就自然而然地推動了資本累積。遺憾的是，這種影響到底有多大，無法用精確的統計數字來加以證實。但在英格蘭，這種影響是十分明顯的。英國歷史學家多伊爾（Doyle）曾敏銳地指出，清教主義削減消費開支的觀念一度迫使人們不斷地把餘款重新用於生產投資，這幾乎是毋庸置疑的。同樣，在荷蘭這個加爾文宗佔統治地位達七年之久的國家裡，簡樸的生活方式與巨額的資金財富相結合，也曾導致了資本過度累積。

第四，哺育了近代經濟人。在韋伯看來，近代經濟人在西方社會主要以兩種面目出現，即資產者與勞動者，而這兩種人又都是在新教禁慾主義的薰陶下成長。首先從資產者這一方面來看，在新教禁慾主義的影響下，一種特殊的資產階級經濟倫理形成了，資產者充分意識到自己受到上帝的恩寵，得到上帝的祝福。因而在他們看來，只要儀表得體，道德行為不沾污點，在財產的使用上又不至遭到非議，自己便可以任憑個人利益的支配，放心大膽地追逐利潤，況且自己這麼做是在盡一種天職。同時，新教禁慾主義還給資產者一種安然自得的信念：現世生活中的財產分配不均本是上帝的天意。如同其他種種具體的恩寵一樣，在財產分配不均中也自有上帝所要達到的神祕目的。再從勞動者這一方面來看，在歷史上幾乎所有的宗教禁慾主義都主張「為信仰而勞動」，就此而言，新教禁慾主義並沒有為這種思想提供什麼新的內容。但值得一提的是，新教禁慾主義不但極有力地深化這種思想，而且還獨創出對於實踐這種思想有決定性影響的力量。這就是在社會心理上認可：勞動是一種天職，是一種至善，因而在根本上也是確保每個人成為上帝選民的唯一手段。與此同時，新教禁慾主義也使雇佣自由勞動者的行為合法化，即把資產者的經濟活動也解釋成一種天職。這樣一來，對於一無所有的勞動階層來說，禁慾主義的新教教規就顯得格外嚴屬。正如資產者將贏利視為天職一樣，勞動者也不得不把勞動作為一種天職，這兩種人生態度便分別構成近代西方資產者和勞動者的主要心理特徵。總之，上述這些無疑會對形成資本主義意義上的「勞動生產力」產生十分重要的影響。

　　在結束有關新教禁慾主義與資本主義精神二者關係的分析時，韋伯總結道，只要重讀前文引述的富蘭克林的勸世格言就不難看到，我們在前一節剛剛討論過的資本主義精神，其基本要素與這裡所分析的清教禁慾主義的內涵並無不同。因而，我們可以斷定：「近代資本主義精神的一個基本要素，或者說不僅是指近代資本主義精神而且包括整個近代文化精神的一個基本要素——以職業觀念為基礎的理性行為，就是從基督教的禁慾主義精神中

產生出來的。」⑨

第四節　儒教道教與中國社會

　　《新教倫理與資本主義精神》是韋伯世界宗教系列比較研究的第一部力作。在這本書裡，他緊緊抓住宗教經濟倫理與資本主義精神的關係問題，嚴謹地論證了一個核心問題：西方近代的資本主義精神是一種「歷史的個體」，它深深地植根於新教禁慾主義。為了進一步支持這個論點，繼《新教倫理與資本主義精神》之後，韋伯又相繼寫出了《儒教與道教》、《印度教與佛教》、《古代猶太教》等書。在這幾部以旁證面目出現的著作裡，韋伯主要是想回答這樣一個問題：為什麼在缺乏新教禁慾主義的那些國家或地區不能產生像西方近代那樣的資本主義精神呢？

　　在這一節，我們僅想以韋伯有關儒教和道教的分析為例來進一步整理出他的整個研究思路。這一方面當然跟我們身為中國人的理論興趣有關，但另一方面主要還是考慮到本書的研究目的。韋伯在這幾本書中討論的對象雖然不同，但立意如一。所以，無論對於釐清韋伯的思路，還是對於達到我們的目的，從中擇取一例似乎都已足矣。

　　韋伯有關儒教和道教的分析主要包括在《儒教與道教》一書中。他在該書的前四章，首先從貨幣、城市、君王、神明、采邑、封建制、科舉制、徭役、賦稅、宗教、法律等等諸多方面，廣泛地考察一九一二年以前的中國社會的「社會學基礎」。韋伯認為，中國的整個社會結構帶有濃厚的傳統主義色彩。若就社會精神氣質而言，這種傳統主義與理性主義背道而馳，且缺乏資本主義精神。雖然在一九一二年以前的中國社會也有不少有利於資本主義經濟發展的因素——甚至其中某些因素還得天獨厚。諸如人口繁殖迅速，享有人身自由的平民百姓可以自由遷徙；經商、借貸和貿易不為繁瑣的法律所限制；平民百姓因缺乏「救贖意識」而注重現實、善於節儉、富有進取精神等等，但上述這些有利因素的活力都被傳統主義所窒息。那麼，為什麼中國的整個社會結

構會帶有濃厚的傳統主義色彩呢？為什麼在中國一些有利的文化因素不能強勁地推動資本主義精神與經濟的發展呢？韋伯正是帶著這些問題轉入了中國宗教——儒教與道教的分析，以求從中國文化的深層結構中找到問題的答案。

在韋伯看來，中國的宗教傳統是與整個社會結構相適應的。雖然作為「正統宗教」的儒教深受歷代皇權的賞識，而作為「異端宗教」的道教主要流傳於民間，但二者都具有強烈的傳統主義傾向。韋伯首先從以下幾個方面對儒教進行分析。

首先，從儒家的政治地位來看。儒教的主要社會基礎是儒士和官僚。在封建的中央集權制度下，「官吏成了一個有文憑的俸祿階層」，⑩而科舉制則是儒士躋身於俸祿階層的一條主要途徑。如果說在科舉制形成之前，儒士還是一個富有理性的獨立階層的話，那麼在科舉制出現之後，依附於封建皇權的儒士階層便發生了非理性的蛻變。作為一名儒士，只要通過科舉會試，即使不被封官受祿也能享有某些特權，特別是在儒家的政治地位加強之後，這種情況就更為明顯。然而，儒士通過科舉而贏得的特權是極不穩定的，隨時都會因罷黜而喪失。因此，儒士階層便難免具有雙重性：一方面，他們學而優則仕，理直氣壯地爭取特權；另一方面，他們又屈尊於封建皇權，折節為士，絕無跟皇權分庭抗禮的意向，這樣他們也就喪失了獨立的人格。

其次，從儒家的經濟觀念來看。韋伯指出，「幾千年來，中國的政治體制一直具有宗教的、功利主義的福利國家的特徵」，⑪因而，傳統的經濟政策與儒家的經濟觀念互為表面。在經濟上，身為官僚的儒士極為注重中央的財政和稅收。大凡以經濟變革而垂青於史的儒士也都是因強化中央財政稅收而揚名。所以，這些為官的儒士一心追求的只是整個封建國家的經濟利益和政治勢力。他們壓根就不了解，自古以來比較現實的經濟政策一般都是設法引導社會經濟生活走向自治，最起碼也要重視生產和利潤，在儒家看來，漁利是有悖於傳統道德，而賦稅卻是天經地義的。由此可見，「認稅不認利」是儒士的通病，「不通經濟卻強為經濟」則是儒家的特點。

再次，從儒家的宗教地位來看。在中國封建社會，中央集權制意味著雙重統治，即政治上的統治與宗教上的統治。就其宗教統治而言，「皇權是被授予宗教聖職的至高無上的東西，它在一定意義上是凌駕於民間神祇之上的」。⑫韋伯一再強調，這實質上是一種「卡里斯馬式的統治」。⑬這種統治形式主要具有以下兩種含義：第一，皇帝作為天堂派遣全權代表的「天子」，其個人地位是以卡里斯馬為基礎；第二，在封建時代，貴族血統與平民血統之間存在著卡里斯馬差異；在科舉官僚時代，受過教育的階層與缺乏教養的階層之間出現了一道鴻溝，即儒生與愚民之間也存在著卡里斯馬差異。因此，嚴格地講，中國歷來就沒有像西方那樣形成過僧侶一統天下的局面。儒教雖然既是一種宗教又是一種哲學，但它既非純彼岸的宗教，亦非純世俗的哲學。儒家的宗教地位如同在政治上一樣，也是依附於封建皇權、缺乏獨立人格的。

韋伯基於上述分析進而指出，雖然就講求理智、注重現實而言，儒教也不乏鮮明的入世理性主義傾向，但這種理性主義卻與西方近代的理性主義精神迥然相異。西方近代理性主義精神的興起與發展。主要體現在自然科學和法律制度的輝煌成就上；而儒教具有的理性主義傾向則是以屈從皇權、承認自然法則與社會秩序彼此的和諧為前提。儒教所力主的核心概念「禮」，實際上就是一種訓導人們安於現世的僵化誡條，因而強烈反映出傳統主義的道德主流。儒家本著「性本善」的觀念，總是以為只要憑藉高深的學識修養和帝王的卡里斯馬素質，便足以治國安邦，所以歷代儒士無一不把塵世的希望托福於卡里斯馬式的皇權。由此可見，儒教的本質即在於：它是屬於此岸的，是力主維護現世的，尤其是維護封建皇權的卡里斯馬。總之，根據韋伯的說法，「卡里斯馬崇拜」即是「儒教之魂靈」；而在中國社會的平民百姓中廣為流傳的「青天迷信」，其最終根源也在於這樣一種卡里斯馬崇拜。

至於道家，韋伯認為這實際上是一個出世別俗的知識階層，早期的道家之所以傾向於無為隱遁，首先是出於長生不老的願望，再就是渴求達到神祕主義的境界。譬如，老莊曰：「墮肢體，黜聰明，離形去知，同於大道，此謂坐忘」；「九日而後能

外生；已外生矣，而後能朝徹；朝徹，而後能見獨；見獨，而後能無古今；無古今，而後能入於不生不死。」老莊又曰：「假於異物，托於同體；忘其肝膽，遺其耳目；反覆始終，不知端倪；茫然徬徨乎塵垢之外，逍遙乎無為之業。」(《莊子・大宗師篇》)從這些論述來看，道家追求的主要目標顯然是一種道地的神祕主義。這種神祕主義強烈地透露出一種淡然處世的人生態度，而這種人生態度又與儒家的處世觀念形成鮮明的對照。

在韋伯看來，儒、道兩家在處世觀念上的尖銳衝突，實際上源於對「道」的不同理解。對孔子來說，「道」既指宇宙的秩序，同時又指追求該種秩序的過程。孔子所言「信道」、「謀道」、「弘道」、「志於道」等等，也就是一貫主張不僅要「職道」而且還要「行道」。從這裡頭自然會引出積極入世、合理參與世俗事務的傾向。而老莊則是以玄奧的人神關係來闡釋「道」。按照他的看法，「道」似乎是一種永恆的元素，一種絕對的價值。這樣一來，「道」作為神聖的秩序和萬物的整體，便成了「神聖的、唯一的實在」。因此道家認為，惟有從塵世間消身隱退，方有時間與心境去思索、去捕捉神祕的感受。比較儒、道兩家的處世觀念，韋伯分別把儒教和道教比作古希臘神話中的「酒神」和「日神」。他認為老莊及其後學所渴望達到的最高境界，不是一種「心醉的狂喜」，而是一種「淡然的出世」。

但是，道家所謂的「出世」並非簡單意味著棄絕塵世。韋伯尖銳地指出，在老莊的學說中存在著一種難以擺脫的矛盾理論。即是老莊持有的處世態度既消極冷漠又缺乏宗教動機，從而造成了神祕體驗與救贖意識的脫節。這種理論上的矛盾最終必然觸發道家的入世傾向，使道教的神祕主義跟世俗活動保持著一種時斷時續、或隱或現的複雜聯繫。韋伯指出：「一個靠儒教的禮為主要德性而達到統一和諧的世界，是一個處於最低水平的世界。可是，這樣一個世界恰恰存在著，所以問題在於，個人如何使自己適應這個世界的方式……老子欲求一種『至善』而跟儒教的區區德性對立起來，也就是想跟塵世相協調、相適應。」⑭從儒、道兩家的世俗理想來看，持有理性主義的儒家竭力維護一種理性化

的、安定繁榮的科舉官僚制度，而抱有神祕主義的道家則暗地裡倡導一種自治化的、自給自足的封建社會制度。因而，道教與儒教一樣，其信仰的真正中心也在於卡里斯瑪式的封建皇權崇拜。事實上，道士向來就是「暗窺政門的儒士」，透過其「無為而不為」的主張不難看出，道家的從政慾望決不亞於儒家。總觀儒、道兩家，韋伯認為，無論是儒教還是道教都不可能真正激發出西方近代意義上的理性主義精神，原因即在於二者均屬於傳統主義類型。而且相比之下，作為異端的道教恐怕要比正統的儒教更具有傳統主義的特徵。

前面提到，韋伯考察儒教和道教的主要目的在於，從中國文化的深層結構中揭示出阻礙中國資本主義精神發展的根本原因，以充分證實新教禁慾主義與資本主義精神之間的必然關係。因此，韋伯在綜合考察了儒教和道教之後，鑒於儒教在中國文化中的特殊歷史地位，他便把研究的重點轉向儒教與清教的比較。在《儒教與道教》一書中，這種比較是作為全書的基本結論而列為最後一章的。

首先應當注意，韋伯有關儒教與清教的比較是以「理性」為尺度的。在他看來，衡量一種宗教信仰的理性化程度，主要有兩個互為關聯的尺度：一是看其在多大程度上擺脫了魔幻的力量；二是看其在多大程度上將以下兩種關係合而為一，即神靈與世界的關係同宗教信念與世俗倫理的關係。在這裡，第一個尺度實際上就是指一種宗教在多大程度上擺脫了非理性的巫術，第二個尺度也就是指一種宗教在多大程度上合理地實現了從神靈信仰到入世倫理的轉化。

首先以第一個尺度來對比儒教與清教。韋伯指出，儒教實際上就是一個倫理道德體系。正統的儒家既不討論原罪和救贖問題，也很少涉及超驗的實在。孔子曰：「子不語怪力亂神」，「務民之義，敬鬼神而遠之，可謂知矣」。（《論語》）這種態度固然表明儒教具有明顯的理性主義成份，但並不意味著儒家從根本上否定鬼怪之類的魔幻力量。其實，儒教從來就對巫術抱有十分寬容的態度。韋伯在考察中國宗教中的巫術成份時指出，自中國封建

統治階層獨尊儒教以後，儒家便把民間所特有的宗教需求置之不顧。同時，儒家不瀆人神、專注人事的態度，又把神祇崇拜寬容地降到民間。中國民間宗教大多既含有巫術理論又包括巫術實踐。因而，「正統與異端對於巫術和泛靈論觀念的容忍，以及道教對於它們的扶植，這對它們的持續及在中國人生活中的巨大作用，均有決定性的意義。」⑮具體來說，在中國封建社會根本就沒有適合於人本主義的科學精神賴以滋生的土壤。在社會領域，有限的理性化籠罩著卡里斯馬式的皇權尊嚴；在自然領域，星相、歷法、氣象、醫學等等無一不訴諸於神靈，求助於巫術；甚至連工業用地也得經過風水先生過眼，交通線路必須繞過神怪不可侵犯的祖墳⋯⋯。所有這些現象都說明，儒教遠遠沒有擺脫作為一種魔幻力量的巫術。與此相反，清教則對巫術持有徹底否定的態度。在清教徒的眼中，這個世界是上帝的造物。因此，假若容忍各類鬼神的存在，承認任何魔幻的力量，無疑是對上帝不恭，況且這還是一種不可寬恕的褻瀆。韋伯舉例說，虔誠的清教徒在埋葬自己的親人時，是不拘任何形式的。這就表明清教徒徹底掙脫神祕主義的擺佈，達到了宗教活動擺脫魔幻力量的最高階段。

儒教與清教的本質差異更深刻地反映於二者主張的入世倫理中。以第二個尺度來對比儒教與清教，韋伯指出，儒教作為一種倫理道德體系，其核心觀念為「禮」。正如孔子所講的：「克己復禮為仁，一日克己復禮，天下歸仁焉。」（《論語》）所謂的「克己復禮」主要體現在兩個方面，即「內聖」與「外王」。因而，儒家一方面注重君子修養，即通過習經行禮，抑制世俗的激情，保持優雅的風度，以堅韌的克己求得精神之和諧；另一方，儒家又注意忠君孝祖，即以傳統為聖，效忠於世襲制的國家，盡孝於家長制的宗族。而清教倫理則以「人是上帝的工具」為核心。清教徒們是懷著異常強烈的原罪意識與贖罪願望而積極投身於世俗生活。對他們來說，自己固然「要生活於這個世界」，但自己「並非世界之存在」。所謂的世俗生活無非就是通過完成「天職」來增添上帝的榮耀，確保自身的得救。因而韋伯指出，正是「由於篤信

上帝，清教把世俗事務與上帝的啟示、旨意聯繫起來，從而在非理性的某一點上陷入了緊張關係。」反之，「無論從宗教貶值還是從實際衝突來看，儒教都是一種把世界的緊張關係削弱為最低限制的理性倫理。」⑯這也就是說，儒教合理地轉化為入世倫理的程度實際上也遠遠不及清教。韋伯根據上述比較指出，就入世的角度而論，儒家是抱著內聖外王的自傲情緒步入世俗生活，而清教徒們則是深懷贖罪得救的虔誠心理參與世俗活動。所以，儒教理性主義追求的是對世俗生活的一種合理性的順應，而清教理性主義所追求的則是對世俗生活的一種合理性的控制。二者在入世傾向上的這種本質差異，不能不說是驅使中西社會分別走上不同發展道路的深層文化動因。

最後必須加以強調的是，韋伯關於中國宗教與西方宗教的比較研究，雖然並非一無是處，但就整體而言的確是破綻百出，難以讓嚴謹的中國學者接受。很顯然，作為一個西方學者，韋伯是以西方人的眼光來觀察中國宗教與中國社會的；更何況韋伯並非漢學專家，在很大程度上只是出於整個研究計劃的部分需要才不得不介入中國宗教問題；此外，再加上本世紀初期西方漢學研究資料本身就有限，所有這些主客觀原因都使韋伯的中國宗教問題研究給人留下牽強附會之感、以偏概全之嫌。所以說，韋伯在這個問題上提出的一些基本觀點對中國讀者來說並無太多的可取之處。不過，考慮到韋伯的中國宗教問題研究在其整個世界宗教系列比較研究中只是次要的部分，而且又是以旁證的面目出現，因而我們在這裡不必予以深究。只要注意到上述弱點就可以了。所以在本章的最後一節，我們的批判重點還是放在韋伯世界宗教系列比較研究的方法論觀念、特別是哲學觀念上。

第五節　韋伯的哲學意蘊

韋伯把他的世界宗教系列比較研究冠以「宗教社會學」的名稱。事實上，無論從其討論的內容還是從推出的結論來看，韋伯的宗教研究都遠遠地超出了一般社會學的範圍，廣泛涉及到經濟

學、歷史學、心理學、文化學等等，尤其是帶有濃厚的哲學意味。這種情形便使我們有可能從「社會學的前台」走到「哲學的後台」，去進一步探討該項綜合性研究的哲學意蘊。回過頭來看，這種對於哲學意蘊的探討，也是深入評價韋伯整個世界宗教系列比較研究的必要前提。

我們已經知道，韋伯在其整個世界宗教系列比較研究中所確定的主題是：闡明宗教經濟倫理與資本主義精神的關係問題。就切近這一主題的邏輯方式而言，韋伯的哲學傾向主要具有以下兩個鮮明的特點：

第一，試圖從文化史的角度去考察一種歷史個體的形成過程。在韋伯看來，若想闡明新教經濟倫理與資本主義精神的關係問題，首先必須確認，所謂的資本主義精神不是一種普遍的共性，而是一種「歷史的個體」，即西方近代文化的獨特產物。在韋伯的觀念裡，作為這樣一種歷史個體的資本主義精神大致有以下幾種含義：它是西方文化形態的特性，是西方社會結構的根基，是西方社會倫理的核心觀念；相應於此，所謂的新教經濟倫理則被看作是西方文化形態中的一個主要方面，西方社會結構中的一個基本層次，制約著西方社會行為的一種決定性的力量。從上述種種規定中不難看出，韋伯首先是把新教經濟倫理與資本主義精神的關係問題置於整個西方文化之中加以理解的，他所感興趣的就是從文化史的角度來考察西方近代文化的特性，即作為一種歷史個體的資本主義精神的形成過程。

第二，側重從發生學的意義上闡釋一種因果關係的歷史作用。在整個研究過程中，韋伯之所以要緊緊抓住新教經濟倫理與資本主義精神的關係問題，旨在揭示一種鮮為人知的因果關係，即從資本主義精神的起源過程中揭示宗教觀念的重要文化功能。這種設想在韋伯研究中的具體表現為：首先分析新教經濟倫理的歷史含義，進而比較新教經濟倫理與世俗經濟倫理的親和關係，最後說明新教經濟倫理對於資本主義的經濟觀念與經濟行為的決定性影響。從哲學上看，上述推導過程又可概括為：從作為原因的宗教觀念，經過作為中介的社會倫理，再到作為結果的社會活

動。在一定的意義上可以說，韋伯的整個世界宗教比較研究的主要創見即在於敏銳地揭示出長期以來為人們所忽視的因果關係，並對之進行了比較縝密的論證。

然而，值得引起研究者們充分注意的是，韋伯在前述兩個方面所透露出來的哲學意蘊均是相當狹窄的。對於這一點，即使連韋伯本人恐怕也不會否認。因為韋伯在總結稱之為「引言性的討論」⑰時再三強調：「我們僅僅試圖闡明宗教力量在世俗的近代文化發展之網的形成過程中，在無數不同的歷史因素錯綜複雜的相互影響中產生的作用。」「我們只是希望確定宗教力量在大多程度上推動過資本主義精神在世界上質的形成與量的擴展。」⑱韋伯通過這些論述無非是想提醒讀者，他所論及的主題及結論僅限於西方近代文化的形成時期，或者說西方近代資本主義精神的起源時期。而一旦超出這一特定的歷史發展階段，該主題的意義及其結論的價值便需要重新加以評估。筆者認為，韋伯的哲學意蘊所具有的狹窄性質正是由上述嚴格的限制而來。而這種狹窄性之所以引起研究者們的充分注意，就在於它使得韋伯有關世界宗教比較研究的基本結論在哲學上留下了相當大的商榷餘地，在這裡人們既可以積極地批判韋伯，也可能消極地解釋韋伯。問題的要害即在於，評論者們能否意識到，及如何去評價這種狹窄性。

在西方韋伯研究中有一種十分流行的觀點，即把韋伯看成是一個竭力反對唯物史觀的學術帶頭人。根據這種觀點，韋伯有關世界宗教比較研究的基本結論，實際上已經有力地證實了一個與唯物史觀截然相反的哲學命題。這就是：不是經濟活動決定思想觀念和社會形態，相反，是宗教觀念決定經濟活動和社會形態。在筆者看來，上述觀點的產生固然有著比較複雜的理論背景，但首先必須指出這種觀點是完全錯誤的，因為它從根本上誤解了韋伯，也從根本上歪曲了馬克思。

這種觀點對於韋伯的誤解主要表現在過於誇大韋伯思想的哲學意義。我們已經說明：韋伯論及的主題及結論均是有著嚴格限制的。他在追溯西方近代資本主義精神和文化特質的起源時，確實看重宗教觀念的巨大歷史作用，認為這種作用是「內在的」、

「心理的」，因而是「至關重要的」、「有決定性的」。但同時，他又不時地強調，這種作用不但只是諸多歷史要素相互作用的一種，而且僅僅具有一時的重要性或決定性。尤其是對後一種情形，韋伯作過反覆的解釋。他指出，一旦資本主義精神已經形成，資本主義經濟制度確立，便不再求助於任何宗教力量的支持了。儘管時至今日宗教觀念仍然企圖對經濟生活施加影響，但這種不正當的干預既無法跟政治與法律的力量相抗衡，更無法和經濟利益或社會利益決定性作用相比較。關於這一點，韋伯還形象地比喻道，假如把新教禁慾主義比作資本主義精神的「一條根」，那麼隨著資本主義的精神與制度的逐步形成，「這條宗教的根」便慢慢地枯死了。至於社會經濟條件在資本主義制度形成以後所具有的決定性作用，韋伯是給以充分肯定的。在他看來，這種決定性的作用也許會持續到人類燒光最後一噸煤時為止。⑲諸如此類的解釋在韋伯的一些主要論著裡可以說是時有所現，除了這裡提到的《新教倫理與資本主義精神》一書外，讀者還可以查閱《經濟與社會》、《印度教與佛教》等等。因此我們說，部分西方學者把韋伯有關世界宗教比較研究的基本結論肢解並誇大為「宗教觀念決定經濟活動乃至整個社會形態」這樣一個帶有普遍性的哲學命題，有悖於韋伯的原意。

另一方面，這種觀念把唯物史觀的基本理論簡單歸納為「經濟活動決定一切社會現象」，也無疑是從根本上歪曲了馬克思的偉大發現。這種做法不免使人聯想到十九世紀末在國際共產主義運動中一度流行的「庸俗經濟決定論」。那時，也有一些人單純強調經濟因素在歷史發展過程中的決定作用。這種理論傾向後來一直演變成為第二國際機會主義的「自發論」、「自動長入論」等等荒謬的觀點。面對上述危險的理論傾向，恩格斯曾經鄭重地聲明：「根據唯物史觀，歷史過程中的決定性因素歸根到底是現實生活的生產和再生產。無論馬克思或我都從來沒有肯定過比這更多的東西。如果有人在這裡歪曲，說經濟因素是唯一決定的因素，那麼他就是把這個命題變成毫無內容、抽象、且荒誕無稽的空話。經濟狀況是基礎，但是對歷史鬥爭的過程發生影響並且在許多情況

下主要決定著這一鬥爭的形式，還有上層建築的各種因素：階級鬥爭的各種政治形式和這個鬥爭的成果——由勝利的階級在獲勝以後建立的憲法等等，各種法權形式以及所有這些實際鬥爭在參加者頭腦中的反映，政治的、法律的和哲學的理論，宗教的觀點以及它們向教義體系的進一步發展。這裡表現出這一切因果間的交互作用，而在這種交互作用中歸根到底是經濟運動作為必然的東西通過無窮無盡的偶然事件……向前發展。」⑳從作為唯物史觀創始人之一的恩格斯的這些論述來看，部分西方學者在韋伯研究中對唯物史觀的歪曲很難說比十九世紀末的庸俗經濟決定論高明多少，毋寧說前者基本上是後者的現代翻版。顯然，他們的觀點基於前述兩個方面的誤解或曲解是根本站不住腳的。需要著重指出的是，雖然韋伯有關世界宗教比較研究的基本結論與馬克思的唯物史觀在一定程度上存在著理論分歧，前者有意突出宗教觀念在資本主義精神形成時期的決定性作用，而後者一貫堅持以經濟活動為基礎來認識整個人類歷史進程，但由於後者的哲學意義要比前者廣泛，因此二者的理論分歧只是局部的，並不具有整體意義上的可比性。直言之，韋伯的有關結論尚不具備足夠的邏輯力量與唯物史觀相抗衡。更何況，我們已經證實，韋伯還在長時間的意義上向唯物史觀作出了很大的妥協。

從以上分析中還可以看出，韋伯本人的哲學觀念並不是始終如一，而是充滿矛盾的。他既在自己選定的歷史範圍內傾向畢生精力來論證宗教觀念的決定性作用，又在此範圍之外無條件地放棄了自己的主要結論，趨同於唯物史觀。表面看來，這種矛盾情形似乎有點過於戲劇化。其實，從韋伯的整個思想來看，這也正是韋伯哲學立場的一個鮮明特點。我們可以就此再作以下兩個方面的分析：

第一，韋伯的反唯物史觀傾向。韋伯在考察資本主義精神的起源問題時曾經指出，按照「樸素的唯物史觀」，資本主義精神屬於上層建築，應當是經濟狀況的反映。但史實並非如此。例如，在新英格蘭地區，資本主義精神無疑早在資本主義經濟秩序出現以前就已存在了。而在一些由大資產者們出於商業動機建立起來

的地區，像跟新英格蘭接壤的那些地區以及南方各州，資本主義卻遠遠不及新英格蘭那樣發達。關鍵在於，新英格蘭地區在歷史上主要是由宗教方面的原因而形成的。這就表明，資本主義精神的起源問題要比「樸素的唯物史觀」所想像的複雜得多，而且這裡所包含的因果關係恰恰與唯物史觀相反。[21]因此，韋伯決意從這一相反的方向去探明資本主義精神的真正起源。而當這項研究基本完成以後，韋伯反對唯物史觀的傾向就愈發明顯。韋伯曾因嚴重的精神憂鬱症而不得不輟教長達二十年之久，直到一九一八年才重返大學講壇出任維也納大學經濟學教授。這時，韋伯的學術影響也幾乎達到了頂點。他在以《對唯物史觀的實證批判》為題的一次講演中，闡發了《新教倫理與資本主義精神》一書的研究成果，提出了「積極批判唯物史觀」的主張。這場演講不久便在西方學術界引起了廣泛的注意，從而觸發了一場長達幾十年的論爭。從這場爭論來看，韋伯的上述傾向的確為消極的解釋者們留下了把柄，以致成了他們製造所謂的「韋伯與馬克思對立」的重要口實。但是，這種消極的解釋實際上是在曲解韋伯的主要論點。韋伯在那次講演中著重指出，他之所以不能接受唯物史觀，就是因為馬克思總是在歸根到底的意義上把社會歷史發展的一切動因統統歸結於經濟因素。關於上述消極解釋者們對韋伯哲學觀點的隨意理解，也有不少西方學者有著清醒的認識。像著名的韋伯專家雷蒙‧阿隆（Ragmond Aron）、弗蘭克‧帕金（Frank Pavkin）等人都曾從諸多方面比較韋伯與馬克思的異同，並對上述消極解釋進行批評。[22]在筆者看來，更使這些消極的解釋者們感到難堪的是，韋伯反對唯物史觀並不等於主張唯心史觀。事實上，韋伯同時還具有反唯心史觀的傾向。

　　第二，韋伯的反唯心史觀傾向。關於這種傾向，我們在前文的分析中實際上已經部分地涉及到了。如果說唯物史觀與唯心史觀迄今仍是歷史哲學領域中兩大對立的理論派別的話，那麼韋伯趨同於唯物史觀的大量論述，無疑可以看作他反對唯心史觀的佐證。除此之外，韋伯還在一些主要著作中明確提出反對唯心史觀的觀點。譬如，在《新教倫理與資本主義精神》一書中，韋伯曾

把唯心史觀稱作「片面的唯靈論」而予以否定，認為憑藉這種片面的理論根本無法達到研究目的。一個更有說服力的事實是，韋伯的《施泰姆勒爾對唯物史觀的「克服」》一文即是專門為了批判個別唯心史觀論者對唯物史觀的庸俗攻擊而作的。㉓以上這些事實都證實韋伯的反唯心史觀傾向也是同樣明顯的。

由此可見，韋伯的哲學觀念是異常矛盾的，而這種矛盾性又的確是韋伯其人其學術的一種真切反映。哈佛大學歷史學教授H.S.休斯曾對韋伯的形象作過比較全面的描述。他指出，韋伯的腦袋是一個能容納多種矛盾思想的神經組織，總體看來，韋伯既是一個激進民族主義者，又是一個學術上的民主主義者；既是一個不受傳統宗教觀念束縛的自由學者，又是一個對宗教傳統抱有濃厚興趣的社會學家；既是一個無情批判社會主義的理論家，又是一個十分敬重馬克思及其學說的思想家。㉔依筆者所見，作為一個嚴謹的歷史學家，休斯對於韋伯的總體認識恐怕要比西方某些韋伯研究專家中肯得多。他的上述觀點可以作為理解韋伯哲學觀念的一般背景。

總之，我們認為，韋伯哲學觀念上的矛盾性主要表現在兩個方面：一方面，他把唯物史觀視為「素樸的唯物論」，力圖論證宗教觀念在資本主義精神形成時期的決定性作用，並以此為據來「積極地批判唯物史觀」；另一方面，他又將唯心史觀看作「片面的唯靈論」，公然承認經濟活動在整個歷史過程中的重大意義，因此在很大的程度上趨同於唯物史觀。這兩種傾向的劇烈衝突，致使韋伯既絕口不提宗教觀念在西方近代資本主義文化形成時期具有最終的或歸根到底的決定意義，又完全否認經濟因素在人類歷史全部進程中產生最終的或歸根到底的推動作用。這樣，韋伯便在歷史哲學上因徹底拒斥一元論而最終陷入了相對主義的邏輯怪圈。筆者以為，正是這種相對主義誘發韋伯整個理論體系的致命缺陷，結果使他對自己有關世界宗教比較研究的基本結論也失去了自信的把握。

仔細研讀韋伯的代表作《新教倫理與資本主義精神》，通篇可見一些過於拘謹的詞句，諸如本書的結論《只是一個重要的方

面》、《決不是唯一可能的觀點》、《各種解釋均有同等的可能性》等等。在以往的韋伯研究中，常見有些學者把這種現象淺顯地解釋為韋伯的自謙或公允。而照筆者看來，與其這樣解釋，倒不如把它歸之於韋伯相對主義哲學立場的真實表現，因為一種學說的邏輯意義畢竟不取決於研究者的人格，而是取決於他的哲學觀念。記得列寧說過一段很深刻的話：「作為認識論基礎的相對主義，不僅承認我們知識的相對性，並且還否定任何為我們的相對知識所逐漸接近的、不依賴於人類而存在的、客觀的準繩或模特兒。」㉕我們認為，這段話似乎也恰到好處地點出韋伯相對主義哲學觀念的實質所在。

在以上分析的基礎上，我們可以再進一步，即從韋伯哲學觀念的批判轉入其具體研究方法的批判。總觀韋伯的世界宗教比較研究，大致可以把韋伯的基本研究步驟概括如下：第一，界說「資本主義精神」；第二，考察「資本主義精神」與「新教禁慾主義」之間的親和性；第三，把上述兩個主要概念及其邏輯關聯推而廣之，全面展開世界宗教系列比較研究。在這裡，首先需要注意的是韋伯有關「資本主義精神」的學說。從前面的描述部分我們已經了解，韋伯一再強調，他所說的資本主義精神是特指「一種歷史的個體」，亦即「一種歷史要素的複合體」。因而，他在規定資本主義精神的過程中首先放棄了概念構成的一般公式，提出了一種新的概念構成方法。用他自己的話來說，這種新的概念構成方法叫做「純粹類型」（Pure type），或者叫「理想類型」（ideal type）。

「理想類型」是什麼呢？韋伯解釋道：所謂的理想類型就是一種概念模式，「這種概念模式將歷史生活中的某些關係和活動組成一個複合體，並將其設想為一個有著內在關聯的系統。實質上，這種結構本身就像一個烏托邦，它是通過分析性地強調實在中的某些要素而建構起來的。」㉖韋伯又說：「理想類型化的概念在研究中將有助於我們提高因果推理方面的技巧：它並非『假設』，但它卻能為種種假設構想提供導向。它並不是一種對實在的『描述』，但它卻旨在為這一種描述提供種種明確的表達手段。」

㉗從這些論述來看，理想類型在韋伯那裡首先是一種理想化的概念構成模式，即用來理想化地規定某些特定的歷史要素及其相互關係；其次，它還是一種理想化的概念推理模式，即用來理想化地梳理概念之間的因果關係。上述兩個基本特點在韋伯的整個世界宗教系列比較研究中確有明顯的反映。我們從前面的描述部分可以清楚地看到，從概念構成經因果分析到系列比較，韋伯無處不在力求達到一種「理想化的效果」。

「理想類型」方法的提出，有著重要的理論背景。韋伯從事學術活動的年代，社會學領域中的實證主義思潮勢力依然盛行。這主要表現在把社會科學視同自然科學，特別是在研究方法上簡單地模仿自然科學。韋伯作為新康德學派的重要成員，其方法論觀念主要就是衝著近代社會學中以孔德等人為代表的實證主義思潮而來。因此，韋伯憑藉「理想類型」來突出歷史活動化現象的「歷史個體性」，這對於實證主義社會學仿效自然科學的幼稚傾向的確是一種有力的糾正。但同時也應看到，韋伯的具體研究方法並非新康德主義歷史哲學思想的簡單反映。相反地，他的一些做法在很大程度上倒是可以看作對文德爾斑、李凱爾特等人歷史哲學觀念的小心修正。如所周知，從文德爾斑到李凱爾特，新康德學派一直在強調自然科學與文化科學的本質區別，這種學術傾向對於人文研究擺脫自然科學的消極影響、實現自身觀念變革來說是不無積極作用的。然而，文德爾斑和李凱爾特等人似乎在概念問題上過於強調「個別」，以致完全否定文化科學或歷史科學研究中有任何「法則」或「模式」可言。而韋伯所主張的理想類型，既注重「歷史的個體」又倡導「概念的模式」，這無疑是有別於新康德學派中激進分子的另一種選擇。正如美國韋伯研究專家赫克曼（S. J. Hekman）所說：「韋伯的觀點在一般意義上可以解釋為，試圖綜合兩派觀點（實證主義與新康德主義——筆者注）的最理想的取向。他的意圖在於維護社會科學的主觀性基礎，又為社會科學提供一種『科學的』根據。」㉘

從上述背景來看，韋伯的「理想類型」相對於各持一端的兩派觀點來說有其合理性。但這是一種「調和過程中的合理性」，而

「調和中的合理性」並非等於「邏輯上的合理性」。從根本上來說，人類是借助於概念來把握實在的，這已是認識論的基本前提。然而，概念與實在之間的相互關係究竟如何呢？這又是認識論始終面臨的一個常解常新的「原問題」。在西方思想史上，中世紀經院哲學時期那場著名的唯名論與實在論之爭，主要就是圍繞著概念的構成、性質和意義等問題展開的。到近代，自然科學方法論的迅速發展似乎已使有關概念問題的古老論爭顯得並無多大意義。但是，概念問題並非如此簡單。一旦提出人文研究與自然科學的區別問題，「歷史概念」或「文化概念」的性質問題勢必又會對近代認識論構成一種嚴峻的挑戰。在筆者看來，新康德主義的歷史哲學觀念似乎就是一場新的概念問題之爭的前兆。就上述認識論意義而言，文德爾斑、李凱爾特等人過於誇大「歷史的個性」，到頭來無異於否定「歷史概念」或「文化概念」的邏輯可能性。而韋伯的「理想類型」也很難說是溝通概念與實在的一個理想方案。概念在一定程度上是一種主觀建構，但問題在於：韋伯是不是把概念（主觀）與實在（客觀）之間的距離拉得更遠了？明確些說，韋伯在世界宗教比較研究中提出的一系列理想化的基本概念、因果關係、比較分析等等，究竟能在多大程度上反映文化實在或說明歷史現實呢？這恐怕是在評價韋伯的基本結論時需要深入反省的一個關鍵問題。

真正的哲學批判意味著去積極發現理論創造的正確邏輯走向。因而，從對韋伯的哲學批判中也不該引出全盤否定韋伯的消極結論。不容置疑，韋伯是一位才智超群、成就斐然的當代學者，他在世界宗教系列比較研究這一博大的學術領域所作的長期探索已能向人們證實：宗教與文化的關係問題是現代人文科學中一個非常有價值的研究課題，而且隨著人文研究的長足進步，其理論價值將愈加顯要。誠然，韋伯就這一重大課題未能得出圓滿的答案，但他卻為那些能把握當代人文科學精神的學者留下了一個真正值得深思的哲學問題：宗教信仰在文化特性的形成乃至整個文化的進程中，其現實意義究竟何在？

【注解】

①韋伯：《新教倫理與資本主義精神》（THE PROTESTANT ETHIC AND THE SPIRIT OF CAPITALISM, New York, 1958），第十七頁。

②韋伯：《新教倫理與資本主義精神》（THE PROTESTANT ETHIC AND THE SPIRIT OF CAPITALISM, New York, 1958），第二十一—二十二頁。

③《新教倫理與資本主義精神》（英文版），第二十六頁。

④同前註，第二十七頁。

⑤《新教倫理與資本主義精神》（英文版），第四十八—五十頁。

⑥《新教倫理與資本主義精神》（英文版），第五十四頁。

⑦《新教倫理與資本主義精神》（英文版），第八十頁。

⑧《新教倫理與資本主義精神》（英文版），第一七二頁。

⑨《新教倫理與資本主義精神》（英文版），第一八〇頁。

⑩韋伯：《宗教社會學論文集》（Gesammelte Aufsätze Zur Religions Soziologie, Tubingen: Mohr, 1978），第一卷，第四〇四頁。

⑪韋伯：《宗教社會學論文集》（Gesammelte Aufsätze Zur Religions Soziologie, Tubingen: Mohr, 1978），第一卷，第四二四—四二五頁。

⑫同上書，第四三三頁。

⑬卡里斯馬（Charisma）一詞源於希臘語，原義為「神所鐘愛的人」，後來成為早期基督教的一種觀念。韋伯把該詞引入其宗教社會學和政治社會學研究，並在《世界宗教的經濟倫理、導論》中作了比較明確的解釋。他說：「卡里斯馬」應該理解為一種超俗的個人品質，不論是真實的還是想像的；「卡里斯馬式的統治」則可以理解為一種人間統治類型，不論是內在的還是外在的；而被統治者正是由於信服這樣一種超俗的個人品質才順從於統治者，以上解釋可參見前註，第二六八—二六九頁。

⑭韋伯：《宗教社會學論文集》，第四六九頁。

⑮韋伯：《宗教社會學論文集》，第四八一頁。

⑯韋伯：《宗教社會學論文集》，第五一四頁。

⑰這是指《新教倫理與資本主義精神》一書的第一部分「問題」，即前三章。

⑱參見《新教倫理與資本主義精神》（英文版），第九十一—九十一頁。

⑲以上觀點參見前註，第七十二—七十三、一八一頁等。

⑳《馬克思恩格斯選集》第四卷，第四七七頁。

㉑參見《新教倫理與資本主義精神》（英文版），第五十五—五十六頁。

㉒具體觀點可參見阿隆：《社會學主要思潮》，上海澤文出版社一九八八年版；帕金：《馬克思・韋伯》，四川人民出版社一九八七年版。

㉓此文發表於一九〇七年。

㉔參見休斯：《歐洲現代史》（英文版），第一八八頁。

㉕《列寧全集》，人民出版社一九八八年第二版，第十八卷，第一三七——三八頁。

㉖㉗韋伯：《社會科學方法論》（THE METHODOLOGY OF THE SOCIAL SCIENCES, New York, 1949），第九十頁。

㉘赫克曼：《馬克斯・韋伯與當代社會理論》（MAX WEBER AND CONTEMPORARY SOCIAL THEORY, Oxford University Press, 1983），第十九頁。

第四章　道森的文化史學

　　與韋伯相比，道森（Christopher Dawson，1889~1970）對中國讀者來說顯然要陌生得多。但他在西方學術界卻聲明顯赫，一些比較權威的英文辭書，像《二十世紀作家》、《當代作家》、《誰是誰》等，都將其列為當代著名的宗教哲學、文化哲學家、歷史哲學家和文化史學家等等。我們在這一章之所以要專門討論道森的文化史學，並非出於某種偏好，而是因為道森是一位文化史學家，更準確來說是一位宗教文化史學家，他在這個領域所作的探索是其學術活動中最有建樹的思想成果，也是其能夠擠身當代一流學者之列的「一張王牌」。

　　從相關傳記資料來看，道森似乎跟宗教文化史研究有著不解之緣。道森從小就生活在濃厚的宗教氣氛中，其父曾任布雷肯的副主教。他在牛津大學三一學院讀完本科後，曾去瑞典學習經濟，但僅僅一年之後就重返三一學院改修歷史學和社會學。就在這時，道森深深地為恩斯特·特羅伊奇（Ernest Troeltsch）研討宗教與文化關係問題的著作所吸引，從此便把自己一生的學術興趣集中於宗教文化史的研究，以求揭示文化變遷是如何跟宗教信仰形影相隨，又是如何以宗教信仰為基本動因。道森的主要著作有：《神祇的時代》（1928）、《進步與宗教》（1929）、《基督教與新時代》（1931）、《中世紀宗教》（1934）、《宗教與現代國家》（1935）、《宗教與文化》（1948）、《宗教與西方文化的興起》（1950）、《理解歐洲》（1952）、《中世紀論文集》（1953）等等。

第一節　宗教是歷史的鑰匙

　　道森和韋伯一樣，也是緊緊圍繞著西方文化的基本特性來研討宗教與文化的關係問題的。但相比之下，道森考察問題的角度要比韋伯廣泛得多。如前所見，韋伯是把這個問題嚴格地限制在宗教經濟倫理與世俗經濟觀念的範圍之內加以探討。而道森卻沒

有這嚴格的限制，他想要揭示的是宗教信仰與整個西方文化的歷史聯繫。上述區別雖然可以解釋為不同學科之間認識角度的差異，但深入比較就會發現，從韋伯的宗教社會學到道森的宗教文化史研究，實際上暗含著歷史哲學觀念的一種拓展。

在道森看來，「宗教與文化的問題為一個複雜而廣泛的關係網，將社會生活方式跟精神信仰、價值觀念聯繫起來，這些精神信仰和價值觀念又被社會視為生活的最高準則、以及個人與社會行為的最高規範；對於這些關係只能置於具體的、即它們的整個歷史實在中加以研究。」①這也就是說，在宗教與文化二者之間事實上存在著一種較韋伯所揭示的更為複雜、更為普遍的內在關係。道森指出，宗教信仰雖然遠離社會生活，但它卻為社會生活注入了一種自由的精神因素，引導著人類走向更高級、更寬廣的實在境界。所以，無論對人類的整個歷史還是對個體的內在經驗，宗教信仰都會發生創造性的、潛移默化的重大影響。因此，要是把一種文化看作一個整體就會發現，在其宗教信仰與社會成就之間有一種內在的關係，「甚至連一種特別注重來世、看起來是全盤否定人類社會的價值與規範的宗教，也會對文化產生能動作用，並為社會變革運動提供動力。」②正是本著上述基本觀念，道森重新考察了西方文化的起源問題。

為什麼在近代歐洲大陸會興起一種新的文化呢？為什麼近代西方人在征服自然、改造世界的過程中會取得如此巨大的成就呢？在過去的研究中，人們一般是以「宇宙進化法則」來審視歐洲文化的起源，把歐洲文化所取得奇蹟般的成就歸結為純世俗的原因，比如經濟擴張、軍事侵略等等。但道森認為，這種觀點在今天已經沒有什麼市場了，因為在很大程度上是以一種「非理性的樂觀主義」為根據，而這種樂觀主義正是其自身想要解釋的那些文化現象的一部分。現在需要深究的問題是：在歐洲文化中究竟哪些因素才能真正說明西方文化的興起與成就呢？在道森看來，一旦涉及到這個問題，宗教信仰的歷史作用便顯得格外重要。

由於宗教與文化之間存在著一種內在關係，諸種文化實際上

分別標誌著宗教信仰與社會生活方式相互結合的一種特殊類型。總體看來，東方宗教，像中國的儒家學說、印度的種姓制度，均已融入一種神聖的社會秩序，而這種神聖秩序又主宰著社會生活的各個方面，所以以東方文化千百年來相對保持不變。那麼，為什麼世界諸種文明中唯有歐洲能在一種精神力量的不斷衝擊下而處於變化之中呢？道森在《基督教與新時代》一書中指出，這是因為歐洲文化中的宗教觀念並不是對某種永恆而完美的偶像崇拜。而是一種致力於人性化、改造世界的精神。所以在西方文化中，宗教信仰既沒有被束縛於一種神聖的社會秩序，也沒有被局限於純粹的宗教範圍，而是獲得了自由而獨立的社會地位，從而對社會生活和理智活動的各個方面都能產生長遠的影響。雖然根據基督教的觀點，世俗文化所取得的任何成就都是次要的，而這些次要的成果未必就是宗教或道德的價值所在，因為它們有可能經過社會中介而被歪曲，從而帶有實利主義或利己主義的色彩。但事實在於，這些成果有賴於精神力量的存在，如果沒有這樣一種精神力量，它們就不會產生，不然就會是另一種樣子。

譬如，西方工業革命乍看起來似乎完全是物質方面的成就。然而，如果沒有新教觀念所支持的道德心與義務感，西方工業革命根本就不可能發生。新教觀念雖然在很大的程度上背離了天主教教義，但終歸還是對整個基督教傳統的一種解釋。又如，文藝復興與人文主義看起來是以世俗主義和自然主義為特徵，但事實上二者都深受西方宗教傳統的影響。愈是深入考察人文主義的起源，便愈會清楚的認識到：真正推動人文主義興起的基本文化因素不僅是精神的，而且顯然是基督教的。照十九世紀的一些思想家來看，文藝復興實際上是一種異教的復興。現在，這種傳統看法已經遭到了哲學家、歷史學家、以及其他學者的一致反對。其實，文藝復興不僅起源於重新發現古典文化之價值的思想運動，而且還深深地植根於聖方濟各和但丁的神祕人文主義。直到文藝復興後期，一批先鋒人物也還是信守著這種神祕的人文主義。不僅如此，甚至連文藝復興時期所取得的純屬自然方面的成就，也理應歸功於信奉基督教的前輩們。沒錯，人文主義是向自然的一

次復歸，是對人和自然界的一次再發現。可是，這次發現的先行者，這場變革的推動力，決非「自然意義上的人」（the natural man），而是「信仰基督教的人」（the Christian man），即經過整整十個世紀以來，內心生活的苦苦修行而培養起來的幾代基督教徒。文藝復興時期的傑出人物都是精神上的偉人，他們正是從自己長期的宗教生活中獲得了征服物質世界、創造一種新的世俗文化的精神力量。③

顯而易見，按照道森的分析路數，要真正揭示近代西方文化的起因所在，便決不可忽視作為一種文化傳統的歷史積澱過程，尤其是不可輕易低估處於近代西方文化之前的那段以基督教文化為特徵的歷史，因為不僅近代文化所必需的精神力量，甚至包括近代文化的先驅者們都是由這段歷史孕育而成的。在筆者看來，恐怕正是懷著這樣一種濃重的歷史感，道森才把自己的大部分精力投入了相對對冷僻的中世紀文化中或宗教文化史研究。他在《中世紀論文集》中尖銳地指出，「中世紀」一詞是由文藝復興以後的學者們杜撰出來的，用以涵蓋西方歷史上兩個具有重大成就時期之間的那段空白的歷史，根據他們的觀點，只有這兩個時期，即以古希臘羅馬為代表的古典文明和當代歐洲文明，才值得有教養的人們去回顧。因此，在相當長的一段時間裡，由深受啟蒙運動薰陶的幾代學者組成的一些理性主義史學派別，對中世紀這段長達千年之久的歷史總是略而不談或是一筆帶過，他們把中世紀看作理智活動消沉、社會生活衰敗的時代，比作「處於古典文化與近代文化之間的一片曠野」。而道森則指出，我是在完全相反的意義上來理解「中世紀」這個概念，我所關心的並不是介於兩個文明之間的那段間歇的歷史，而是基督教文化研究。這種文化之所以值得研究，並不僅在於其自身的緣故，而是因為它是我們稱之為歐洲的這個社會意義上的整體根源，即一種新的文化模式與文化力量的泉源。

當然，從近現代西方史學的研究狀況來看，道森還算不上是中世紀文化史或基督教文化史研究的首倡者，但他對基督教文化史研究確有其獨到的見解。道森認為，世界幾大宗教就彷彿是諸

條神聖傳統的江河，它們源遠流長，途經各個時代，澆灌著諸種文化。但對大多數宗教來說，若想窮究它們的源頭是相當困難的，它們的發源地往往消失在遠古時代的文化遺跡之中。因此，研究者們也就很難找到一種能從整體的角度去全面追溯其宗教進程的文化類型。但基督教文化卻純屬例外。我們不但能夠比較全面地了解基督教起源時期的歷史背景，擁有教會創始者們留下的原始資料，而且也能比較詳盡地再現基督傳入西方社會的歷史過程。但對基督教文化史的研究也有一定的難度。其中最大的困難即在於，現有的資料不是太少而是過多，這便導致了研究的專業化。一方面，這種專業化傾向形成了諸多獨立的研究領域，分頭促進了人們對各個歷史側面的認識，從而有力地衝擊著以往史學研究對中世紀的陳腐偏見。但另一方面，這種傾向也給宗教與文化問題的研究帶來了不良的後果，即把本來應當放在一起加以綜合考察的文化因素完全割裂了。歷史學家熱衷於歷史文獻的考證，基督教學者則傾心於教會歷史的研究，其結果是，一些獨立的研究領域獲得了長足的進步，如政治史、經濟史、教義史、教會史等等，而「宗教與文化在西方社會生活中的相互作用」這個具有關鍵性意義的研究課題卻被冷落、被遺棄了。顯然，在某種意義上可以說，道森的整個中世紀宗教文化史研究就是衝著上述缺陷而來的。

但是，道森並不是在一味抬高中世紀在西方文化史上的歷史地位。在他看來，中世紀社會生活的相對落後是毋庸置疑的。在經濟方面，中世紀的早期是一個停滯甚至倒退的時期，商業活動不甚景氣，城鎮生活也缺乏活力。在政治方面，政治權力幾經削弱，世俗國家幾乎瀕臨崩潰的邊緣。甚至在理智方面，古代文明所取得的科學成就在長達幾個世紀的時間裡幾乎無人問津，書面文化也處於較低的發展階段。然而，所有這些儘管都是事實，一種不以政治勢力或經濟興衰為轉移的精神力量還是在西方文化中保留了下來。因此在整個中世紀，基督教是唯一沒有受到古典文明衰落影響的精神力量，因為宗教的本質就在於把人類與超俗而永恆的實在聯繫起來。歷史上的黑暗時代往往也是永恆力量得以

驗證之時。所以，即便是在中世紀最黑暗的年月，基督教作為一種文化因素仍然在社會意識裡深層蘊育著近代文化賴以形成的精神力量。由此來看，對於中世紀基督教文化的研究也就有了相當重要的理論價值。

著名的英國歷史學家洛德·阿克頓（Lord Acton）有一句名言：「宗教是歷史的鑰匙」（Religion is the key of history）。可以說，道森在其整個學術生涯中都是把這句名言視為研究準則。他說：「如果像我信奉的那樣：宗教是歷史的鑰匙，除非我們理解一種文化的宗教根基否則便無法理解該種文化，那麼中世紀就不再是位於兩個不同的世界之間的『一處候車室』，而是創造了一個新世紀的時代，我們是從這個世紀走過來的，而且在某種意義上我們依然是屬於這個世界。」④基於以上分析，我們可以這樣來理會道森宗教文化史研究的意圖：按傳統觀點來說，中世紀是西方文化史上令人壓抑的漫漫長夜，而在道森看來，由於人們站得太遠，沒能看見在這漆黑的夜色中還矗立著一座歷史宮殿。道森想要做的就是手持宗教這把歷史的鑰匙，闖進黑夜去打開那座封閉著的歷史宮殿，讓人們瞧瞧這裡頭還擺著那曾經撫育過近代西方文化的「搖籃」，還點著曾經照亮了近代西方世界的「火種」。下面，我們就以道森的後期代表作《宗教與西方文化的興起》為主要依據，概述道森是如何通過基督教文化史研究來揭示西方近代文化的主要起因，闡明宗教與文化的內在關係。

第二節　教會與蠻族：西方文化的精神源流

在道森看來，西方文化就本性而論是一種基督教文化，因而西方文化的起源無疑也應遠溯到西方基督教教會的形成時期。從嚴格的意義上來說，西方基督教教會是繼羅馬帝國崩潰後興起的。羅馬帝國的崩潰標誌著西方古典文明的中斷。但道森認為，身為勝利者的北方蠻族雖然能夠摧毀羅馬帝國的政治制度，卻無力彌補一種古典文明終止後所留下的巨大文化空隙，而這一艱巨的歷史使命必然落在既作為古典文明的繼承者、又作為一種新興

精神團體的基督教教會身上。因此，基督教教會在這一時期是以古典文明的使者與新興民族的導師這樣一種雙重身份出現在羅馬帝國的廢墟上。它以一種獨特的精神力量把西方諸多民族凝聚起來，從而形成了一個新的文化整體、一種新的文化特性。

東、西方文化在歷史傳統上是有別的。東方的古代文化，像中國文化和印度文化，都是本土文化。這類文化及其宗教都植根於一種自然環境和社會基礎，它們體現著一種連續不斷的歷史進程。但西方的情形並非如此。古代歐洲並沒有形成統一的文化中心或文化傳統。北方的一些民族甚至沒有城邦生活，沒有石料建築，沒有文字記載。所以，它們在歷史上被稱為「蠻族」。只是到後來它們才通過基督教教會接受了宗教信仰和古典文化，使整個歐洲獲得文化上的統一。

道森指出：「西方文化區別於其他諸種世界文明之處在於其傳教特徵。」⑤基督教最早是由一場始於地中海東部地區的傳教運動而進入西歐。公元四十九年，聖保羅領悟了一場夢境，從特洛伊來到馬其頓的菲利皮。對整個西方的歷史進程來說，這一事件的深刻影響恐怕要比近百年前在當地爆發的那場決定羅馬帝國命運的戰役大的多，因為它給整個歐洲帶來了一種新型精神生活的「種子」，給作為靜態文明的羅馬世界注入了文化變革的原則，促使整個西方步入了一個新的歷史時期。在此之前，歐洲大陸已被羅馬帝國和蠻族勢力瓜分完畢，後來連羅馬世界本身也被凱撒的部下和基督教徒分而治之，因而在長達幾個世紀的時間裡整個歐洲一直處於一種精神分裂狀態。由於米蘭勒令的頒布，基督教成為羅馬帝國的官方宗教。這不僅使上述精神分裂得以克服，而且還使羅馬人幾乎成為基督徒的同義語。但這時，西羅馬帝國已在蠻族勢力的猛烈打擊下搖搖欲墜。羅馬城已不再是凱撒的首府，而成為羅馬教廷的聖地。因此，對聖利奧及其同時代的人來說，這時的羅馬帝國已變成基督教教會藉以吸引大陸民族，接受基督福音的工具，聖彼得和聖保羅已經取代羅慕路斯與雷穆斯這兩位羅馬城創建者的地位而成為第二個羅馬城——「教會與國王之城」（Urbs Sacerdodalis et regalis）的奠基人。由此可見，羅馬帝

國改信基督教這一歷史事件，跟西方近代文化的興起有著極重要的歷史聯繫。但令人遺憾的是，以往的歷史學家卻從來沒有充分意識到這一點。古典文化與近代文化之間的奇特分離，再加上義大利人文主義理想的偏頗影響，致使他們完全忽視公元三到四世紀這一過渡性歷史時期的研究。

根據道森的看法，在這一時期儘管歐洲大陸各個地區的情況大不相同，東部一直是基督教思想的活動中心，南部則始終保持著古典文化的傳統，但最能說明基督教信仰與西方近代文化的歷史聯繫的還是西部地區。因此就整個西方來看，正是在蠻族入侵造成物質損失最為嚴重的西部地區，基督教教會才取得了長足的發展。作為一種精神泉源，教會的力量並沒有因羅馬帝國的崩潰而覆沒，反倒在某些方面得以增強。隨著羅馬帝國退出歷史舞台，出現了一個需要社會領袖與宗教領袖的社會。這時，新興的蠻族王國只是取代了以往羅馬帝國所具有的政治、軍事功能，除此之外的所有其他事務則屬於教會的管轄範圍，諸如樹立道德權威，傳播文化知識，維護社會傳統等等。因此，這時的教會已經以自己的精神信念統一了羅馬文化的歷史傳統，在一個需要雙重領袖的新興社會中發揮著重大作用。從真正的意義上說，這時一個人的公民資格並不取決於他是否服從蠻族政權，而是取決於他是不是教會成員，因為在他的心目中只有教皇而非國王才是一個基督教社會的真正領袖。

但總體看來，由於這一過渡時期的歷史趨向在於創建一個新的社會統一體，所以教會與蠻族的關係一直處於同化的過程中。一方面，蠻族皈依了基督教，獲得較高層次的文化因素；另一方面，教會本身也日漸遠離了羅馬帝國的文化傳統，難免接受蠻族勢力的直接影響。公元六世紀後半葉的法蘭克王國即是上述同化過程的鮮明寫照。梅羅文加王朝的君主並沒有因身為教徒而變得文明，反而因脫離了古老的日爾曼王權傳統，變得更殘暴、更狡詐、更墮落。他們插手越來越多教會事務，干預主教的人選以及教會的管理。而教會本身必須依賴的也正是這些蠻族權貴。這樣一來，外部文化狀況的退化，道德水準的下降，都深刻地影響了

當時的教會生活。在這樣一個充滿暴力與邪惡的社會裡，教會要保持自身勢力，唯有憑藉超自然的威望，以上帝的憤怒和聖徒的復仇鎮懾邪惡勢力。

因此，在羅馬帝國之後的黑暗時期，像聖馬丁（St. Martin）、聖朱利安（St. Julian）、聖凱留利烏斯（St. Caesarius）和聖杰曼努斯（St. Germanus）等聖徒是以道德楷模的面目出現。他們象徵著超自然的力量，庇護著大地的安危與人民的福利，因而深受知識階層與平民百姓的擁戴。於是，中世紀前期興起了一種新的基督教神話——聖徒崇拜。儘管這種聖徒崇拜發生於蠻族王權統治時期，但它在精神上還是屬於基督教。可以設想，在蠻族王權的殘暴統治下，基督教聖徒不得不像薩滿教巫師那樣帶有半人半神的色彩，以奇蹟來樹立權威。顯然，對於一個缺少哲學乃至文字的民族，根本不可能讓人們直接領悟聖奧古斯丁等人的形而上神學，唯一可行的辦法就是通過一種超自然的力量把宗教精神灌輸給他們。也就是說，唯有通過「聖徒奇蹟崇拜」，基督教信仰才能真正滲入新興民族的野蠻傳統中。因此，整個西歐之所以能夠皈依基督教，其主要原因並不在於傳佈了一種新的教義，而在於證實了一種新的力量。

道森分析說，宗教與文化二者之間的相互關係在中世紀前期並非簡單地表現為同化或滲透，而是從根本上反映一種矛盾或對立。「但這種對立並不是基督教羅馬世界較高層次的文明與異教徒的野蠻之間的對立，而是兩種精神世界或兩種實在水平之間的對立。因為在聖徒生活與社會野蠻二者之間的道德對立後面，還隱含著關於現世與來世的末世二元觀，而這就是中世紀基督教人生觀的背景。」⑥所以說，羅馬文明衰落之後，基督教教會在一開始並不是懷著繼承古典文明或推動社會進步的熱切希望，而是帶著有關神聖裁判和神聖救贖的嚴厲教義，踏著古典文明的廢墟來到蠻族中間的。這種教義告誡人們：人類原本就是在詛咒聲中誕生，而惡魔的奴役與自身的罪孽又使人類在罪惡的深淵中愈陷愈深。因而，只有信仰基督，祈求上帝的恩賜，才有可能避免世界毀滅，免除地獄之苦。表面看來，早期基督教對彼岸世界抱有

的態度似乎有些殘忍，但問題在於現實的社會壓根就不比這種態度更加人道。因此，那個時代的宗教信仰雖然在相當大的程度上屬於彼岸世界，但它所強調的來世卻跟我們今天的理解根本不同。這種來世對那個時代的人來說，不是個體而是群體的，不是主觀而是客觀的，不是理想而是現實的，而且當時的聖徒和修道僧們就是來世之力量活生生的、有形體的見證人。更重要的是，當時的教會已經通過聖化的宗教儀式使人們獲得了對永恆世界的共同體驗，得以跟永恆世界相互交往。因而，在中世紀早期儘管西方社會的物質文化生活貧乏，但從禮儀學的觀點來看這卻是一個不乏創造力的時代。新的宗教儀式詩歌逐漸成熟，不僅適應了向大眾傳播信仰的需要，同時也生動地反映了基督教文化精神變革的實質，從而使宗教儀式日漸成為此時期基督教文化的核心。

由此可見，在上述時期無論西方社會的各個方面多麼陰暗，體現著一種神聖秩序的宗教儀式還是保持著自身的純潔性，並成為統一整個基督教世界的內在原則。這一原則不僅是對宗教團體本身的一種約束，同時也是把蠻族與新的人生觀、歷史觀統一起來的途徑。它以一種歷歷在目的戲劇性形式表現了人類得以創生與救贖的神聖歷史。與古代的宗教儀式相比，這種儀式的精神內容已經發生了根本的變化。在古代文化中，宗教儀式往往是一種神話活動，其崇拜對象是自然界本身，譬如坦木茲（Tammuz）、伊希斯（Isis）和俄賽里斯（Osiris）等神話，都是以崇拜自然生命或自然秩序為核心。而中世紀早期的基督教儀式則是一種歷史崇拜，它的主要崇拜對象是「內在的生命」。既然創生與救贖是一個歷史的過程，那麼這種崇拜也就具有了歷史性，即上帝的旨意能夠在現實的時空中得以證實。因此，基督教儀式並不像古代宗教儀式那樣，以「自然的神話」為依托，而是以「神聖的歷史」為根據。相應於此，有關的禮儀也表現為一種歷史的循環。

總之，在中世紀前期，作為一種崇拜秩序、思維結構、以及生活準則的基督教文化傳統，主要是由教會通過宗教儀式而保存下來的。整體看來，儘管這一時期的西方文化處於衰落趨勢，但基督教文化傳統仍持續且自發地發展著，而維護與光大這一傳統

正是教會在蠻族統治的黑暗年代中一項主要職責。唯其如此，基督教文化所孕育的新秩序才能保持內在生命力與歷史連續性。在道森看來，西方的修道院制度就是適應於上述需要而興起的。隨著西歐社會日趨黑暗，拉丁文化傳統與基督教生活模式主要不在城鎮生活中而是在修道院裡得以延續的。因而，在上述意義上完全可以把修道僧稱為古典文化的繼承者和中世紀文化的奠基人。

　　道森一再強調，只要涉及到中世紀文化的起源問題，便決不可低估修道院制度在歷史上的重要地位，如果深究這一時期宗教與文化的關係問題，其歷史意義就愈發重大了。這是因為，從西方古典文明衰落到歐洲高等教育興起，即從公元五世紀到十二世紀這段長達七百多年的時間裡，修道院一直是西方最典型的文化組織，而宗教信仰也正是借助於該組織才對這一時期的文化進程產生了直接的、決定性的影響。修道院制度起源於非洲沙漠，其創始人是尼特里亞和底比斯地區的極端禁慾主義者。他們抗爭古希臘羅馬的文化傳統，主張放棄一切世俗權益，以身殉道。在西方教會的地位穩固之後，這些禁慾主義者則以守護基督精神、證實超自然力量為己任。而到羅馬城淪陷時期，作為一種新興精神運動的修道院制度，其社會影響也達到了頂峰。哲羅姆（Jerome）、魯菲努斯（Rufinus）和卡西安（Gassian）等人向埃及和敘利亞沙漠擴展著這場新運動；與此同時，聖馬丁、聖洪諾留（St. Honoratus）等人則在西部地區推行修道院制度，其速度之快令人驚訝，首先是高聲，隨即又影響到西班牙和不列顛，以後又波及到了愛爾蘭。

　　這時的修道院實際上就是一個獨立自主的社會。這種制度完全是以自願參與為基礎、以精神追求為目的，因此它獨立於任何外界控制，像社會習俗、世俗法律等等，而把基督教教義視為全部生活的準則。上述特點在歐洲西部的修道院制度中得到了充分反映。西部地區的修道院制度既富有羅馬精神又不失教會傳統，而《聖本尼狄克教規》就是修道院制度為上述二者所同化的最終標誌。該教規一面把修道院看作「為上帝服務的學校」，另一方面又本著實用態度，對共同生活與集體勞動制訂了詳細的立法。因

此，本尼狄克修道院是一個自給自足的經濟組織。在這裡沒有奴隸與主人之間的傳統對立，修道僧就是勞動者，他們的主要職責在於進行神聖的儀式活動，並以此作為生活的真正目的。由此可見，在當時那個野蠻而動亂的時代，《本尼狄克教規》所追求的理想就是一種精神秩序與道德境界，這使得修道院本身成為亂世之中的「和平之島」。當然，由於蠻族勢力過於強盛，即使修道院或修道僧也難逃戰亂所帶來的災難。比如，五八一年前後倫巴底人無情地摧毀了由聖本尼狄克親手創建的卡西諾山修道院。但諸如此類的災難不僅沒有滅絕《本尼狄克教規》的理想，反倒進一步加深修道院與聖格列高利（St. Gregory）和羅馬之間的關係。正是依靠聖格列高利的有力支持，《本尼狄克教規》才產生了廣泛的影響，並深深打動了西部蠻族；也正是在羅馬，本尼狄克傳統才得以跟奧古斯丁傳統以及羅馬宗教儀式相合流。

與此同時，北部地區的修道院制度也在開創著一種新的基督教文化和生活。愛爾蘭在歷史上從未有過羅馬式的城鎮生活和主教轄區。因此，愛爾蘭的教會自然要以數量眾多的修道院為活動中心。早期的愛爾蘭修道院實際上是由一些統治家族發起的大規模群眾運動。這時，作為一個和平社會的修道院與作為一個戰爭社會的蠻族，儘管在思想上、行動上都是對立的，但二者之間卻不乏相似之處。比較起來，一方是以身殉道的修道僧，另一方面則是視死如歸的武士們；一方面是殉道者崇拜，另一方面則是英雄崇拜；一方是聖徒傳說的文字傳統，另一方則是英雄史詩的口述傳統。所有這些都表明修道院的文化模式與蠻族異教的文化模式之間有著某種統一性，而這種統一性使人們有可能既承受宗教信仰和道德觀念上的深刻變化，又不失與古樸社會傳統的必要聯繫，從而實現由一種文化模式向另一種文化模式的轉變。於是，家族性或部族性的效忠觀念便漸漸演化為世襲修道院制度的核心觀念，而修道院院長也慢慢成了精神上的部族首領。這就可以解釋，為什麼修道院制度會對蠻族社會、尤其是其中的王族成員產生如此大的吸引力，為什麼會有如此多的王室成員不僅自己率先加入修道院，還勸說親朋好友皈依其基督教。

隨著環境的改變，修道院制度被推上了文化領袖的地位，不得不擔當起一些與其最初的精神追求無關的職責。這時的修道僧不僅要向信徒們傳經佈道，還要傳授相關的知識，諸如拉丁文、書法、繪畫、音樂、曆法、年代學等等，因為這些都是中世紀早期宗教儀式的必備知識。這樣一來，一種自發的基督教文化便興起了。它以修道院為中心，通過文化教育與宗教信仰廣泛地影響著整個社會生活。當然，身為征服者的蠻族，像哥特人和法蘭克人，這時也不知不覺地處於被征服者的宗教與文化氛圍之中了。這在愛爾蘭和英格蘭的早期土著文學中可以找到歷史的佐證。

　　然而，作為一場新興的精神運動，修道院的力量不僅強烈地吸引了蠻族社會的達官貴人，更重要的是，它還把新興的基督教文化傳給農業社會的基本成員——農民階層。由於修道院原本就是一個自成一體的經濟組織，所以它能夠獨立於東羅馬帝國的城鎮生活而成為農業社會的精神與經濟中心。修道僧們勤於勞作，並把勞動與清貧神聖化，這就變革了奴隸制社會與蠻族社會的價值觀念，使農民的生活方式得到了空前的重視。因此，在蠻族大肆入侵時期，大批荒蕪的土地之所以能夠重新變成良田，不能不說與上述觀念變革有關。

　　在這一時期，愛爾蘭的修道僧在教育、學術、文學、倫理等方面均有重要影響，但他們對西方基督教文化的最大貢獻在於發起了一場新的傳教活動。這場運動的主要動力源於基督教的禁慾主義理想，它一方面鼓舞著修道僧們走遍北部島嶼，另一方面又促使前往不列顛和歐洲大陸的修道僧們將其禁慾理想與傳教精神融為一體，在整個歐洲大陸掀起了修道院制度的改革。最後，經過聖高隆班（St. Columban）及其門徒的長期努力，終於使愛爾蘭的修道院制度成為歐洲大陸文化的一個重要因素。更值得一提的是，在同一時期，兩種修道院傳統，即凱爾特修道院制度與本尼狄克修道院制度在英格蘭的尖銳衝突，對整個西方文化進程產生了深遠的影響。這場衝突發生於諾森伯里亞。凱爾特傳統得到了諾森伯里亞上層勢力的支持，而本尼狄克傳統則受到了以聖威爾夫里德（St. Wilfrid）為首的一幫諾森伯里亞年輕人的擁護。其結

果是，後一種勢力在諾森伯里亞形成了一個維護羅馬傳統、注重拉丁文化的高層次文化中心。同時，這個中心又與富有凱爾特傳統的林迪斯芳修道院交往密切。於是，這兩種傳統不斷相互碰撞、相互刺激，以諾森伯里亞文化為主流；將整個黑暗時代的西方修道院文化推向了高潮。

由於九世紀穆斯林海盜的大肆侵擾，豐富多彩的諾森伯里亞文化也像早期的愛爾蘭修道院文化一樣，過早地衰落了。但在衰落之前，它已經把宗教生活乃至整個基督教文化日後得以復活的種子撒向了歐洲大陸。這應當歸功於兩位盎格魯——薩克遜修道僧聖卜尼法斯（St. Boniface）和阿爾昆（Alcuin），他們二人堪稱梅羅文加王朝的精神之父。聖卜尼法斯進行傳教活動的時期也正是穆斯林海盜侵入西部地區之時。而聖卜尼法斯及其追隨者們則在北部地區開闢一處基督教文化的根據地，使弗里西亞人、撒克遜人、赫森人等日爾曼部落皈依基督教。乍看起來，少數幾個蠻族部落的皈依與大量基督教文化活動中心的喪失相比，似乎微不足道。可是如果著眼於中世紀基督教文化的整個進程，聖卜尼法斯的傳教活動就顯得比其他因素都重要了。與其前輩不同，聖卜尼法斯在德國的傳教活動並非精神冒險，而是一個長遠改革規劃的組成部分。作為羅馬教皇的代言人，他既能克服大陸凱爾特傳統的離心傾向，又能阻止地方高盧主義的不良干擾，並在法蘭克國王的支持下有力地推行著教會改革的宏偉設想。七五二年，由聖卜尼法斯本人主持的法蘭克國丕平（Pepiu，711～768）宗教加冕儀式，不僅標誌著基督教教會改革派與新興君主政權二者聯盟的確立，同時也昭示著西方歷史上的一個新紀元。此後的幾十年間，大批新型的修道院如雨後春筍般地萌發於歐洲大陸，形成了諸多精神文化與物質文明的中心。時至九世紀前期，一些著名的修道院一改早期的簡單模式，發展成為擁有教堂、學校、作坊、救濟院等等設施的大型宗教團體。到這時，修道院已經取代了日趨沒落的城鎮生活，一躍成為中世紀文化的活動中心。可以說在十二世紀前後新的「自治城鎮」（City of Commune）出現之前，修道院一直處於如此重要的地位。

在這種文化氛圍中，加洛林王國的整個文化勢必具有修道院制度的基本特徵。一方面，加洛林王朝最終確立了《本尼狄克教規》的重要文化地位，使其真正成為西方宗教生活的普遍準則。因此，作為帝國文化中心的大修道院，繼承了曾在諾森伯里亞一度繁榮過的基督教文化模式，而其主要的繼承者與傳播者就是聖卜尼法斯和阿爾昆。另一方面，加洛林帝國又跟修道院文化結成強大的聯盟。正因如此，查理大帝父子二人才有可能大力展開基督教會與教宗儀式的改革計劃。對西方基督教世界來說，這些改革無論對精神統一還是形式統一都起了強大的推動作用。儘管加洛林帝國的政治結構沒有維持到一百年，但它為宗教統一與文化統一而付出的努力，卻為整個中世紀後期基督教文化的發展打下了基礎。從上述兩方面來看，加洛林帝國時期的文化傾向主要在於振興或重創拉丁傳統的基督教文化，這在查理大帝和阿爾昆有關創建一座新雅典城的設想中得到了最明顯的反映。顯然，這一時期的文化復興還是相當初步、欠缺獨創性的，其成就主要是在教育而不是文學與哲學方面。但就當時的社會狀況來看，這種傳統主義的復興決不意味著盲從，而是一種歷史責任感所驅使的進取力量，是一種真正的基督教人文主義精神。這同樣明顯地反映在查理大帝與阿爾昆討論上述設想的大量書信中。

所以說，加洛林王朝時期的文化成就是一次真正意義上的文化復興，是作為一個有意識的整體西方文化之歷史起點。因此，當蠻族勢力再次席捲西方基督教世界的時候，加洛林王朝時期創建的一些大修道院又重新成為亂世之中的「理智生活之島」（Islands of intellectual life）。「儘管乍看起來修道院制度似乎很難抵禦一個無法無天、戰亂四起的時代所造成的物質性毀滅，但它確是一種擁有驚人復原能力的制度。一百座修道院中或許有九十九座被焚毀，修道僧們或遭殘殺或被驅逐，然而那唯一的倖存者卻能恢復其全部傳統，那些後繼的修道僧們能使荒涼的遺址重現生機，他們將會繼承中斷的傳統，一如他們的前輩，信守同樣的法則，吟誦同樣的聖詩，閱讀同樣的經典，按同樣的思想方式進行思考。」⑦這就是為什麼百年之後諾曼和英格蘭的修道院還能

在戰後廢墟上再次成為西方文化之中堅力量的原因所在。

第三節　神權與王權：西方文化的內在動因

　　繼蠻族勢力再次洗劫西方之後，即中世紀的第二個黑暗時代
過後，修道院制度有所恢復，北方蠻族和東歐各國也皈依了基督
教。但作為一獨立的社會組織，修道院制度的自我復興能力總是
有限度的。事實上，西歐早期的一些重要修道院再也沒有從戰爭
廢墟上恢復過來。更重要的是，無論其抵禦外部戰亂或社會動亂
的力量多麼強大，修道院制度的存在還是有賴於整個基督教社會
及世俗組織。因此道森指出，當深入把握宗教與文化的關係問題
時，就有必要進一步考察基督教社會的主要外部組織——王權制
度的沿革，以及王權制度與教會制度的歷史聯繫。

　　在道森看來，西方中世紀的王權制度無疑是一種「基督教君
主政體」（Christian monarchy）。在中世紀歐洲普遍存在的這樣一
種王權制度，大約是在五世紀到十一世紀間全面發展起來的。就
其本質而言，它是基督教和平社會的神權與蠻族戰爭社會的王權
之結合；而就其淵源而論，它又是古代幾大文化傳統之融合。因
而，這種王權制度及其觀念的生成演化過程本身就是一個不可多
得的研究例證，藉此不僅可以理解中世紀基督教社會內外組織之
間的相互關係，還可以具體說明西方文化起源時期的內在動因，
即諸種不同的文化與宗教因素到底是如何交織成一個錯綜複雜的
文化進程。

　　道森指出，從世界觀來看，基督教文化傳統基本上是一種二
元論。這種二元論在歷史上一向承認基督教會與世俗國家或「上
帝國」與「凱撒國」之間的基本對立。到中世紀，雖然這種二元
論觀念在拜占廷帝國由於正教教會依附於君主政體而逐漸被削
弱，但在西歐卻經過聖奧古斯丁的重新闡釋而不斷增強。在頗有
影響的《上帝之城》一書中，奧古斯丁把全部歷史視為兩種精神
相互抗爭的過程，其表現就是貫通於各個時代的兩種社會——上
帝之城與巴比倫城（亂世之城）之間的永恆衝突。儘管在現存世

界中，這兩種精神是難解難分、互為滲透的，然而它們在本質上卻截然對立。但就實際情況來看，直到聖格列高利一世乃至以後的時代，幾乎整個拉丁世界的基督教徒都是擁戴羅馬帝國的。可是，這種現象決不意味著崇拜羅馬皇帝的個人權威，而是忠實於羅馬帝國的傳統觀念。同時，這種做法與基督教的世界觀也並不相悖。因為基督教所主張的精神二元論本來就把世俗國家和現世境況看作轉瞬即逝的東西，而基督教徒也無異於甘願流亡的以色列人。正如希伯來先知們本著上帝的旨意忍受異邦統治一樣，當時的基督教徒也有能力承受蠻族王權的專制統治。所以，基督教的世界觀事實上是抱持一種現實主義的態度來對待世俗政治的。

但對蠻族來說，政治權力卻有非比尋常的意義。王權向來就是蠻族最重要的社會制度，並在深層心理上具有一種強烈的吸引力，這是由它們的文化傳統所決定的。一般來說，蠻族的國王既不是東方帝王式的專制君主，也不是羅馬皇帝式的最高行政官，而是某種神聖血統的傳人，是具有「曼納」一般超自然力量的軍事統帥。所以，野蠻部族往往不乏王權意識。雖然它們從未造就出一個荷馬，卻同樣擁有荷馬式的英雄史詩傳統，而這種古樸的傳統也正是把蠻族入侵時代與中世紀後期文化聯繫起來的歷史樞紐。在中世紀興起的蠻族王國大多有著雙重的歷史根源：一方面，它們源於某種神聖的王族血統，繼承英雄史詩傳統，如亞摩人、波羅人和阿斯丁人等等的古老傳統；另一方面，它們又是羅馬帝國的同盟者或征服者，繼承了古典文明世界相對發達的行政機構和政治傳統。上述雙重性以東哥特國王提奧多里克（Theodoric）表現得最明顯。提奧多里克本人就是亞摩人，是伊奧曼里克族英雄傳統的繼承人，而且他本人還是中世紀狄特里希（Dietrich）英雄史詩中的主角。同時，他又受過羅馬式的教育，既是古羅馬文學藝術的保護人，又是承襲羅馬政治法律傳統的統治者。的確，在當時像東哥特國王提奧多里克、西哥特國王阿道爾夫（Athaulf）這一些蠻族首領都清醒地意識到，僅靠本部族的軍事傳統不足以治理國家，治國之道還是需要吸收羅馬文明，建設羅馬文明。

儘管哥特人對羅馬文明抱有十分積極的態度，但東、西哥特王國先後均被其他民族的軍事勢力推翻。因此在道森看來，要想窮究蠻族王權制度及其觀念的歷史根源，還是以北歐地區為例較能說明問題。這主要是因為，在北歐的一些蠻族王國，像梅羅文加王國、盎格魯・薩克遜王國和斯堪的納維亞王國，比較可能完整地看到早期蠻族王權制度的基本特徵，以及該種王權傳統又是如何為西方各國所沿襲乃至最終融入整個中世紀基督教社會秩序。更有利的條件是，在這一地區有關的史料也相對完整、可靠。

　　與那些基於羅馬文明而興起的蠻族王國相比，北歐地區古老的蠻族王權與其說是一種政治制度，毋寧說是一種社會宗教制度。因此，國王本人不是一位統治者或立法者，而是部族的首領和象徵。正如喬利夫（Jolliffe）教授在《中世紀英格蘭憲法史》一書中所說，從這種部落王國的原始形式來看，其穩定性並不在於統治者的權勢，而是來自由祖先崇拜、血緣關係和世襲權力等因素交織而成的複雜結構，其社會結構又被宗教信仰和神聖傳統所神化，而國王就是這種信仰與傳統的體現，是部族和國家的化身。與荷馬世界或古迦南地區一樣，北歐的古代王國規模小且數量多，而一些大的王國，尤其是法蘭克王國則是後來蠻族入侵或征服異邦的產物。隨著新興王國的不斷擴張，古老的王權制度也發生了相應的變化。這些新興的王國在一定程度上既失去了與神聖血統的聯繫，也失去了世襲王權的聯繫。在它們中間只有斯堪的納維亞北部地區受外來因素的影響最小，因而王權制度的傳統成份也保留得最多。尤其是在瑞典，其君主制度直到十二世紀仍舊保存著原有古老宗教的主要特點，即國王既是最高的僧侶又是人民的代表。據相關資料顯示，在瑞典的王權傳統中，身為最高僧侶的國王，其最主要的職責就是代表全體人民參與祭事，以求神靈保佑農業豐產，戰爭勝利。如果事實證明神靈沒有接受他的祭品，那麼他本人就必須把自己獻給神靈。

　　英格蘭特有的歷史背景使盎格魯・薩克遜王國介於上述兩種發展模式之間。盎格魯・薩克遜王國是由一些軍事首領創建的，

雖然這些人也自稱具有神聖血統，其實他們幾乎沒有任何大陸王室的直系後裔。然而，盎格魯‧薩克遜王國並沒有接受羅馬中央集權的政治傳統，而是吸收北歐蠻族王國的社會制度及精神觀念。基督教的傳入無疑帶給英格蘭一場宗教信仰與社會制度的變革。自聖奧古斯丁時代，英格蘭王室成員便一直是傳教活動的主要對象，而國王及其家族的皈依又是整個英格蘭歸順基督教的象徵與保障。儘管國家與教會的結盟使早先權勢微弱的王權得以聖化、獲得新的聲望，並使王室聖徒贏得社會崇拜，但同時，新的王權制度也喪失了以世襲特權和武士風尚為特徵的古老傳說，從而嚴重削弱了社會秩序，乃至危及自身的安全。

根據道森的看法，由異教文化轉向基督教文化，勢必導致古老傳統的喪失和社會秩序的惡化，這對西方所有的蠻族王國來說是一種普遍的現象。法蘭克王國也是如此。用甫斯特爾（Fustel de Coulanges）的話來說，法蘭克王國是一個以暗殺活動為調節劑的專制主義王朝。事實上，梅羅文加王朝的社會秩序的確要比其他任何蠻族王國都更混亂、更黑暗。但儘管如此，法蘭克人在長達幾世紀的時間裡一直忠實於克羅維家族的神聖血統，即使在征服者與被征服者開始組成一個新的社會整體時，這種保守主義仍然使法蘭克王國維持其自身的歷史連續性。這使得法蘭克王國成為西方文化中各種有生力量的集結地，既有拉丁傳統也有日爾曼因素，還有地中海和大西洋地區的文化影響。然而，法蘭克君主政體的文化領導地位畢竟還是隨著整體特徵與精神目標的徹底改革而確立起來的。所以說，由丕平家族取代古老的王室，其革命意義主要不在於一個王朝的變遷，而是標誌著一種新的國家觀念與王權理想的形成。在此之前，雖然梅羅文加族已經大權在落，但它所代表的傳統依然不失影響，而這種影響又是僅依靠政治勢力難以消除的。因而，要是沒有羅馬教皇的支持，以及聖卜尼法斯主持的宗教加冕儀式，「矮子丕平」是決不敢推翻舊王朝、戴上新皇冠的。

由教會為國王加冕，這對法蘭克人來說還是第一次，更何況三年後羅馬教皇又重新主持了同一個儀式，其重要意義便可想而

之。正是從這以後，神聖的帝王加冕儀式便成了西方王權制度的一個鮮明特點。這種儀式的歷史根源可以追溯到《舊約聖經》。在《舊約聖經》中，撒母耳給大衛敷油和以利沙為耶盧敷油，都體現了一種神權政治原則，即神權高於王權，因而以色列先知們也正是通過神授王權來干預歷史進程的。因此，法蘭克的新王權從一開始就與基督教教會息息相關，而新王國基本上也是一種神權政治結構。上述二者的變化既表達了基督教社會當為最高社會統一體的嶄新觀念，同時也表現統治者實為神授王權之承受者的神聖人格。而上述神權政治觀念的法律形式，就是曾對整個西方文化進程產生過重大影響的《查理大帝立法》。在查理大帝立法之前，西方各國的立法，實際上就是根據基督教精神去修補蠻族部落的法規。而查理大帝立法則與這種傳統徹底決裂，它致力於教會與國家合一，使基督教世界首次推廣了自己的法規。這些法規以基督教精神為唯一準則，廣泛涉及社會生活的各個領域。顯然，這種意義上的立法不是日爾曼或羅馬傳統的產物，而是加洛林王朝以《舊約聖經》為依據，向全體基督教臣民頒法，即向上帝的臣民通諭上帝的律法。

道森認為，在法蘭克王權制度的重大變化中，最重要的還是加冕儀式所隱含的古典神權政治觀念。根據這種觀念，王權之所以高貴、之所以具有權威，關鍵在於國王受封於上帝，是上帝的臣僕，是正義的衛士，是基督教社會臣民的保護人。所以國王既要忠實於上帝，又要盡職於臣民。這便意味著王權本身是有其限制的，即王權必須受制於神權。因此，隨著中世紀王權制度的演變而逐漸形成的加冕儀式，本質上象徵著一種以神權政治為特徵的立憲主義。這樣一來，中世紀基督教教會便出現了兩大權威，即神父與國王。儘管這二者均受權於上帝，前候管理教會，後者治理國家，但在整個中世紀這兩大權威之間的關係一直是十分緊張的，以致時常發生重大衝突。事實上，在中世紀的大部分時間裡，受冕國王的權力往往為教會的神權所削弱乃至罷免，而絕大多數中世紀王國都在很大程度上具有這種神權政治立憲主義的基本特點。不僅如此，即使到文藝復興和宗教改革以後，甚至再往

後的時代，《舊約經聖》中的古典神權政治傳統對歐洲政治制度仍然具有重要的影響。因此，不能不說在中世紀王權制度與現代君主立憲制度二者之間有著一定的歷史聯係。

如前所述，道森考察中世紀王權制度的主要目的並不在於就王權而論政治，而是想從一個重要的側面去說明整個西方的文化進程。因此，上述分析對道森推出西方文化的內在動因來說無異於一種歷史証據。按照道森的基本觀點，儘管神權與王權隨著中世紀文化的早期變遷而在一個更高的文化層次上日漸結合，但這種結合只是意味著二者由外部的衝突轉化為內在的對立。這是因為，神權與王權作為兩種植根於不同歷史背景的文化因素，終歸還是分別代表著兩種文化或兩種精神。道森的基本結論是：「新西歐文化之興起，取決於兩種化、兩種社會傳統和兩個精神世界之間的這樣一種二元化對立：一方為崇尚英雄、窮兵黷武的蠻族主國的戰爭社會，另一方則為具有禁欲主義和克己節制的理想，以及高層次神學文化的基督教教會的和平社會。這種對立的重大意義並不限於公元500到1000年這段黑暗時代，它在一定程度上一直不失作為一個整體的中世紀文化的特徵，其影響在西歐的後期歷史上也有跡可尋。我確實相信，這種對立應被看作對西方文化有著決定性意義動因的最重要源泉。⑧

第四節　從教會改革到宗教危機

道森認為，十一世紀的教會改革起因於當時社會生活世俗化的危機。北方蠻族的入侵，加洛林帝國的覆沒，封建割據狀況的形成，以及國家權力的分裂，這一連串互為因果的歷史變化把基督教教會捲入了社會生活世俗化的危機。首先是維金人、馬扎爾人和薩拉森人大肆洗劫修道院和教會；接著就是更深重的危機，即新興封建社會的統治者們把修道院和教區看作世俗領地，任意強佔、盤剝、乃至買賣，這勢必導致內在精神世界的分裂。於是，為了抵禦教會生活所面臨的封建世俗化危機，一場新的教會改革運動迫於封建勢力的沉重壓力而興起了。

一開始，這場運動純粹是自發性、隱修式的。修道僧們仿效其前輩，遠離世俗生活和現實世界，遁入沙漠地區的隱修院。這時，他們主要關心的還不是教會改革規劃，而是自我靈魂得救。然而，西方修道院制度一向就對自身的傳教功能與社會責任有著強烈的意識。從歷史上看，它雖然是基於沙漠隱士傳統建立起來的，但更是在聖奧古斯丁和聖格列高利的理想鼓舞下發展而成的。這從根本上決定了新興改革運動的基本走向。所以，儘管早期的改革者主要致力於修道院制度本身的革新，但同時也越來越廣泛地干預世俗事務。他們站在窮人與弱者的一邊，激烈抨擊教會內部的墮落現象，尤其是社會上層的邪惡行徑。上述精神傾向在克呂尼修道院第二任院長聖奧多（St. Odo）表現得十分明顯。在克呂尼修道院的影響從義大利南部波及英格蘭東部的同時，低地國家的改革運動也開始起步。這樣一來，在整個西歐幾個大改革中心相互聯繫、相互影響，使修道院制度一如黑暗的五、六世紀那樣，再次顯示出獨立於外部環境、專注於精神創造的頑強力量，彷彿成了封建勢力汪洋大海中的「精神之島」。因此，面對基督教世界的道德混亂狀況，西歐的修道院再也不是一個無能為力的旁觀者，而是一股令封建貴族深感恐懼的超自然力量。

　　時至十一世紀早期，教會改革運動日趨成熟，開始對西方文化產生全面影響。在這一時期，像克呂尼的聖奧迪羅（St. Odilo）、弗勒里的聖艾博（St. Abbo）、沃爾庇埃諾的聖威廉（St. William）等人並沒有試圖徹底改變神權與王權的關係，而是沿襲加洛林王朝時期的傳統做法，使改革運動爭得上層勢力的國情與合作。雖然這種做法與改革精神不大協調，卻符合於當時的現狀，因而能在亨利三世等虔誠君王的有力支持下，克服了教會內部的派系之爭，加強了帝國與教廷之間的聯盟，使改革運動得以順利進行，但由於亨利三世的過早去世，帝國與教廷之間的合作關係很快就中斷了。以錫爾瓦坎迪達的紅衣主教洪貝爾（Humbert）為代表的新改革派開始無視帝國的王權，強調教廷的獨立性。在洪貝爾看來，既然神權高於王權，那麼國家理應置於教會的手下。惟有這樣，才能維護正義與和平，也才能保障整個基督教世

界的統一。但是，上述改革理想主要是由年輕的改革家教皇格列高利七世等人積極付諸於實踐。通過格列高利等人的頑強努力，激進主張終於成為改革運動的主流，並使教廷最後擺脫帝國的束縛，實現精神權力與世俗權力的分離。這便是十一世紀教會改革運動的直接後果。

道森指出，在十一世紀，教會改革運動的浪潮事實上已經漫過了修道院的高牆，席捲整個西方社會。作為一種精神動力，它不但革新基督教教會，而且也重塑西方文化，從而賦予中世紀基督教世界新的統一形式。從那以後，整個中世紀基督教世界不再依附於帝國王權，而是以改革後的教廷為權力中心，具備了超政治或國際性的特徵。對於上述深刻變化，道森主要從「騎士制度」、「自治城鎮」和「學術活動」三個方面進行了簡要的回顧。

1.騎士制度

這種說法在道森那裡主要是用來描述歐洲封建社會的政治關係。在十一世紀的歐洲，政治生活的真正主體已經不是舊時的帝國，而是新興的封建國家。這些封建國家大多數是戰爭的產物，其政治結構和政治關係也是軍事的或騎士的。由於封建騎士是蠻族武士的直接後裔，因而封建騎士制度也就跟蠻族的軍事傳統有著明顯的相似之處，二者均深受尚武、效忠、榮譽、復仇等原始習俗的影響。由此來看，構成歐洲封建文化的兩種基本因素，即教會的和平精神與騎士的尚武精神仍然表現著中世紀早期文化中的二元化對立。而十一世紀改革運動的一大成果即在於從根本上超越了上述對立。

在以前加洛林帝國的領土上，特別是在當時歐洲封建社會的中心法蘭西北部地區，基督教精神與蠻族精神的融合最為典型。首先，封建政治關係，即騎士與軍事統帥之間的關係，由於融入宗教動機而被道德化了。作為一名騎士，不但要忠於軍事統帥，更要忠於基督教精神，真正成為教會的衛士和平民百姓的保護人。如此，騎士制度便脫離了蠻族和異教的傳統文化背景，演變成為基督教社會文化結構中的一部分。這意味著，在長達四、五

百年的時間裡一直作為歐洲文化基本特徵的二元化對立終於被超越了。

正是因為騎士制度與基督教精神的結合，才使教會有可能把封建社會的好戰傾向成功地引向基督教世界的外部敵人。道森認為，第一次十字軍遠征的歷史意義即在於，整個西方封建社會第一次找到了一個共同的精神目標，就是在教會的領導下，致力於整個基督教世界的統一大業。而上述宗教理想在第二代十字軍中出現的聖殿騎士團那裡得到了更充份的反映。如同上一代十字軍一樣，聖殿騎士團彷彿是一座溝通世俗社會與宗教社會的橋樑，二者均把宗教誓約引入了騎士制度，其成員甘願放棄世俗的封建義務，獻身於基督教世界的統一事業。所以在一定的意義上可以說，十字軍、尤其是聖殿騎士團的興衰便成了中世紀基督教世界統一進程的主要尺度。只要十字軍運動尚在進行，封建社會的侵略本能就會借此發洩，並在宗教理想主義的推動下得以昇華。由此可見，整個十字軍運動既表現了中世紀封建社會精神崇高的一面，也暴露出其低下的一面。也就是說，十字軍運動是道德理想與尚武習俗的雙重反映，而這種雙重性正是騎士制度的基本特徵。正因如此，騎士制度無論對歐洲社會還是對西方文化都產生了深遠的影響。

2.自治城鎮

在這一時期，如果說騎士制度的發展標誌著兩種文化傳統的合流，那麼，自治城鎮的出現則象徵著西歐城市生活的復興，即經濟生活乃至整個社會生活的徹底改觀。在過去的黑暗時代，特別是加洛林王朝時代，西歐社會可說是一個道道地地的農業社會，其城鎮生活的社會作用根本無法與其他處於同等文明發展階段的社會相比。但從十二世紀起，整個西歐再次成為一個城鎮生活的世界。這復興一方面是改革運動的必然結果，另一方面又反過來對宗教生活產生巨大的影響。

道森指出，西歐的新興城市主要是在宗教信仰的影響下，以自由結社為原則而建立起來的。在這時，自由結社的原則尤其適

合新興商人階層的需要。西歐的商人階層最早出現於十世紀的佛蘭德，那時他們主要還是在封建城堡或教會城鎮裡定居。隨著商業活動的不斷發展，他們的足跡遍及歐洲中部和西北部，自願結為社團，出於共同利益而進行選舉、協商、集資等等。由於人數、財富和勢力的進一步增長，這種商業社團自然也就慢慢脫離了封建王權，演化成為一種非官方的新型行政機構，乃至最後提出了擺脫主教和國王的約束、接管各種世俗權力的改革主張。所謂的自治城鎮大致就是以這種方式興起。在道森看來，自治城鎮不能不說是中世紀文化的一項偉大創舉，因為它不僅是商人的社團，而且是整個城鎮的聯盟。它使全體市民為一體，信守著一個共同的誓約：保衛社會和平，維護公眾自由，服從統一領導。就當時的社會狀況而言，儘管這種自治城鎮大有獨立於教會的革命傾向，但決不意味著反對神權。相反，在義大利、法蘭西和德意志等國家，自治城鎮始終與教會改革運動緊密相連的，二者齊心協力反叛那些保守的主教。蓬勃發展的倫巴第自治城鎮便是突出的例證。而且，倫巴第市民與羅馬教廷結成的反帝國聯盟還昭示著一股新社會力量的崛起，自治城鎮實際上已經在西方社會生活中佔據了主導地位。

更引人注目的是，商業行會、手工業行會的壯大、反異教運動的高漲，促使義大利的城鎮生活打開了地中海地區與西歐之間封閉已久的貿易大門。從此以後，源於地中海地區的國際貿易潮流從四處湧向內陸地區，從威尼斯經倫巴第進入德意志，從比薩湧進托斯卡納，從里維埃拉沿萊茵河溯流而上一直到勃艮第和香檳，以致十二世紀的「香檳市集」成為一個國際貿易中心。在這股強大國際貿易潮流的推動下，整個西方的經濟生活方式也隨之改變。新工業不斷出現，新城鎮相繼形成，甚至連古老的教區城鎮也重新煥發了活力，最後是自治城鎮的各種機構日趨完善。道森指出，正是在這樣一種商業發達、經濟振興、以及個性自由不斷長進的社會環境中，中世紀的基督教文化才有可能顯示出蓬勃的生氣。

中世紀的自治城鎮，是行會組織、經濟功能和市民自由等因

素相結合的產物，而這種結合正是中世紀基督教社會理想的完整體現。根據聖托馬斯等人的政治哲學觀念，人類應當是一個統一的社會，即由信徒組成的社會。他們作為基督的「肢體」，本著神聖的律法與目標而聯合起來，形成一個等級制的有機體，從而使每個成員均有其職責與使命。道森認為，自治城鎮的形成與發展證明：這時的封建秩序中已經存在著一種承認社會的有機性、等級性、以及權利與義務的基本傾向，使得世俗經濟活動與宗教活動、自治城鎮與基督教教義相吻合。所以，中世紀的城市就是一個由各種社團組成的統一體，在這之中整體與部分遵循著同一原則，即結社權利與社團自由。這就是在以自治社團為主體的城鎮生活中得以充分表現的中世紀自由觀念。同時，上述傾向不僅是中世紀自治城鎮賴以發展的基礎，也是中世紀後期立憲代議制得以形成的前提。在這時期，世俗活動與宗教活動大致是並行不悖的。譬如，中世紀早期的封建等級制與修道院的等級制基本上是一致的；自治城鎮的發展與兄弟會的興起是互為關聯的；中世紀議會制度的形成與宗教會議制度也是相互影響的，這是因為宗教會議制度是在一個更廣泛的基礎上為整個基督教世界創建一種立憲代議制。道森據此指出：「中世紀的國家不再是一種基於土地所有權原則而建立起來的封建等級制，而是變成了真正的政治共同體，在這其中貴族和平民為共同的社會目的而合作。成為現代西方文化中政治形式之特徵的立憲代議制政府制度，就是植根於中世紀的上述發展中……」⑨

3.學術活動

　　隨著中世紀城市生活的復興，富有宗教傳統的西方學術活動和教育體制也發生了相應的改革，而這種改革必然又會反過來影響整個西方宗教，以及宗教與文化的相互關係。這是道森之所以注重中世紀後期學術動向的主要原因。

　　道森指出，在加洛林王朝前後的幾個世紀裡，修道院一直在基督教文化發展中處於排頭兵的位置，所以這段時間往往被稱為西方文化史上的「本尼狄克時代」。也就是說，上自七世紀諾森伯

尼亞基督教文化的興起，下至十二世紀西方城鎮生活的復興，西歐高層次的文化活動主要是在富有本尼狄克傳統的修道院裡受到精心保護，並汲取精神力量的。而到十一世紀末十二世紀初，上述狀況開始改變了。首先是法蘭西西部地區的教會學校普遍興起了一場文化與文學復興運動，其主要帶頭人有希耳伯特（Hildebert）、馬爾博德（Marbod）、博多累（Baudri）等。這些人並非神學家或哲學家，而是人文主義者、詩人。他們主要是跟宮廷學者通信往來，交流詩抄，討論古典文學作品。於是，一時間形成了一種具有教會人文主義色彩的宮廷文化。道森認為，這種教會人文主義在相當大的程度上復興了西方古典文化的主要傳統，同時又預示著西方人文主義的未來趨向。

但在這一時期，更引人注目的現象是，大批來自基督教世界各地的年輕學生紛紛湧向法國巴黎和義大利的博洛尼亞，以致形成了一個新的社會階層「知識無產者」（intellectual proletariat）。這些青年學生雖貧窮但不乏雄心，他們鄙視教會學校的教育傳統，追逐時興的理論學說。其原因主要在於，巴黎和博洛尼亞兩地的大學在當時已經成為兩大國際學術活動中心，它們分別代表著兩種不同的文化傳統和教育體制。早在十二世紀初，巴黎的大學就因阿伯拉爾（Abelard）的名望而成為法蘭西的學術中心。十二世紀中期，學校規模的擴大以及學術競爭之激烈又使巴黎的大學成為整個基督教世界傳授神學與哲學的國際性場所。而博洛尼亞的大學從一開始便是法學研究的國際中心，尤以羅馬法研究而聞名於世。二者相比，如果說巴黎的大學本質上是一種「教會的機構」，那麼，博洛尼亞的大學就可以看作「世俗的學府」了。但後者的名氣並不因此低於前者，反而更大一些。

因此，道森對博洛尼亞大學在法學研究方面的影響給予很高的評價。他指出，博洛尼亞的大學作為一個法理學和羅馬法研究中心，既能把各地的法律學者吸引到這裡來，同時又使一些著名的導師走出去傳播新的學術思想。由此而再度興起的羅馬法研究，表面看來似乎跟宗教與文化二者關係的歷史演變無關，但事實上卻深刻地影響著「新教會法」（the new canon law）的出現。

如所周知，新教會法是羅馬教廷集權力與立法於一身的基本前提，而博洛尼亞的修道僧格拉蒂安（Gratian）則是新教會法的法理學奠基人。也正是通過他的研究工作，才使博洛尼亞不僅是一個民法教育中心，同時也成為教會法教育中心。因此，在中世紀中期與教皇過往密切、對教會影響最大的是博洛尼亞大學和教會法學者，而不是巴黎的大學和神學家。對於理解這段歷史尤為重要的一個事實是：教會的管理者與國家的組織者，實際上是在同一個學術中心、同一種文化傳統下接受高層次的教育，這樣也就勢必出現一種相互影響、彼此合作的局面。

總之，巴黎和博洛尼亞兩地的大學在中世紀後期一直是西方學術活動所圍繞的兩個軸心。雖然二者在精神上、體制上是對立的，但它們都對西方教育傳統的改革、以及後來主導西方文化進程的職業知識份子階層的形成作出了重要的貢獻。毫不誇張地說，假若沒有這些學術中心的研究活動，西方近代文化的創造者們就沒有可能獲得一種新的理智與科學方面的訓練。道森強調，這一點長期以來卻沒有受到應有的重視。在以往的討論中，研究者們一般都有十五世紀的文藝復興或古希臘文化復興看作歐洲文化所必需的基本因素——理性與科學批判精神的形成時期。其實，真正的歷史轉折點還應向前追溯三個世紀，即前溯到上述學術活動時期。因為在這一時期偏重於哲學思辨和邏輯思維的經院式訓練，不但提高了思維的敏捷性與準確性，更重要的是發展了批判精神與懷疑精神。當然，這種經院式的思維訓練，特別是經院哲學似乎過多地陷入了一些無聊的爭議，但並不能據此而全盤否定它所取得的知識成果。應該看到，這些成果的歷史意義決非僅僅限於神學和哲學，它們同樣也有益於整個近代自然科學的興起與發展。

除了上述兩種學術傳統之外，道森還提到了第三種傳統，即以薩萊諾、蒙彼利埃、托萊多等地為代表的宮廷學校。該種傳統雖然對當時大學的學術活動沒有多大影響，但對理解這一時期的文化進程卻有不可忽視的意義，因為它是東、西方文化得以溝通的橋樑，古希臘和阿拉伯的科學，以及亞里士多德百科全書式的

知識體系就是由此傳入西方世界的。這場文化傳播運動最早始於義大利南部卡西諾山修道院的翻譯活動。但到後來,最主要的翻譯中心是在西班牙、特別是托萊多。那裡的學者不但把亞里士多德的全部文集從阿拉伯文譯成拉丁文,而且還大量翻譯出版阿拉伯和猶太學者的哲學、科學著作。因此,當時的托萊多是與巴黎、博洛尼亞齊名的又一中世紀文化活動中心。時至十三世紀中期,新思想與新觀念的廣泛傳播,在更新經院哲學研究的基礎上又形成了一種知識綜合傾向,像聖阿伯特(St. Albert)、聖托馬斯等人都曾試圖建立一種包容各知識的神學體系。這種知識綜合傾向的重要意義不在於追求邏輯上的完美性,而在於西方基督教世界在復興古希臘科學並吸取阿拉伯思想的同時,又保持了其自身特有的精神傳統與宗教價值。因此,它實際上是中世紀早期以來基督教教義與古典文化遺產日趨結合的最高成果。

道森總結說,從十一世紀後期到十三世紀後期,教會改革運動一直主導著整個西方文化的精神生活。它彷彿一股強大的向心力,把修道僧引出修會,使主教走出教區,將騎士帶出封邑,總之把基督教世界的所有積極因素凝聚為一個超政治的國際性整體,致力於一項共同的精神事業。這是一個具有創造力的時期。而這個時期之所以能夠實現空前的精神統一,主要原因即在於:作為中世紀文化推動者的改革派能與教廷相聯合並把握住文化領導權。然而,改革的成功也帶來了新的問題。集大權於一身的教廷不得不借助世俗的方式、尤其是世俗經濟手段來治理整個基督教社會,因而也就難免形成新的教會世俗化趨勢。這對改革派來說無異於「世界末日」的降臨。事實上,早在十二世紀改革派中間已普遍存在著這樣一種「世界末日的危機感」與「道德改革的緊迫感」。這在當時的神學論著與文化作品中都有明顯的反映。結果,由於激進派對教會世俗化與腐化墮落的譴責、改革運動與宗教活動甚至異教活動的合流,終於導致了改革派與教廷的分裂。因此到中世紀後期,改革派在精神上主要是與教廷相抗爭的。所以就整體而言,十三世紀後期一方面代表著中世紀文化的最高成就,另一方面又標誌著教會改革運動的嚴重危機。正是從這時開

始，改革運動不再是一種向心力，反倒是一種離心力了。雖然這場運動在整個中世紀後期仍舊不衰，但它所帶來的是十四世紀的教會大分裂乃至十六世紀更嚴重的宗教分裂。

在道森看來，儘管中世紀文化的蓬勃進程因改革危機而中斷，儘管中世紀文化的重大成就並未真正成為西方基督教文化得以統一的基礎，但這種中斷無疑意味著一個新的轉折點，這些成就也孕育了一個理智批判與文化變革的新時代。所以說：「中世紀後期在西方歷史上打開了新的一章。這是西方人為發現新世紀而邁著試探、徘徊的步伐，踏上偉大探險歷程的時期；這不僅僅是想發現新的海洋、新的大陸，而主要是想發現自然，發現作為大自然之完美造物的人本身。」⑩

第五節　「圈內爲眞」與「圈外爲假」

當評價道森的中世紀文化史研究時，有兩點背景情況是絕對不能忽視的。第一，個人生活背景。與一般的學者不同，道森不僅是基督教教徒，而且還是一位真正天主教教徒。這當然與其早年既定的宗教生活環境有關，比如出身於主教家庭，受業於教會學校等等。但更重要的還是道森成年之後個人親自作出的人生選擇。一九一四年，道森加入羅馬公教（Roman Catholic Church），因為他深信，羅馬公教「在一個動盪的世界裡所代表的是一種永恆的精神秩序」。這時道森將滿二十五歲，也正是他步入學術生涯，開始關注文化史研究，特別是宗教與文化關係問題的時期。由此可見，道森首先是一個真正的教徒，其次才是一位出色的學者，或借用一種通俗說法，道森是「神學圈子裡的學者」。

第二，社會生活背景。一旦從前一種背景跨入後一種背景，道森便與同時代的其他學者一樣帶有某種共性，這就是從不同的角度把各自的研究興趣指向社會現實問題。如所周知，從本世紀初、尤其是第一次世界大戰開始，西方文化的前途問題在長達幾十年的時間裡一直深深困惑著學術界，致使一批學者把它作為自己的主要研究課題，因此而成名的也大有人在，道森就是其中的

一員。在一定意義上可以說，道森的整個文化史研究就是由上述問題引發出來的，這在他早期著作中就有明顯的反映。

相對於大多數知名學者來說，道森可謂大器晚成，因為即使他的主要早期著作也是在四十歲左右才出手的。一九三一年，他在別人結集出版的《論秩序》一書的「總序」中開宗明義：「西方文明眼下正處於其歷史上最緊要的關頭。在各個生活領域，傳統原則動搖乃至信譽掃地，而我們還不知道何以取而代之。有些人認為，歐洲一度為所欲為，我們的文化已經開始步入一個不可避免的衰落過程；而其他人則相信，我們還只是剛剛著手去實現現代科學所蘊含的諸種可能性，我們會看到一種新的社會秩序的興起，它將大大改觀世人已知的一切。但有一點是確定無疑的：舊秩序已然名存實亡了。」道森針對上述兩種觀點指出：「本書幾篇論文的主旨在於，力圖正視由這種新環境產生的問題，並考察天主教所主張的秩序與新世界二者之間相合作和相衝突的種種可能性。」⑪在筆者看來，道森在這短短的幾句話中不只說明了一部早期著作成書的背景與意圖，同時也道出自己一生的研究思路。事實上，道森的主要著作也都是按照這一思路寫下來的。

根據以上兩點背景分析不難肯定，作為一個「圈子裡的學者」，道森必然是站在圈子裡面來關注現實、反觀歷史，而這一立足點又必然從根本上制約著他整個宗教文化史的研究。為了比較透徹地說明上述特點，我們還可以進一步分析道森在一些基本問題上的哲學觀念，例如道森對文明（文化）、宗教、以及二者關係，還有西方文化危機的根源與出路等問題的基本認識。

道森認為，「真正的文明實質上是一種精神秩序，因而其準則並非物質財富，而是精神洞見。文明所追求的是一種Theoria，即一種對實在的直覺，所謂的實在既表現於形而上的思維，又反映為藝術創作和道德行為的結果。」⑫譬如說，中國文明的最高境界在於宇宙規律的形而上洞見與儒家的倫理觀念；印度文明的最高境界表現為絕對存在的形而上洞見與印度聖人的道德理想；希伯來文明的最高境界則在對理智世界的洞見與哲學家的倫理觀念；而西方文明即基督教文化所追求的是一種博大邃遠的精神秩

序，這就是把建立一個超越所有的國家與文化的神聖社會作為人類的最終目的。因此，凡是有生機的文化均具備某種精神動力，以提供文明發展所必需的能量。而在正常的情況下，這種動力又是源於宗教的。

顯然，根據道森的上述推理，宗教與文化的關係問題對文化史研究的邏輯意義就不可小看了。道森在另一部早期著作《進步與宗教》中強調：我在本書中想要研討的就是宗教與文化二者之間重要至極的關係。在過去，社會學家往往低估或忽視宗教的社會功能，而宗教學家又往往偏重於宗教的心理作用或倫理意義。如果真像我所相信的那樣，只要在文化上富有生氣的社會都必有一種宗教，無論是公開的還是隱祕的，而這種宗教又在很大程度上決定著該社會的文化形式，那就不必懷疑：有關社會發展的全部問題都必須由宗教與文化的關係問題著手來重新加以研究了。⑬正是出於這種十足的自信，道森在早期著作中大膽斷言，宗教是文化發展的動力，教會則是社會秩序的「種籽」，因而文化進程中的重大變革總是與宗教信念的演變相關。不可否認的是，道森也確實在其一生中抱著嚴謹的治學態度，不斷用史實來證明上述斷言。他從早期著作開始就以宗教與文化的關係問題為主線，勾勒著西方文化的歷史畫捲，直到推出了後期的《宗教與西方文化的興起》等代表作。

從前述背景分析中我們已經看到，道森的宗教文化史研究出於對西方文化前途問題的關注，而其研究成果、尤其是一般觀念必然又會影響著他對該問題的解答。真正的學術研究與社會背景之間的這種交互作用，在道森的早期著作中同樣也有明顯的反映。道森指出：「當今世界混亂之原由，或在於否定精神實在的存在，或在於想把精神秩序與日常生活事務當作互不相干的兩個獨立領域。」⑭這也就是說，現代文明的真正弊端並不在於科學與技術的迅速發展，而在於與之相關的錯誤哲學觀念，即偏重經濟活動、忽視精神秩序。因此，人類在征服物質環境的同時也就放棄了追求精神秩序的理想，以致新興的經濟力量不受制於任何較高層次的社會目標或道德目的而放任自流。這樣一來，經濟活

動在現代人的心目中不再是整個社會的一種功能，反而成了一個僅僅按照純經濟規律運行的獨立領域；隨之金錢和商品也被人格化，變成了全部社會生活賴以生存的抽象原則。在道森看來，上述錯誤的哲學觀念及其後果並非一時所致，其歷史根源可以追究至西方文化被人性與理性化的文藝復興時期。事實上，早在文藝復興時期，由人性化與理性化造成的離心傾向就開始分化著西方文化的精神統一與精神力量。從那以後，西方心靈開始輕視關於「絕對」的沉思，轉而偏重或然性的知識。這就使「人」成為衡量一切事物的尺度，並企圖使人世生活擺脫神聖力量的束縛，其結果必然是，理智活動與社會秩序最終喪失了精神原則，各類活動，諸如政治、經濟、科學、藝術等等都成了各行其是的獨立王國。

　　可想而知，道森身處於主教教徒與文化史學家這雙重背景中，無疑也是由此為當代西方文化危機尋找出路。他明確主張，若要擺脫目前的危機，唯有從觀念上徹底放棄對宗教的普遍偏見，重新回歸基督教傳統。這是因為，歐洲社會原本就是基於基督教精神才構成一個文化整體的。儘管在歷史上基督教與文化的相互關係幾經變化，但不可否認，一千五百多年以來西方文化一直是或直接或間接地從同一個文化源泉中獲取精神動力。況且，當今世界沒有因偏見而喪失其宗教需要。與五十年前相比，人們更強烈地意識到用宗教來解釋生活的必要性，而科學也不像以往那樣武斷地否認宗教價值觀念的合理性了。因而，只有回歸基督教傳統才能使西方文化恢復其特有的道德力量，也才能使西方文化既能控制外部環境又能避免潛伏於現狀中的種種危機。事實已經證明：科學除非以道德目的為導向來改變人類生存環境，否則其巨大的潛力是無法實現的，而且對西方科學來說，作為這種道德目的的精神動力也只能來源於基督教文化傳統。

　　在道森那裡，強調科學必須以宗教為導向，儘管有抬高宗教、貶低科學的意思，但並不意味著徹底否認科學。照他看來，基督教傳統與科學精神是構成近代西方文化的兩種基本因素，正是這兩種因素在歷史上的結合才形成西方文化有別於其他文化的

顯著特徵。西方文化的精神統一與社會理想源於基督教傳統，而控制自然與發展經濟的巨大力量則來自科學精神。「沒有宗教，科學就會成為一股中立的力量，它既可以有益於人類，同樣也容易為軍國主義和經濟擴張所利用。另一方面，沒有科學，社會就會僵化為一種凝固不變的秩序。」⑮所以，只有使這種力量相輔相成，西方文化才有可能實現其潛力，跨入一個新的歷史階段。

從這些早期觀點中已經可以看出道森宗教文化史研究的立意所在，即反省歷史是為了干預未來。而這種立意在道森的後期著作中表達得更透徹了。他在解說西方文化史、尤其是中世紀文化史的研究意義時指出，基督教世界的舊秩序已經過去了，但基督教文化的傳統與基督教信仰的傳統卻是不可分的。因而，我們之所以要研究基督教文化的歷史，決非出於純歷史的或純文學的興趣，而是因為基督教文化的歷史與現狀原本就是相關的。中世紀基督教社會在歷史上是將正統宗教具體化為社會制度的一個範例，因而其成敗利鈍都是值得研究的。如果說連歐洲封建時期的半野蠻社會都能在基督教理想的感召下創建了一個令人矚目的文化整體，那麼，擁有豐富知識與強大勢力的當代西方文化一旦重新樹立起基督教理想，其發展前景恐怕令人難以想像！⑯

分析到這裡我們已有充分的根據證實如下結論：道森宗教文化史研究的基本特點在於，以當代西方文化危機為理論背景、以羅馬公教即天主教信仰為邏輯準則。顯然，上述特點從根本上決定了道森宗教文化史研究的獨特角度與層次，這也是筆者在借用「圈子」這一通俗說法時想賦予它的特殊含義。「圈子」無非是指一種局限性，而道森的文化史研究也無疑具有這種意義上的局限性。但本著真正的辨證精神來看，「局限性」絕非像常人所理解的那樣是一個純貶義詞。事實上，有局限、有所短也往往有其所長，這在嚴謹的學術研究中尤其如此。因此在筆者看來，道森宗教文化史研究的長短得失正是由其囿於「圈子」這種特有的局限性所造成。

首先應當肯定，道森的上述局限性確實使其研究成果具有精到之處。突出地表現出，道森對宗教信仰的文化功能理解較一般

學者深刻。如前所見，按照道森的觀點，所謂的宗教首先不是一種抽象的意識形態，而是一種文化傳統或文化習俗。他還針對以往文化史研究中的一大罅漏明確指出，在中世紀文化研究領域，史學家們往往把注意力集中於一些「高層次的問題」，如政治思想、理智文化等等，但他們沒有意識到這些問題在整個歷史畫面上只佔極小的一部分。實際上，真正對平民百姓和社會傳統影響最大的還是宗教創造活動，當然這種影響很難觀察，也很少記載。所以說，當中世紀後期的政治家們致力於改變社會秩序、學者們熱衷於復興古典文化時，普通百姓事實上還是在中世紀的宗教氛圍中生活著的。要是抓住道森的上述基本觀點，那就比較容易掂量出《宗教與西方文化的興起》一書最後幾行文字的份量了。道森是這樣說的：「我一直在描述的這些世紀的重要性，是無法在它們已創造或力圖創造的外在秩序中發現，而只有在它們給西方人的心靈所帶來的內在變化中方可察覺，這是一種永遠也不可能被根除的變化，除非全盤否定或徹底毀滅西方人本身。」⑰顯然，以上這些基本觀點恐怕就是道森之所以格外重視中世紀文化史研究，一再強調精神動力、文化傳統、文化習俗等等概念的邏輯根據。

　　道森的宗教文化史研究成果曾在西方學術界引起了強烈的迴響。《星期六文學評論》刊文指出，道森作為文化史學家是舉世無雙的。若是不讀他的著作，恐怕我們還會孤陋寡聞。《尊嚴》雜誌評論說，道森的獨特貢獻在於，一貫主張宗教知識在任何人類文化形成過程中均具有至上性和獨立性。他在《宗教與西方文化的興起》一書中已經把這種觀念運用於西方文化的具體事例。傳記辭典《二十世紀作家》則是這樣評價的：道森作為一個信仰天主教的歷史學家，對當今知識界作出了卓越的貢獻。而其中最重大的一項就是他對所謂「黑暗時代」作出的解釋。正如奧爾德斯‧赫克利斯（Aldous Huxley）所說，道森的工作使黑暗時代失去了黑暗，呈現出其原有的形式與意義。這些評論都充分肯定了道森宗教文化史研究的意義與貢獻。但若細究起來，道森的研究成果中真正能稱得上是精到之處的並不在他重點研究了「黑暗時

代」的文化史，也不在他充分揭示了宗教信仰在文化形成中的重要意義，而在於道森對宗教信仰的文化功能——即對宗教與文化關係問題的深刻理解。在道森之前，專門研究中世紀文化史的大有人在；專門探討宗教信仰與文化形成二者關係的也不乏名家，別的不說，道森提過的就有兩位，馬克斯·韋伯和恩斯特·特羅伊奇，而且後者還可以看作道森的啟蒙老師。但與前述兩類研究者相比，道森勝過第一類研究者的地方在於，他以宗教與文化的關係問題來帶動整個中世紀基督教文化研究，並以這種關係把西方文化的過去、現在與未來貫通起來。這對西方傳統的文化史研究來說無疑是一種創新，是方法論觀念上的變革。不僅如此，道森在很大程度上也超過了韋伯和特羅伊奇的研究水平。首先，道森在一般哲學觀念上更明確地把宗教信仰視為文化傳統或文化習俗；因而其次，促使道森把前人的專題研究擴展為文化通史研究，更注重從整體上以宗教與文化的關係問題為發展線索，以大量互為因果的宗教、政治、經濟、思想、文學、習俗等方面的事實為歷史證據，力求比較完整地勾畫出西方文化的演變過程。這不能不說是對當代宗教文化研究的一次有力推動。

同時也應當看到，即使就道森文化史研究的精到之處而言，也有不少不盡人意的地方。其中一個比較明顯的缺陷在於，道森再三強調宗教信仰是一種文化傳統，其最主要的寄身場所為平民百姓的思想觀念或生活習俗，但他在這方面對歷史事實的發掘卻不盡深入。以《宗教與西方文化的興起》這部後期代表作為例，道森在這本書中描述的西方文化起源過程，主要還是由宗教組織、宗教教義、政治制度、經濟組織、學術活動、文學藝術等方面的材料拼湊起來的，而文化習俗、社會心理等方面的材料所佔份量極小，甚至在以《中世紀宗教與大眾文化》為題的最後一章中，道森也只是以威廉·朗格蘭（William langland）的世俗詩歌《農夫皮爾斯》為例來說明其最重要的方法論觀點。當然，在這一點上絕不應苛求道森，而應看作由舊史學傳統向新歷史觀念轉變過程中特有的困難，諸如缺乏史料、需要時間等等，況且道森本人對此也有比較清醒的認識。

最後必須加以強調的是，道森宗教文化史研究中的失誤與其成就是同樣明顯的，這也因他所特有的局限性造成的。道森無疑在「神學圈子」裡陷得太深，以致這個圈子彷彿一團魔影始終伴隨著他的整個研究過程。這個圈子給道森帶來的不良影響首先是一般觀念上的。譬如，道森把基督教文化視同為西方文化，把基督教教會視同為文明秩序，把修道僧等同於西方文化的創造者，把宗教信仰等同於西方文化的推動力，以及把天主教的社會理想看作整個人類的最高目標等等。很顯然，所有這些基本觀念都帶有強烈的神學傾向，大有以宗教取代一切、乃至否定一切的趨勢。退一步說，即使上述觀念及做法在道森或其他信奉基督教的學者眼中是理所當然、天經地義的，那也只能說明道森神學立場的堅定性，而無法證實其文化史研究方法的科學性。

當再進一步評價道森的神學立場時，令人想起一句不無事實根據的話：「上帝，信則有，不信則無」。連上帝都可以這樣看，信徒道森的研究成果無疑也可以這樣看了。由此便引出一個問題：對於道森宗教文化史研究的基本結論，神學圈子裡的人以為「真」，而圈子以外的人會不會認為「假」呢？不言而喻，這兩種截然相反的價值判斷都是有可能成立的。筆者曾和幾位外籍天主教學者談起道森，沒料到這幾位無一不了解道森的文化史觀點，而且談吐間大多流露出欽佩之情。從這件事聯繫到西方學術界對道森的一般評價，不難想像神學圈子裡的學者對道森宗教文化史研究成果的重視程度。但作為一個中國學者，筆者對上述看法不敢苟同。道森在宗教文化史研究中所固執的神學立場具有鮮明的排他性，而這難免使圈子之外的學者對其基本結論也抱有強烈的懷疑態度，這種雙重效應是客觀存在的。例如，道森一口咬定：如果我講的觀點包含什麼真理成份的話，那就是「一種生機勃勃的宗教與生機勃勃的文化二者將其活力融為一體的時刻，必會在歷史上發生創造性的事變，與此相比，在政治、經濟秩序中取得的所有外部成就，均是暫時性的、無意義的。」⑱就上述結論而言，不要說堅持唯物史觀的學者，即使連那些能夠跳出宗教信仰的狹隘圈子的歷史學家，恐怕也會提出質疑，指出這種觀點有失

偏頗。筆者認為，這種偏激性事實上也正是道森宗教文化史研究方法的一大致命缺陷。

總而言之，可以這樣來評價道森的整個宗教文化史研究：道森的研究觀念是利弊並存的。一方面，他在宗教與文化關係問題的歷史探討中，另闢蹊徑，把宗教信仰視為一種文化傳統或文化習俗，並用部分鮮為人知的歷史事實證明了宗教信仰在西方近代文化起源過程中的重要功能。但另一方面，他又在宗教與文化的關係問題上過於誇大宗教信仰的文化功能，以致低估甚至否定了其他諸種文化因素，特別是經濟活動的歷史作用。

道森的宗教文化史研究在歷史哲學上給人留下了一個深刻的教訓：歷史是史實，但史實並非等於歷史。這是因為歷史研究總是有其「黨派性」的，而這種黨派性必然造成歷史評價中的二難境況，這就是「圈內為真」與「圈外為假」。但這種二難境況決不應當成為「歷史相對主義」或「歷史虛無主義」的藉口。問題的關鍵在於，若想使歷史研究真正成為一門科學，就必須使其黨派性接近於科學性。這便進一步牽涉到了歷史哲學的方法論問題。列寧在談到如何客觀地研究第一次世界大戰的社會性質時說：「為了說明這種客觀情況，不應當引用一些例子和個別的材料（社會生活現象極端複雜，隨時都可以找到任何數量的例子或個別的材料來證實任何一個論點），而一定要引用關於各交戰國和全世界的經濟生活基礎材料的總和。」[19]細細咀嚼這段含有深刻哲理的話，既可以使我們深入反省道森的宗教文化史研究在歷史哲學方法上的失誤之處，又可以令人確實地感到歷史哲學觀念對宗教文化研究的重大意義。我們希望通過下一章的討論，能使本章提出的歷史哲學方法論問題深化下去。

【注解】

① 道森：《宗教與西方文化的興起》（RELIGION AND THE RISE OF WESTERN CULTURE, Image Books edition, 1958），第十二頁。

② 道森：《宗教與西方文化的興起》（RELIGION AND THE RISE OF WESTERN CULTURE, Image Books edition, 1958），第十四一十五頁。

③ 以上分析參見道森等人：《論秩序》（ESSAYS IN ORDER, New York 1939），第二二八一二三〇頁；也可參見《宗教與西方文化的興起》（英文版），第十五一十六頁。

④ 道森：《中世紀論文集》（MEDIEVAL ESSAYS, New York, 1954），第一頁。

⑤ 《宗教與西方文化的興起》（英文版），第十八頁。

⑥ 《宗教與西方文化的興起》（英文版），第三十五頁。

⑦ 《宗教與西方文化的興起》（英文版），第六頁。

⑧ 《宗教與西方文化的興起》（英文版），第二十三頁。

⑨ 《宗教與西方文化的興起》（英文版），第一七五頁。

⑩ 《宗教與西方文化的興起》（英文版），第二一八頁。

⑪ 道森等：《論秩序》（ESSAYS IN ORDER, New York, 1939），第五頁。

⑫ 同上書，第二三九頁。

⑬ 參見道森：《進步與宗教》（PROGRESS AND REILION, New York, 1929），「前言」。

⑭ 《論秩序》（英文版），第六頁。

⑮ 《進步與秩序》（英文版），第二六〇頁。

⑯ 以上觀點參見道森：《中世紀論文集》（MEDIEVAL ESSAYS, New York, 1954），第十一頁。

⑰ 《宗教與西方文化的興起》（英文版），第二二四頁。

⑱ 《宗教與西方文化的興起》（英文版），第二二四頁。

⑲ 《列寧選集》人民出版社第二版，第二卷，第七三三頁。

第五章　湯恩比的歷史哲學

　　本世紀中葉，一部資料充實、見地新穎的歷史哲學巨著轟動了整個西方世界，這就是英國現代著名的歷史學家、歷史哲學家阿諾爾德·約瑟夫·湯恩比（Arnold Joseph Toynbee, 1889～1975）的《歷史研究》。在這部巨著中，湯恩比說古道今、博論東西，試圖通過比較研究近六千年來的人類歷史，揭示諸神文明形態及其起源、生長、衰落、解體的一般規律，闡發自己新創的歷史哲學體系——文明形態理論。

　　湯恩比的文明形態理論問世後，隨即成為西方史學界和哲學界熱烈爭議的一個話題。有人指出，湯恩比是本世紀西方理論界罕見的既深受推崇又倍遭詆毀的學者。這話不無道理。《紐約時報》的一則書訊中這樣寫道：「你曉得他們是怎樣議論湯恩比的嗎？魅力無比……一部不朽的傑作……我們時代最偉大的著作。」蓋伊爾讚嘆：《歷史研究》一書「引證之廣，學力之深，幾乎是史無前例的。」伏格爾梯認為，湯恩比的歷史哲學是真正發現了歷史規律的唯一理論。湯恩比去世後，《時代》雜誌評論說，這位學者「像愛因斯坦、施威則爾、羅素一樣，是一位國際性的智者」。相反，特雷弗·羅珀則抨擊：「我察覺這部著作不僅充滿錯誤……而且令人憎惡。」索羅金指出，湯恩比的歷史哲學並非一個嚴密的體系，而是一個堆砌著大量彼此無關的社會文化體系的《大卸貨場》。蓋伊爾的最後評價是：湯恩比的理論結論「是對西方文明的褻瀆」。在長達幾十年的爭議中，種種評價俯拾即是。但無論如何，即使湯恩比的理論對手也承認，文明形態理論的代表作《歷史研究》「不失為我們這個時代的歷史綜合研究領域裡的最重要的著作之一」。[1]

　　正如上述評論所說，湯恩比的文明形態理論堪稱當代歷史綜合研究領域中的一次重要嘗試。在筆者看來，這次嘗試不僅值得哲學界和史學界加以關注，同時也應當引起當代宗教學與文化學研究的高度重視。湯恩比所力圖達到「歷史綜合」的一個顯著特

點就在於，十分突出文明（廣義的文化）與宗教的相互作用，即以宗教信仰為歷史根據來闡釋人類文明的源泉與類型、歷史與現狀、危機與出路。這使我們有充分的理由把湯恩比的文明形態理論視為一個典型，藉以考察當代歷史哲學研究中蘊含的宗教文化學傾向。下面我們還是按照一貫的思路，把這種考察分析作這樣幾個步驟：第一，整體概述；第二，問題分析；第三，方法論評價。

第一節　文明形態理論概述

1.關於歷史研究的單位

　　歷史研究的「單位」是什麼？這是文明形態理論所要探究的首要問題。在《歷史研究》的「序論」中，湯恩比開篇就批評了以往歷史研究的一大缺陷。他指出，近幾百年來民族主權國家的發展，誘使歷史學家們把民族國家作為歷史研究的一般範圍。事實上，整個歐洲沒有一個民族國家能夠獨立地說明自身的歷史問題。無論是作為近代國家典型的英國還是作為古代國家典型的古希臘城邦，二者的歷史都證實：「歷史發展中的諸種動力並不是民族性的，而是根源於更廣泛的原因，這些動力作用於每個部分，除非綜合考察它們對於整個社會的作用，我們便無從理論它們的局部作用。」所以，「為了理解各個部分，我們首先必須著眼於整體，因為唯有這個整體才是可以獨立說明問題的研究範圍。」②

　　然而，這種可以獨立說明問題的研究範圍究竟是什麼呢？湯恩比回答：「歷史研究的可以獨立說明問題的範圍」應當是叫做「文明」的社會。總括種種解說，湯恩比有關文明社會的規定大致有如下幾點：(1)在歷史研究中總共只有兩個可以獨立說明問題的研究範圍，一是原始社會，另一是文明社會；(2)一個文明社會即是一個整體，它既不是一個民族國家，也不是整個人類，而是具有一定時間與空間聯繫的某一群人類。這個整體一般包括數個同樣類型的國家；(3)文明社會主要內含三個剖面：政治、經濟、文

化，其中文化乃是一個文明社會的精髓，而政治和經濟則是次要的成份。③

　　基於這種關於歷史研究單位的觀點，湯恩比指出，在近六千年來的人類歷史上共出現過二十六個文明社會。它們是：西方社會、東正教社會、伊朗社會、阿拉伯社會、印度社會、遠東社會、希臘社會、敘利亞社會、古代印度社會、古代中國社會、米諾斯社會、蘇美爾社會、赫梯社會、巴比倫社會、埃及社會、安地斯社會、墨西哥社會、于加丹社會、瑪雅社會。其中，東正教社會又可分為拜占庭東正教社會和俄羅斯東正教社會，遠東社會又可分為中國社會和朝鮮社會；此外還有五個「停滯的文明社會」，即波里尼西亞社會、愛斯基摩社會、遊牧社會、斯巴達社會和奧斯曼社會。追溯上述文明社會的歷史，可以看到大多數文明社會都是某一個或幾個文明社會的「母體」或「子體」。文明社會之間的這種歷史繼承者，並不像一個人的生命過程，而恰似幾代人的生命延續。所以，湯恩比把這種歷史繼承性喻為文明社會的「親屬關係」。

　　文明社會之間所固有的歷史繼承性並不排斥它們之間的可比性。首先，就時間意義而言，歷史最長的文明社會不過三代，其時間長度剛剛超過六千年。這說明文明社會就其時間指標來說還是很年輕的。而原始社會幾乎是與人類同年，即使就平均的估計數字來說，其存在的時間也已有三十多萬年。兩者相比，文明社會歷史長度只佔全部人類歷史的百分之二。因此，可以這樣假定：所有的文明社會在哲學上都是屬於同一個時代的。其次，就價值意義而論，所謂的價值和時間一樣也是一個相對的概念，如果跟原始社會的狀況相比，所有的文明社會都取得了巨大的成就；然而，如果跟任何理想的標準相比，這些成就又都微不足道。因此，又可以假定：所有的文明社會在哲學上都是具有同等價值的。

　　湯恩比在闡明自己的歷史觀時指出，他最重要的論點有二：(1)歷史研究中可以獨立說明問題的最小範圍是文明社會；(2)就某種意義而言，所有的文明社會都是平行的、同時代的。④這兩個

論點之所以重要，在於它們構成了文明形態理論的邏輯出發點。正是由此開始，湯恩比比較研究了諸種文明形態，系統地闡述了文明社會起源、生長、衰落乃至解體的一般規律。

2.文明的起源與生長

湯恩比認為，要揭示文明社會的起源，首先必須探討原始社會與文明社會的本質區別。兩者的區別既不在於有無制度，也不在於有無分工，而在於模仿方向的差異。「模仿是所有社會生活的一種普遍特徵。」⑤但是，在原始社會，人們模仿的對象是已故的祖先，因而傳統習慣佔據著統治地位，社會停滯不前。在文明社會，人們模仿的對象則是富有創造性的人物，「傳統習慣的堡壘」被打破，社會處於不斷的變化與生長之中。由此可見，文明起源的性質就是從靜止狀態到活動狀態的過渡，或借用中國古代哲學的語言來講，就是從「陰」過渡到「陽」。

湯恩比指出，在以往的文明起源問題研究中盛行著兩種傳統方法：種族論和環境論。這兩種方法都屬於古典物理學派的方法，即運用抽象的概念進行思維，使用無生物的因素去從事實驗。兩者的理論失誤應當促使我們檢討舊的研究方法，轉向新的研究方法——神話學的方法。這是因為神話是「一種原始的理解與表達方式」，它以「虛構的傳說」真切地反映了人類早期的生活歷程。⑥

湯恩比進而指出，如果文明的起源不是生物因素或環境因素單獨發生作用的結果，那麼必是兩者之間某種交互作用的產物。換言之，「我們所要探究的因素不是簡單的而是複雜的，不是某種實體而是一種關係。」⑦我們可以把這種關係自由地想像為「兩種超人人格之間的衝突」。

兩種超人人格之間的衝突乃是有史以來幾部最偉大的戲劇性作品的主題。譬如，耶和華與蛇的衝突是《創世紀》裡人類墮落的故事主題；上帝與撒旦的衝突是《約伯記》的主題；上帝與梅斐斯脫立斯的衝突是《浮士德》的主題等等。這類傳說都以一種完美無缺的「陰」的狀態開始——或是亞當和夏娃的純潔與快樂

是完美無缺的；或是約伯的善良與富貴是完美無缺的；或是浮士德的智慧與學識是完美無缺的——而以主人翁在外來的刺激或動力的推動下，衝破「陰」的狀態進入「陽」的狀態而告終。這種神話傳說對於研究文明起源問題的重要啟示在於：「創造是衝突的結果，而起源是相互作用的產物」，⑧人類之所以能夠創造文明，既不是生物天賦，也不是地理環境，而是面對某種困難的「挑戰」進行了成功的「應戰」。

以此為線索，湯恩比系統地考察了諸類文明社會的起源，得到以下兩種重要結論：(1)第一代文明主要起源於自然環境的挑戰，比如古埃及文明主要起源於乾燥氣候的挑戰；瑪雅文明主要起源於熱帶森林的挑戰；安地斯文明主要起源於嚴寒與荒漠的挑戰。(2)第二、三代文明主要起源於人為環境的挑戰。這種挑戰一般發生在「母體文明」的衰落時期。這時，原先的少數創造者喪失了創造力，蛻變為少數統治者，他們只能依靠強力來壓迫多數無產者。少數統治者的「壓迫意志」喚醒了多數無產者的「脫離意志」，在這兩種意志的矛盾衝突中「母體文明」日趨衰亡。多數無產者的「脫離行為」正是對人為環境的挑戰所進行的一種富有成效的應戰，只有這種行為才能把「陰」變成「陽」，才能導致「子體文明」的誕生。

上述考察證明，文明起源的環境是異常艱難的，而不是一種極為安逸的環境。那麼，是否可以把「挑戰與應戰」的規律表達為「挑戰愈強，刺激愈大」這樣一個公式呢？湯恩比認為並非如此。事實上，「挑戰與應戰」的規律應當是：「最富有刺激力的挑戰是在強度不足與強度過量二者之間」。⑨湯恩比把這二者之間的平均值定義為「最適度」（the optimum）。

繼文明起源之後，文明的生長是自然而然的現象嗎？對於這個問題，湯恩比的回答也是否定的。這是因為除了「發明的文明」和「流產的文明」之外，還存在著第三類「停滯的文明」。從文明的起源轉入文明的生長，只有一次從挑戰到應戰，即從動亂到平衡的有限運動是不夠的。文明的生長必需擁有「生命衝動」，以便將挑戰的對象從平衡狀態再度推入動亂之中，面臨一次新的挑

戰，從而刺激挑戰對象以新的平衡方式起而進行新的應戰。隨後又產生新的動亂，……如此循環，不斷前進，以至無窮。「因而，文明生長的實質就是一種生命力。」⑩

湯恩比指出，當對於一系列挑戰的成功應戰累積而成生長過程的時候，文明社會的行為總是日趨從外部環境轉向處於生長中的「人格」或文明的內部。到這時，外部挑戰的意義越來越小，而內部挑戰的作用越來越大。文明的「生長意味著，處於生長中的人格或文明日趨成為自己的環境，自己的挑戰者和自己的行為領域。換言之，生長的標準是自決能力的進步。」⑪

如何說明文明社會生長的具體情況呢？湯恩比從社會與個人的關係入手。他認為，人不僅是個體而且是一種社會動物。社會正是人與人之間關係的產物，人們之間的關係源於個人活動範圍的「偶合」，這種「偶合關係」使諸多個體結成了一個整體，即所謂的社會。因此，社會是一個「行為的場所」，而一切行為的動機則來自組成這個社會的個人。然而，那些「發動了他們『所屬的』社會走上生長過程的個人並非普通的人，而是具有神祕的、超人的、創造性人格的人。所有的社會創造行為，不是個別創造者的作為，就是富有創造性的少數人的作為。」⑫而缺乏創造性的多數人只能進行模仿。

3.文明的衰落與解體

在湯恩比看來，前述二十六個文明社會，迄今有十六個已經衰亡，有兩個正處於垂死階段，其餘的八個文明社會中又有七個都在不同的程度上處於被西方文明同化或消滅的威脅之中。究竟是什麼造成了文明社會的衰落？文明衰落的原因應當從文明生長所採取的途徑中尋找。

文明的生長是富有創造性的個人或少數人的作為。那些創造性人物的任務，就是把他們的同類變成他們的「信徒」，以便率領整個社會朝著一個遙遠的目標前進，而實現這個任務的唯一方法就是採用原始的、本能的模仿行為。模仿實際上是一種社會性的軍事訓練，是人類生活與行為的一種機械化過程。所以，模仿行

為並不是自願、自決的，而是借助「慣性」或「習慣」來維繫的。模仿行為本身所具有的致命弱點——機械性，便潛伏著創造性人物活動失敗的危險性。

湯恩比指出，「在任何由諸多部分構成的整體中，部分之間失去協調均是以整體相應地失去自決能力為代價。」⑬在文明社會中，領導者與被領導者之間的分離行為，可以看作一個整體的各個部分之間失調的表現。正如自決能力的進步象徵著文明的生長一樣，自決能力的喪失則標誌著文明的衰落。總體來說，文明衰落的實質可以歸納為三點：(1)少數創造者喪失了創造力；(2)多數模仿者相應地撤銷了模仿行為；(3)上述兩點的結果是：作為一個整體的社會失去了統一性，出現了「內部失和」現象。

在爾後的文明解體時期，這種內部失和現象明顯地表現在社會機體的分裂，即分裂為少數統治者、內部無產者和外部無產者。前者由少數創造者蛻化而來，後者則分別由本社會和深受本社會影響的其他社會的多數模仿者轉化而來。湯恩比指出，劃分這三類社會成員的標準不是物質處境，而是精神狀態，「無產者的真正標誌既不是貧困也不是低賤的身世，而是一種意識」⑭，即充分意識到自身「在」某個文明社會而又不「屬於」該社會。社會機體分裂為三部分是文明解體的顯著特徵。上述三部分社會成員在文明解體的過程中各自創造了自己的社會組織：統一國家、統一教會和好戰集團。它們構成了從「母體文明」向「子體文明」過渡的環節。

統一國家是指在文明社會歷史上曾經出現過的那些強大的帝國，像古希臘的羅馬帝國、古印度的孔雀王朝、古代中國的秦、漢帝國等等。統一國家所形成的統一局面、所建立的各種組織制度，諸如法律、軍隊、貨幣、曆法、行省制、公民權、殖民地、官方語言、交通系統等等，均為文明社會各地區、各階層的交往提供了「可溝通性」和「可利用性」，但其真正的受益者卻是內部無產者所創立的統一教會。因此，與其說統一國家是文明社會歷史發展的目的，不如說是一種手段。在隨文明解體而來的社會苦難中，內部無產者發現了諸如基督教、伊斯蘭教、大乘佛教等高

級宗教。由這些高級宗教組成的諸種統一教會是文明社會發展過程中的「蛹」。在從某一文明解體到另一文明萌生之間的危險「間歇時期」，正是統一教會保存了文明的「生命胚種」，使文明的種籽得以遞嬗下去。這好似蝴蝶繁衍過程中的「蛹」。不僅如此，統一教會實質上是更高一級的社會品種。這是因為所有的統一社會與文明社會、原始社會相區別的主要特徵即在於，它們都是唯一真神的一部分。只有它們才能為消除人類的相互傾軋、實現人類的統一局面提供力量，為解決歷史有何意義這一問題提供答案。至於外部無產者組成的好戰集團，湯恩比指出，它們在文明的解體時期，入侵文明社會，摧毀統一國家，造就了曇花一現的「英雄時代」。但這些好戰集團在第一代與第二代文明之間卻產生了「橋樑的作用」。

　　與有關文明生長的研究一樣，繼社會機體分裂的分析之後，湯恩比又以「宏觀世界」的觀察轉入了「微觀世界」的研究。他指出，社會機體的分裂是一種集體的經驗，「其意義在於，它是一種內在精神分裂的外在可見之徵兆。」⑮人類靈魂的分裂才是作為任何外在分裂之基礎的內在分裂。在一個解體的文明社會中，社會成員的靈魂分裂以不同的形式反映在各種行為、情感與生活方式中，諸如「自暴自棄」與「自我克制」、「逃避責任」與「以身殉道」、「流離感」與「罪惡感」、「復古主義」與「未來主義」等等。

　　文明社會的解體時期往往呈現出一種從戰爭到和平、從破壞到創造、從陰到陽的運動現象。整體來看，社會機體的分裂絕非僅僅意味著分裂，而是「分裂與再生」。因而，一個文明社會由生長轉入解體，「創造性的火花並未泯滅」、「創造性的人物相繼興起」。在文明的生長過程中，少數創造者擔負著征服者的任務，以成功的應戰接受挑戰；而在文明的解體過程中，他們要承擔起救世主的使命，以不同的方式挽救無能應戰的社會。在湯恩比看來，諸種救世主中，維護現狀的救世主、復古主義的救世主、未來主義的救世主，以及走向漠不關心道路的救世主都不免敗北，唯有神化的救世主才能創生新的文明。

第二節　宗教信仰與文明形態

相對於湯恩比洋洋五百多萬言、長達十二卷的巨著《歷史研究》來說，前一節的概述似乎有點簡單化了。但這種簡述終歸還是必要的，因為其目的主要在於為後面的討論提供一個不可或缺的整體背景，以使讀者明晰我們將要評述的具體問題在整個文明形態理論體系中所處的地位及意義。

在轉入具體討論問題之前，尚需交待清楚一點：湯恩比在宗教與文化關係問題上持有的一些主要論點，既具有史學研究的嚴謹性又不乏哲學思辨的想像性；再加上他本人文筆優美、善於比擬，往往使某些論點淹沒於大量的史實、象徵與比喻之中，從而帶有了某種「晦澀性」。想必讀者看概述部分已經對此有所印象。但與其他學者相比，湯恩比的難懂之處似乎是另一種晦澀。比如說，某些德國哲學家要是有一種「詩化哲學」的話，那麼湯恩比的歷史哲學不妨看作一種「散文體哲學」。鑒於這一特點，我們在某些問題上便不得不打破「先述不作」的慣例，採用分析的手段，即透過湯恩比所用的一些歷史證據、隱喻命題，特別是一些交叉範疇去辨析文明形態理論的基本觀點。在本節我們就用這種方法來分析湯恩比的「文明類型說」與「文明動力論」。

如前所述，文明形態理論認為，文明社會的結構主要由政治、經濟、文化三個剖面組成，其中文化乃是一個文明社會的精髓，而政治、經濟則是次要的成份。這一結論來自湯恩比對英國歷史的考察。

湯恩比指出，從現代到古代，英國的歷史可以劃分為以下幾個主要時期，工業經濟制度的建立（自1775～1880年開始）；責任制議會政府的建立（自1675～1770年開始）；海外擴張（自1550～1575年開始）；宗教改革（自1525～1550年開始）；文藝復興（自1475～1550年開始）；封建制度的建立（自十一世紀開始）；宗教改革（自六世紀末開始）。先看最後工業經濟制度的建立，如要了解英國的工業革命，既要考慮西歐的經濟狀況，也要

考慮非洲、美洲、俄羅斯、印度和遠東的經濟狀況。當時英國這個文明社會的空間範圍幾乎包括了整個世界。再看責任制議會政府的建立，從經濟方面轉到政治方面，這個文明社會的空間範圍便縮小了。英、法兩國共有的政治規律顯然不適合俄羅斯的羅曼諾夫王朝、土耳其的鄂圖曼王朝和印度斯坦的帖木兒帝國等等。繼而上溯幾個較早的時期，海外擴張不但限於西歐，而且僅限於大西洋沿岸的幾個國家；宗教改革和文藝復興與俄羅斯、土耳其的宗教與文化發展狀況無關；封建制度的建立也與拜占庭和伊斯蘭教國家的封建制度無關。真正值得重視的是英格蘭人改信基督教這一歷史事件把六個孤立的野蠻社會組合成一個新的文明社會，從而使英格蘭因加入這個社會而失去了加入另一個社會的機會。

湯恩比指出，通過上述考察可以得到一種「空間剖視方法」。當運用這種方法去剖視英國歷史的時候，「我們不能不劃分社會生活的一些不同的層面——經濟的、政治的和文化的，因為很顯然，隨著我們把注意力轉向不同的層面，這個社會的空間範圍也會明顯變化。」⑯儘管如今英國所屬的這個文明社會其經濟、政治剖面已經具有世界性的空間範圍，但文化剖面的空間範圍卻是相對穩定的。而且，進一步剖視英國早期歷史，我們可以發現，經濟、政治兩個剖面的空間範圍日趨縮小，逐漸與現今文化剖面的空間範圍相重合。因此，湯恩比以文化為根據，把英國所屬的這個文明社會稱為「西方基督教社會」，又將其他四個現存的同類社會取名為「基督教東正教社會」、「伊斯蘭教社會」、「印度小乘教社會」和「遠東大乘教社會」。以後，他又循此方法，通過比較五個現存文明社會的「親屬關係」，總結出了二十六個文明社會。

在文明形態理論中，「文化」的含義究竟是什麼呢？湯恩比吸取了現代西方文化學、社會學等學科的研究成果，用文化這一範疇來總括一個文明社會所特有的精神活動，並把以宗教信仰為根基的價值體系視為精神活動的標誌。在他看來，作為這種標誌的價值體系，特別是宗教信仰，不但制約著精神活動，而且從根

本上決定著經濟、政治乃至整個文明社會的活動。對於上述觀點，湯恩比曾在與日本著名學者、宗教活動家池田大作的對話中做過明確的解釋。

　　兩人談到文明社會的生機源泉時，湯恩比首先承認，自古以來，創建文明社會的一個基本條件就是生產的剩餘，即能夠生產出超過最低生活需求的物質生活資料。因為只有依靠這些剩餘的物質生活資料，人們才有可能從事經濟以外的活動，諸如政治、軍事、建築、美術、文學、宗教、科學、哲學等等。但從根本上說，生產剩餘畢竟只是一個必要條件，真正使各個文明社會得以形成與發展的生機泉源則是宗教信仰。這無論對具有三千年歷史的埃及文明還是對歷史更悠久的中國文明來說，都是如此。湯恩比舉例說，世界上最古老的兩個文明社會是在埃及和伊拉克形成的。在當時，人們要把荒地變成糧田，要把難以支配的自然環境改造成為適於人類的生存環境，就必須建設大規模的水利設施，必須使社會成員齊心協力，致力於一個遠大的目標。這就表明當時已有社會協作和社會權威，而這種協作性與權威性必定是從領導者與被領導者雙方共有的宗教信仰中產生的。很顯然，唯有以這種社會性的宗教信仰為精神紐帶與精神動力，才有可能形成社會經濟活動，並出現生產剩餘現象。所以說，「文明形態就是其宗教的表達方式」。⑰一旦某個民族對自己的宗教失去了信仰，他們的文明勢必走向衰落，或陷入內部的社會解體，或遭受外部的軍事攻擊，直到最後為一種新的文明所取代。譬如，在埃及文明和古希臘羅馬文明衰落之後，取而代之的是富有生機的基督教文明和伊斯蘭教文明；又如，長期深受儒教統治的古代中國文明從鴉片戰爭以後開始解體，其結果是以共產主義為信仰的新中國文明興起。不難看出，湯恩比以文化作為劃分文明形態的根據，其實也就是以宗教信仰為依據。這即是他所以以宗教信仰來命名諸類文明形態的緣由，同時也是其文明類型說的本質特徵所在。

　　需要進一步點明的是，湯恩比所持有的宗教觀念並非傳統意義上的「信仰主義」，而是一種「泛宗教論」。他所指的宗教信仰不但包括基督教、佛教和伊斯蘭教，還包括近代出現的科學主

義、國家主義和共產主義等等，總之包括古往今來的一切人生信仰。這種泛宗教論傾向在湯恩比的思想發展中有一個從「隱晦」到「明朗化」的過程。要是說這種傾向在《歷史研究》的前六卷中還需要讀者通過大量的論述去慢慢品味的話，那麼在湯恩比的後期著作中可以說是一目瞭然。在《選擇人生》一書中，湯恩比直接把科學主義、國家主義和共產主義看作近代西歐的三大宗教，並以此作為癥結去探討西方文化的現狀與前途。他明確指出：「我所講的宗教就是指一種人生態度，即在宇宙之神祕和人在其中的作用這一些重大問題上，給以精神上的滿意答案，並為人在宇宙的生存提供切實的訓誨，從而使人們能夠克服人之為人所面臨的困難。」⑱而湯恩比在《一個歷史學家的宗教觀念》一書中提出的宗教分類觀點，則更清楚地表達了上述泛宗教論傾向。他說：「據我們所知，處於不同時間與空間中的大量人類社會與社群分別信奉著多種宗教，如果我們著手去通盤考察一下這些宗教，首先留下的一個印象會是：一種令人無從下手的無窮多樣性。然而，若以加思考與分析，這種表面的多樣性就會自行分解，這就是按照人的崇拜與追求方式分為三種對象或目標：自然、人本身和某種絕對實在。這種絕對實在既不是指自然也不是指人，但它卻存在於二者之中，同時又超越於它們。」⑲至於湯恩比為什麼會採取這種泛宗教論觀念，我們可以結合他的文化動力論再加以深入的討論。

　　從第一節的概述中我們已經知道，湯恩比認為文明起源與生長的基本規律是「挑戰與應戰」。在以往的研究中，國內外不少學者強調指出，這就是湯恩比對於文明形態發展動力問題的回答。這種看法不無根據。的確，「挑戰與應戰」是湯恩比描述文明社會歷史進程的一條線索，也是後人把握其整個文明形態理論的關鍵環節。但必須注意，湯恩比的「挑戰與應戰」只是一種象徵性說法，是在他批判文明起源問題研究中長期盛行的兩種傳統方法——「種族論」與「環境論」的基礎上，通過轉向「神話學方法」，再經闡釋《聖經》傳說和《浮士德》主題及其喻意而引發出來的。由此可見這種說法所帶有的文學色彩與象徵意義之濃厚。因此，假若僅限於「挑

戰與應戰」這一規律本身的是非爭議，那只能了解湯恩比文明形態發展動力觀點的表層意義，而無法認識其理論實質。在筆者看來，若要觸及其理論實質，還必須深究湯恩比有關「生命衝動」、「人格」和「心理活動的結構與機能」這些基本範疇的認識。

「生命衝動」是柏格森（Henri Bergson）「生命哲學」的一個基本範疇。在柏格森的生命哲學中，生命衝動是一種生命的過程。但這裡的生命不是指現實的生命，而是一種主觀直覺的心理體驗活動。「生命是心理的東西」⑳，柏格森把這種意義上的生命衝動視為宇宙萬物的基礎和本源。他認為，一切事物，無論是生命還是無生命的，都是生命衝動的產物，現實事物的差異只表明生命衝動的派生方式有別。柏格森反覆強調，生命衝動的過程實際上就是一種任意的、偶發的、自動的創造過程。它不僅不受任何自然規律或理性規律的制約，反之，這些規律恰恰是它的派生物。這樣一來，所謂的「生命衝動創造萬物」就跟「上帝創造萬物」並無二致了。事實上在柏格森的生命哲學中，生命衝動是上帝的別名。他說，上帝「就是不斷的生命、活動、自由。」㉑從湯恩比關於文明生長的論述中，不難看出他不僅借用了柏格森生命哲學的術語，而且承繼了它的精神。正因如此，他一再強調：文明的生長必需一種生命衝動，文明生長的實質就是一種生命力。

那麼，生命衝動的創造性在文明生長的過程中是如何得以現實化或具體化呢？湯恩比認為，這主要借助於「人格」。在論及少數創造者的靈魂於文明生長過程中的作用時，他指出：「這些罕見且超人的靈魂打破原始的人類生活的惡性循環，重新開始了創造工作，我們可以把這些靈魂所具有新的、特殊的性格稱之為人格。只有通過人格的內部發展，少數人才能在行為場所之外，從事那些促使人類社會生長的行為。」㉒在人格心理學的研究中，人格一般是指一個人的整個精神狀態，即在一定的行為模式中體現出來、具有傾向性心理特徵的總和。湯恩比則以人格來概括少數創造者的靈魂特徵，即概括他們所懷有的人生態度、善惡觀念、審美意識、創造意向等等有意識的心理活動。在他看來，這

種人格主要具有以下三種特性：(1)創造性。就人格的作用而言，他極為讚賞柏格森的看法，認為每當這種靈魂在歷史上出現的時候都好像創造了「一個新的、完整的人種」，以致改變了整個文明社會的精神面貌，給文明的生長來了生機。(2)超人性。就人格的載體而言，湯恩比強調，這種靈魂並非常見的而是罕見的，並非凡人皆有的，而是只有那些能夠創造文明生長奇蹟的少數超人才具備的。(3)神祕性。他指出，這種靈魂必須通過「退隱」的方式，直覺某種神祕靈魂才能形成。從上述種種特性來看，湯恩比所講的「人格」顯然與柏格森的「生命衝動」有著密切的邏輯關係，或可說前者即是後者的理論發揮。

湯恩比不僅發揮了柏格森關於生命衝動的思想，而且予以深化。這突出地反映在他對「心理活動的結構與機能」認識上。剛才提到，柏格森的生命衝動是指一種主觀的、直覺的心理體驗活動。湯恩比認為，整個心理活動是由意識與潛意識兩大基本層次構成的。意識不過是精神的表層部分，恰似大部分都沉在水面下冰山的外露部分，而潛意識則是「直覺的泉源」，是詩歌、音樂、藝術等等一切精神活動的泉源，是「靈魂與上帝相交往的通道」。㉓潛意識層又可由上至下依次劃分為個人的潛意識、家族的潛意識、社會的潛意識、種族的潛意識等等分層。儘管近代心理學的研究剛剛起步，但他確信，潛意識的終極層「是跟位於整個宇宙底層的終極之實在相統一的」。這一「終極之實在」就是各種宗教所信奉的「上帝」或「神」。㉔湯恩比就是這樣對作為心理體驗活動的生命衝動進行了層次劃分。

依據上述幾個基本範疇的分析，我們可以得出如下結論：在湯恩比看來，不僅意識活動而且全部心理活動都是以「終極之實在」——「上帝」為本源。所謂心理體驗活動的根本目的就是對上帝的直覺，或者說，「靈魂與上帝相互交往」。因此，在湯恩比的文明形態理論中，「挑戰與應戰」象徵的方法論意義即在於：通過探討外在困境與內在心理的相互關係，以求揭示文明社會生成演變的深層動因。所以，當他講由少數創造者領導的應戰是文明生長的原因時，即是認為有意識、能自決的人格是文明形態發

展的直接動力；而當他講文明的生長必需一種生命衝動，文明生長的實質就是生命力時，其實就是認為，潛意識的終極層——「上帝」是文明形態發展的最終動因。

在上述結論的基礎上，我們可以進一步轉入幾個交叉範疇的分析，以總結湯恩比在宗教信仰與文明形態關係問題上提出的幾個主要觀點。

第一，研究注重作為一種文化心理的宗教信仰與文明形態基本類型的關係。

前已提及，湯恩比是以宗教信仰為依據來劃分諸種文明形態。這一做法實際上內含他對文化心理或文化潛意識與文明形態二者關係的認識。湯恩比認為，當代心理學有關心理結構的研究已經證實：潛意識大致包括「個人的潛意識」和「種族的潛意識」兩個分層。據此他推斷，在這兩個分層之間很可能還存在著一個文明社會所共有的經驗累積起來的「社會的潛意識」，它表現著該文明社會的特有氣質。因而，注意觀察這種意義上的社會潛意識在人類精神活動中留下的印跡，無疑有助於闡明種種不同的文明類型與文明過程。顯然，湯恩比在這裡所講的「社會潛意識」事實上是指「文化心理」或「文化潛意識」。這從湯恩比使用的對等概念中可以進一步得到佐證：「精神」對等於「心理」而「廣義的精神」又對等於「狹義的文化」。

在湯恩比看來，宗教信仰是文化心理或文化潛意識的集中體現。現存的各個高級宗教之所以能夠長期得到廣大群眾的皈依，就在於它們分別是跟各個主要的文化心理類型一一對應，能滿足人們體驗到的情感需要。而文明社會的全部活動，包括政治的、經濟的、文化的，正是通過各個高級宗教所喻示的生活方式來維繫。這樣就比較清楚，湯恩比認為文化心理或文化潛意識標示著文明社會的特有氣質，而作為文化心理或文化潛意識之集中體現的宗教信仰又制約著文明社會的整個活動。所以，他識別文明形態基本類型的研究思路就在於，借助深層心理學的研究成果，首先揭示文化心理或文化潛意識與文明形態的基本關係，然後再以宗教信仰為依據來劃分文明形態的基本類型。

第二，研究注重作為一種「文化習性」的宗教信仰與文明社會發展過程的關係。

這一方面的思想主要反映在湯恩比的人格理論中。我們已經了解，湯恩比以人格來概括文明社會的少數創造者所抱有的人生態度、善惡觀念、審美意識、創造意向等等心理活動的整體特徵。他認為，人格只能認作精神活動的主體，而唯一可以想像的活動範圍就是精神與精神之間的聯繫。所以，湯恩比在論及人格發揮作用的途徑時指出，人格只有通過同社會其他成員的關係才能得到表達和發展。這種關係的主要表現形式是：少數創造者通過神祕的心理直覺獲得人格後，被迫去改造其他的社會成員，即根據自己的神祕人格或宗教信仰把他們改造成為自己的信徒。在此，唯一切實可行的方式就是本能的、機械化的模仿。廣大社會成員經過模仿少數創造者的人格或信仰，可以獲得他們原先沒有的「社會習性」，即特定的信念、思想、情感、能力等等。這樣便形成了推動文明社會向前發展的文化素質。在上述做法中，湯恩比顯然是想通過描述少數創造者的文化心理特徵向廣大社會成員心理活動狀態的轉化，來說明宗教信仰在整個文明社會發展過程中的文化功能。

第三，研究注重處於文化心理分裂狀態的宗教信仰與文明社會變革過程的關係。

在闡述文明的解體問題時，湯恩比指出，在一個解體的文明社會中，社會成員的「靈魂分裂」（指文明解體時期社會成員的文化心理活動）反映在人們的每一種行為、精神和生活方式裡。這時，每一種人類活動的方式都分裂為一對互相對立、彼此衝突的類型，即面對挑戰分化為被動的反應與主動，但這兩種反應方式均缺乏創造力。

比如，在文明解體時期存在著兩種對立的個人行為方式：自暴自棄和自我克制。這兩種方式是創造行為的替代。前者意指「靈魂放鬆自己」，即有意識或無意識地、在理論上或在實踐上奉行「反道德主義」。採取這種方式的人以為，放縱自然的慾望，便會自然而然地從「神祕的女神」那裡重新獲得天賦的創造能力。

反之，後一種反應方式則是指「靈魂控制自己」，以為戰勝自然的慾望才是恢復創造能力的唯一途徑。與此同時，還存在著兩種對立的社會行為方式：逃避責任與以身殉道。它們是模仿行為的替代，是某種生活態度的表現形式。逃避責任者認為，他們以往所追求的事業並不值得努力，因而放棄人生理想。以身殉道者則主張不是為了事業而是為了解脫，才以身殉道。但不管怎樣，上述兩種人都屬於逃避現實者。

再比如，湯恩比還分析兩種對立的個人情感方式：流離感與原罪感。這兩種方式是對社會道德敗壞傾向的反應，都痛苦地意識到要從邪惡的、現行的道德勢力面前逃遁。前者由於認識到自我不能控制環境，因而屈服相信整個宇宙包括自己，都深受一種既非理性又無法征服的外在力量所支配。後者則感到靈魂不能控制自身，不能成為自己的主人，道德的邪惡源於人類的內心。同樣，還有兩種對立的社會情感方式：雜亂感與劃一感。它們是文明生長時期所形成的風格感替代物。儘管兩者的反應方式不同，但都喪失了對形式的敏銳感受。雜亂感是指把自己靈魂投入無所不熔的熔爐之中。它在語言、文學和藝術中表現為「混合性語言」的流行，形式的雷同和風格的混雜；在哲學和宗教中則表現為把各種學說揉為一體的「混合主義」。而劃一感則是以一種風格的喪失作為一個機會，轉而倒向另一種僵化的風格。

此外，湯恩比還剖析了兩對對立的生活方式，即復古主義與未來主義、冷漠與神化，在此不逐一介紹，有興趣的讀者可以參閱《歷史研究》一書的有關章節。總之，湯恩比從行為方式、情感方式和生活方式三個角度，就文明解體時期的文化心理分裂狀況進行了比較系統的分類和考察。這種考察可以看作湯恩比對前兩部分觀點所作的系統反證。

第三節　統一教會與三代文明

湯恩比認為，文明具有歷史繼承性。他曾把這種歷史繼承性形象地喻為「母體文明與子體文明之間的親屬關係」。宗教信仰是

文明社會的生機泉源，因而，母體文明的衰落歸因於舊有宗教的喪失，而子體文明的興起則得助於新興宗教的出現。這種繼承模式典型地反映在第二代文明與第三代文明的交替過程之中。因此湯恩比斷言，在第二代文明與第三代文明之間必定存在著一種高級宗教，而這種高級宗教的社會表現形式就是「統一教會」（Universal churches）。「統一教會之所以存在，其根據在於：在一種人類文明解體到另一種人類文明起源期間，保存著珍貴的生命胚芽渡過這一危險的間歇時期，從而使文明社會之種籽存活下來。教會正是因此而成為文明繁殖系統的一部分，彷彿在蝴蝶繁衍過程中作為卵、蟲和蛹。」㉕

在湯恩比看來，如果研究者們站在二十世紀回溯現存各個文明社會的歷史形成過程，就會發現，在它們的背後事實上都有一個統一教會，而這些現代文明又都是通過各自的統一教會與上一代文明發生歷史繼承的關係。譬如，西方文明是通過基督教教會而跟古希臘文明有著母子關係；遠東文明是通過大乘佛教而跟古代中國文明有著母子關係；印度文明是通過印度教而跟古代印度文明有著繼承關係；至於伊朗文明和阿拉伯文明則是通過伊斯蘭教而跟古代敘利亞文明發生繼承關係等等。這就證實：所有的現代文明都是以統一教會作為各自的「蝶蛹」。

照此觀念概覽前後兩代文明的更替過程，湯恩比把這一過程分為如下三個階段：「受孕」（conception）、「懷胎」（gestation）、「分娩」（parturition）。這三個階段大致相當於舊文明解體時期、兩代文明間歇時期和新文明起源時期。他指出，統一教會一般產生於舊文明解體後出現的歷史動亂時期，其形成則有賴於隨後出現的統一國家的社會組織。因此，第一階段即受孕階段是由於統一教會充分利用世俗環境所提供的有利時機而開始的。這時，世俗環境的一個基本特點就是統一國家停滯不前，原有的社會制度與生活方式失去以往的活力。這是統一國家的必然命運，因為統一國家的主要目的在於相安無事，但隨之而來的卻是貪圖安逸與欲壑難填。在這種情況下，新興的統一教會便成了各種社會制度的主要受惠者。一方面，它積極借助這些制度擴大

自身勢力；另一方面，它又為苦於停滯的世俗社會提供了迫切需要的新觀念、新理想。例如，在古羅馬帝國，基督教征服異教之後，既為思想家們提供新觀念，又為整個社會生活提出新的原則，從而在民眾間喚起了推翻暴君統治、爭取民主政治的巨大熱情。這為一種新型文明的產生開闢了道路。

繼之而來的第二階段——懷胎階段，其主要特徵是統一教會活動領域的進一步擴展。這主要表現在，統一教會把世俗國家無能調動的社會力量吸引過來，使大量在世俗機構中沒有用武之地的社會知名人士投身於宗教事業。這時的教會開始贏得絕大多數社會成員的有力支持，但一般說來這要取決於舊文明社會的解體速度。比如，在古代中國文明的解體過程中，大乘佛教在黃河流域就比長江流域傳播得廣，因為當時黃河流域遭到歐亞游牧部族的踐踏，而這些游牧部族在長江流域則長期受阻。再如，公元四世紀的古希臘世界，各個拉丁地區紛紛皈依基督教，幾乎是和政治中心轉移到君士坦丁堡同步進行的。而伊斯蘭教在古敘利亞文明末期的傳播，以及印度教在古印度末期的傳播，實際上也都具有上述特點。說到這裡，湯恩比借用了伊斯蘭教的一個極有表現力的神話傳說，來喻示統一教會在第二階段的重要作用。他說，這時的教會就好比以牡羊為化身的先知穆罕默德，而信徒們則像伏貼在牡羊皮毛上的扁虱，它們所要達到的目的就是走過一座險橋，這座險似刀刃一般的橋就架在地獄這道深淵上，但它卻是走向天堂的唯一通道。缺乏信仰的人冒險過橋，沒有不落入深淵的；只有那頭牡羊才能帶著那些幸運的扁虱邁著穩定的步伐順利過去。這標誌著懷胎階段的結束暨分娩階段的開始。

到第三階段，統一教會的社會處境則發生了根本變化。在受孕階段，統一教會是得益於統一國家、向母體文明汲取活力；在懷胎階段，它則要抵禦間歇時期的社會動盪，積極擴大活動範圍；而到這時它卻開始把自身的活力注入即將問世的新文明，使自身蘊含的創造力源源不竭地流向世俗社會生活的三大主要渠道——經濟、政治和文化。

首先就經濟方面而言，統一教會在子體文明興起過程中的巨

大作用至今還能從當代西方的經濟行為裡明顯反映出來。迄今為止，西方文明從作為蝶蛹的天主教教會中脫離出來已有二百多年了，但當代西方高度發達的科學技術顯然還是基督教修道院制度的派生物。也就是說，由當代科學技術所構造起來龐大物質建築的心理基礎，就是相信勞動是人類應盡的義務，是具有尊嚴的活動，一言以蔽之，「勞動就是祈禱」（Laborare est orare）。古希臘社會曾把勞動看成奴隸的本份，相對於這一傳統觀念，上述勞動態度的確立無異於一場觀念革命。然而，若不是聖本尼狄克把勞動奉為神聖，恐怕這場觀念變革是不可能實現的。本尼狄克派正是本著這種勞動觀念為整個西方文明的經濟活動打下了農業基礎；爾後西多會（Cistercian Order）在前述基礎上為西方近代工業的發展作了必要的精神準備。

在政治方面，羅馬教皇制度曾經有力地推動西方基督教國家的形成，從而使西方社會既能同時享有區域性國家與統一性國家的利益，又能避免二者的缺陷。這主要表現在，羅馬教皇通過各地教會為獨立國家的各國王舉行加冕儀式，一方面使古希臘文明的政治特性重新獲得生機，另一方面又以超世俗的精神權威有效地控制政治分裂傾向，使世俗政權統一於神聖教權。在印度文明的早期政治生活中，婆羅門教會也發揮過同樣的作用，正像基督教教會曾為克羅維、丕平等國王確立合法性一樣，拉季普特族諸王朝的合法性也得之於婆羅門教會。

在提到統一教會的文化貢獻時，湯恩比舉例說，大乘佛教即使在被排擠出政治領域之後，依然能在文化領域繼續發揮重要作用，這種持久不衰的知識力量實際上根源於原始的佛教哲學。又比如，基督教起初並沒有自己的哲學體系，但它卻能廣泛借鑒古希臘諸多哲學派別的理論術語、特別是亞里士多德的哲學體系來表達與充實自己的信仰，以致到十二世紀便在西方思想領域佔據了統治地位。至於基督教教會在傳授文化知識、推動文學藝術、創建高等學府等等方面所作出的重大貢獻，就更是顯而易見，無庸贅述的了。

總之，統一教會的歷史作用突出地表現於文明社會的更新過

程中。除了這種遞嬗功能比喻為「卵」、「蟲」、「蛹」外，湯恩比有時還稱之為「媒介」或「橋樑」。但他指出，若就歷史上已知所有文明社會之間的繼承關係而論，還應當看到統一教會並不是前後兩代文明發生歷史聯繫的唯一媒介。譬如，古希臘羅馬文明與米諾斯文明之間無疑有著繼承關係，但在米諾斯文明內部迄今還沒有

原始社會
第一代文明社會
第二代文明社會
統一教會
第三代文明社會㉖

發現任何相應的高級宗教或統一教會；又如，在瑪雅社會也曾有過母子文明的更新換代，但在其過渡時期也找不到高級宗教的任何活動跡象；再有，近幾十年剛剛發掘出來的早期印歐文明，在它向古印第安文明轉化期間也沒有形成統一教會。當然，上述這些反證均與當今的學術研究水平有關，或許隨著文化史研究的逐步深入，人們有可能在其他古代文明社會中發掘出高級宗教或統一教會的萌芽。但即使如此也可以肯定，這些處於萌芽狀態的統一教會畢竟還沒有足夠的力量來充當後一代文明的「蝶蛹」。

因此，湯恩比對統一教會與三代文明的相互關係作出了以下幾點總結：(1)在第二代文明，諸如古希臘文明、古敘利亞文明、古印度文明等中間，還沒有任何一個文明社會是以統一教會為胚胎而跟第一代文明發生母子關係的；(2)所有已知的統一教會都是在第二代文明解體過程中借助於統一國家的各種制度發展起來的；(3)儘管在第三代文明中，大多數社會、甚至可以說是所有的社會都已處於衰落或解體狀態，但目前還沒有任何可靠的證據說明第二批統一教會將在這些文明社會中興起。湯恩比把以上三點結論概括為這樣一個人類社會歷史演變模式：

上述觀點在整個文明形態理論中佔有重要的地位。它們對湯恩比來說，不止是縱觀幾千年來人類文明史的結論，同時也是展望人類文明之未來的前提。因此，湯恩比在其主要著作中曾再三重複上述觀點，並自持不住地多次提過，這是他自己許多年來一直相當滿意的一部分研究成果。要是讀者有興趣可去查閱湯恩比

的主要文集《經受著考驗的文明》。在這本書裡，湯恩比幾乎是用相同的語言專門討論「基督教與文明社會的關係問題」，而且還用更簡潔的語言複述上述結論與模式。他說：「我們發現，高級宗教與文明之間的關係，似乎隨著我們論及諸種文明的世代更替而有所不同。我們可以發覺，原始社會和第一代文明之間根本就不存在高級宗教，而在第一代文明和第二代文明之間不是沒有高級宗教，就是只有萌芽。正是在第二代文明與第三代文明之間，某種高級宗教的介入似乎才成為規律，而且只在此才有規律可言。」[27]

第四節　主角、配角或戰車、車輪

根據前兩節的基本觀點，湯恩比作了一個重要的修正。他指出，到目前為止我們所作的歷史考察一直基於以下假設：文明社會是人類歷史的主角，統一教會則是配角。現在我們可以根據前面的討論把這個假設顛倒一下：在歷史進程中也許統一教會才是主角，而文明社會只是配角。湯恩比就此打了一個比方：如果把歷史看作人類的旅程，那麼統一教會好比一輛戰車，而文明社會就是四只車輪。這樣一來，考察與評價諸種文明社會的歷史根據就不在於這些文明自身的命運，而是它們各自對高級宗教或統一教會的歷史作用了。湯恩比指出，這種假設乍看起來似乎有點別出心裁，甚至有些強詞奪理，但它終歸是《聖經》中用過的歷史方法。

從上述假設出發，湯恩比也對文明社會的存在根據重新作了解釋。照他看來，第二代文明的出現，既不是為了進行自我創造也不是為繁殖第三代文明，而是為了給日漸成熟的高級宗教提供走上歷史舞台的機會，因為各種高級宗教的興起實際上都是第二代文明解體的結果。所以，第二代文明的終結雖然從文明的立場來看似乎是一種失敗，但也正是這種終結才能體現出第二代文明的存在價值。同理可證，第一代文明的產生也是出於相同的目的。儘管第一代文明並沒有直接導致高級宗教的誕生，但它們卻

間接地完成了自己的使命，因為它們繁衍了第二代文明，從而為高級宗教的出現作了必要準備。特別是由第一代文明社會的內部無產者培育起來的宗教萌芽，像坦木茲（Tammuz）和伊西塔（Ishtar）崇拜、俄賽里斯（Osiris）和伊希斯（Isis）崇拜等等，隨著文明的更新換代都對高級宗教的形成有所影響。

由此可見，文明社會不外是高級宗教的手段。當車輪推動戰車前進時總有一種旋律，而第一、二代文明社會的興衰成敗也是如此。那麼，為什麼文明車輪的向下運動是宗教戰車的前進手段呢？埃斯庫羅斯（Aeschylus）說：⑳$\pi\acute{a}\theta\epsilon\iota$ $\mu\acute{a}\theta os$（苦難出真知）。上述問題的答案就在於此。宗教是一種精神活動。要是我們抱著對精神生活本質的直覺去感受高級宗教，諸如基督教、大乘佛教、伊斯蘭教和印度教在其鼎盛時期的強烈精神傾向，便不難悟出坦木茲、阿提斯（Attis）、阿寶尼（Adonis）、俄賽里斯等早期神祇所經歷的痛苦，其實就是基督教等高級神祇受難的前兆。

湯恩比指出，基督教就是在古希臘文明衰落後出現的精神痛苦中蓬勃興起的。但這不過是一個歷史故事的結尾。基督教的根源可以追溯到猶太教與拜火教，而這兩大根源又深深地植根於兩個第二代文明──古巴比倫文明和古敘利亞文明的衰落時期。古敘利亞文明衰落時期，諸多城邦久戰不息，而猶太教的發祥地就是其中的兩個城邦──以色列王國和猶太王國。所以說，猶太教的產生也正是古敘利亞社會世俗城邦淪落和政治希望破滅的直接結果。然而，這還不是整個歷史故事的開頭，因為猶太教還有「一條萌生於埃及新王朝崩潰時期的摩西之根」。儘管目前還不清楚歷史上是否確有摩西和亞伯拉罕，但可以肯定有關他們的傳說的確象徵著宗教經驗發展的歷史階段。據以色列人傳說，他們的祖先曾經加入埃及新王朝內部無產者的行列。而在埃及時代以前又是蘇末時代，亞伯拉罕正是蘇末文明的解體時期才深得啟示，決意出走在劫難逃的帝國都城。由此可見，基督教在其精神進步過程中邁出的第一步，跟目前歷史研究所確認的統一國家崩潰的第一個實例不無聯繫。這就說明基督教不但能承受世俗變故，還能從這些災難中汲取靈感、累積力量，逐漸達到精神進步的頂

點。

湯恩比感慨地說：「如果宗教是一輛戰車，那麼它藉以馳往天國的輪子就彷彿是塵世間諸種文明的周期性衰落。看來，諸種文明的運動似乎是循環往復，而宗教的運動是沿著唯一的一條直線不斷上升的。文明的運動呈現出『生──死──生』的周期，而宗教不斷向上運動可能就是由這種周期性運動來推動的。」㉘進一步說，文明的歷史是多元的、往復的，而宗教的歷史卻是一元的、連貫的。這種差異在時間上如此，在空間上也是如此。與二十世紀各個文明社會之間的關係相比，基督教跟同時代的其他三大高級宗教之間的關係顯然要密切得多。基督教和大乘佛教都把神明奉為富有自我犧牲精神的救世主，二者的關係尤為密切。伊斯蘭教與印度教都是在體悟神性的基礎上來確認各自的意義和義務。當然，現存的四種高級宗教之間也存在著分歧。譬如，伊斯蘭教強調神的一元性，而基督教的立場相對而言不是那麼堅定。印度教歷來就把神聖的人格看作獻身的對象，原始佛教的哲學觀念在這一點上卻持否定態度。但儘管如此，這四種高級宗教畢竟是同一題材的四種表現形式。

湯恩比在上述分析的基礎上提出了一個重要的問題。他說，基督教和伊斯蘭教都是從猶太教中衍生出來的，二者的信仰雖然有所不同，但啟示卻是一樣的。問題在於，為什麼共同起源於猶太體系的各個高級宗教之間還會互相排斥、甚至互相抵毀呢？更可悲的是，眼前充分意識到這個問題的人還只是極少數，傳統觀點仍佔據著上風。到目前為止，各個高級宗教都盲目地認為，唯有從自家窗戶透進來的才是神靈之光，而其他姐妹教派，不是還在黑暗之中，就是只能沾點光罷了。各個教派都以上述理由拒斥同宗、否定他方，這就為不可知論者留下了褻瀆神靈的把柄。

這種可悲的結局是否還會無限期地持續下去呢？在湯恩比看來，除非人類自己使用某種新興的技術毀掉這個星球，否則尚處於童年時期的人類社會無疑還會無限延續下去，因而較人類社會更年幼的高級宗教之間的分裂局面肯定不會無止無休的。其最終結局無非有兩種可能性：或是各個宗教或教會從對抗到火拼，直

至同歸於盡；或是整個人類社會將在宗教的統一中得救。湯恩比指出，儘管宗教的統一在目前最多不過是一種嘗試，但我們還是應當對其性質作些思考。真正的宗教分裂源於統一國家的建立。這是因為原始宗教及低級宗教大多都是部落或地方性的宗教，而統一國家的出現則意味著清除了低級宗教的存在根據，為高級宗教提供了爭奪信徒的廣闊戰場。於是，宗教信仰也成就了個人的選擇。早在羅馬帝國時期就曾多次出現過激烈的宗教競爭。但在當代，各種宗教的傳教活動是在同一個戰場——全世界範圍內再次展開爭奪戰的，其結果又將如何？從歷史上看，以往的宗教之爭不外兩種結果：一是某個宗教取得了勝利；一是諸種宗教暫時達成妥協。可是，這兩種結果的差異並不像表面看來那樣明顯，因為取勝的原因往往在於一方吸取了對方的一些主要特性。譬如，在基督教取勝後建立的聖殿中，聖母瑪利亞的身上依稀可見伊希斯等神的形象；基督的神態中也不難看出密特拉（MIthra）等神的雄姿。儘管如此，上述兩種結果之間的差異畢竟還是不可小看，生活在二十世紀西方化世界中的新一代人也絕不可能對自己的前途掉以輕心。

那麼，到底哪一種結局具有較大的可能性呢？湯恩比認為，這要取決於高級宗教所面臨對手的性質。因為從歷史來看，當猶太教派系的高級宗教得勢時，佔上風的便是難容異端的精神；而當古印度宗教的基本觀念處於主流時，奉行的則是「自己生存也讓他人生存」的原則。湯恩比強調，基督教不容異己的強烈傾向，無疑是一種倒退行為，它曾給自身的發展帶來巨大的精神損失。基督教在跟凱薩崇拜的殊死鬥爭中，其勝利就是以這種倒退為代價的。而勝利之後，基督教殉道者們的不妥協精神反倒成了不寬容精神。基督教早期歷史中出現的這種倒退現象，對二十世紀西方化世界的精神前途來說，不能不看作一種不祥的兆頭。早期的基督教教會雖然擊潰過利維坦崇拜，但如今這種崇拜又借助另一種邪惡的形式，即極權主義國家再次抬頭了。這些極權國家利用現代西方的社會組織和技術人才，達到奴役肉體與靈魂的目的，其殘酷程度連舊日暴君也望塵莫及。由此看來，上帝與凱撒

之間的戰爭很有可能在當今西方世界再度爆發。因而，生活在二十世紀的基督教徒們必須充份估計這樣一種可能性：直到目前為止，基督教教會也還沒有從第一次耶和華崇拜的逆境中恢復過來，而征服凱撒崇拜的第二次戰爭，極有可能誘發耶和華崇拜的第二次逆流。問題的關鍵在於，如果他們篤信受難的基督教就是愛之化身，就理應在這一啟示的鼓舞下，從耶和華崇拜或凱撒崇拜的二難選擇中徹底解脫出來，大膽地期望宗教將在一個政治統一的世界中有光明的前途。

讀史有益。湯恩比指出，如果不研究教會的歷史，也就無法判斷宗教的前途。公元四世紀末，當獲勝的基督教教會開始大肆迫害異己勢力時，有一位異教徒憤慨地說過：只走一條路，是絕不可能達到這般偉大的神祕境界。此語表明，這位異教徒實際上要比那些教會迫害者們更接近基督。就接近唯一真神的方式而言，要求人人一樣是不現實的，因為人性本來就是帶有多樣性，而這種多樣性也正是衡量神明創造成果的標尺。照湯恩比看來，「宗教的存在在於使人類靈魂能夠接受神聖之光；假如宗教沒有如實地反映出人間上帝崇拜者的多樣性，也就不可能達到上述目的。根據這種跡象可以推測，由現存的各個高級宗教所提示的生活方式、所呈現的神明聖像，都能證明是跟主要心理類型一一對應的，這些心理類型的顯著特徵正在被這個新人類知識領域的當代開拓者們逐步揭示出來。如果所有這些宗教沒有真正滿足某些廣泛體驗到的人類需要，很難想像它們各自能在那麼長的時間裡贏得多人的信奉。」[24]因此，不應再把各個高級宗教的多樣性視為一種障礙，而應把它們看作人類心靈多樣性的必然結果。

假若以上關於宗教前途問題的認識能夠成立，那就理應重新理解文明社會的目的與意義。只要宗教戰車的運動方向保持不變，文明車輪循環往復的周期性運動就不僅是對立的而且是從屬的。整個來看，第一代文明的衰落曾經誘發了高級宗教的萌芽，第二代文明的衰落則直接導致了四個高級宗教的成熟。那麼，在第三代文明中能否出現新的宗教？湯恩比指出，起碼就現狀而言還沒有任何明顯的跡象，何況現存的四個高級宗教依然充滿活

力。所以，近代西方文明唯一可以想像的存在根據，就是幫助基督教及其三個姊妹宗教，為它們提供信仰合流的世俗場所，以便使它們確信各自的基本信念和終極價值都是一致的，並在此基礎上一起迎接以人間組織自我崇拜這一邪惡形式重新出現的嚴峻挑戰。

總之，諸種高級宗教之所以有可能達成和解，其根據就在於統一教會本身的特徵。「這些教會的顯著標誌就是它們各自都是唯一真神的一部分。」⑳正是這一特徵把統一教會與文明社會、原始社會明顯區分開來，並有可能使統一教會成為一種更高的社會形態。根據湯恩比的觀點，與原始社會或文明社會相比，這種更高一級的社會形態主要具有以下幾個突出的優點：

首先，它為消除人類社會由來已久的傾軋狀態提供了力量。湯恩比指出，人既是一種社會性的動物，又是一種具有自由意志的動物。這兩種因素的結合，便意味著人類社會總是會有意志的衝突。因此，人又是世界上最難對付的動物，人無法不陷於相互傾軋狀態，不和是人類生活中的一大積弊。所以，人類非得經受一番改革的奇蹟，唯其如此靈魂才能具備得救的必要條件。否則人類的意志衝突勢必演化成為自我毀滅的極端手段。時至二十世紀五〇年代，還沒有哪個文明社會能將其社會活動的各個方面擴展到整個世界範圍。雖然世俗化的西方近代文明已在經濟、技術方面取得了某種統一，但在政治或文化上還遠遠沒有做到這一點。從文明社會的整個歷史來看，以往的區域性統一向來是以「軍事上的最後一擊」來實現的。在現代史上，人類經歷過兩次世界大戰的痛苦經驗之後，究竟還有無可能再次採取這種殘酷無情的方式來實現整個世界的政治統一呢？湯恩比認為，目前還很難排除這種可能性。但無論如何，依靠這種粗暴方式是絕對無法真正實現人類的統一。人類統一的唯一希望在於，遵循上帝的統一信念去行動，把統一的世俗社會看作天國的一個省份。湯恩比形容道，天國彷彿是一個開放的社會，而文明就好比是一個封閉的社會，這兩者之間橫著一道精神鴻溝。因此，要越過這道鴻溝、要實現人類統一，就必須經歷一場深刻的改革，以求完成一種精

神上的飛躍。「如果沒有上帝的參與，就不可能有人類的統一。」③

其次，它為解決人類歷史有無意義的問題提供了答案。湯恩比指出，人作為一種社會性的動物，總是會為帶有悲劇色彩的難題所困惑。這就是：個體想要完成社會行為的時空範圍，總是遠遠超出他在世間生活的時間限度。而且，在一個沒有上帝參與的世俗社會裡，一個人越是出於社會道德的要求而盡職盡責、積極行動，上述難題便會越突出、越帶有悲劇色彩。因此，如果僅僅從個體的立場來看，歷史的確有點像「愚人的故事」。然而，要是能從歷史進程中真切感受到唯一真神的巨大作用，這個表面看來毫無價值的故事就不乏精神意義了。所以當文明社會暫且作為一個可以理解的歷史研究範圍時，天國便是唯一可取的道德活動範圍，它通過各種高級宗教把「上帝之城」的市民資格給予了人類靈魂。這樣，當人類在塵世間自願充當上帝的助手時，上帝對世俗生活的影響就使得原先缺乏價值的社會行為充滿了神聖的意義，同時也使個體由於參與歷史而引起的困惑得到了充足的補償。

最後，只有在這種更高一級的社會形態中才有可能避免模仿行為的危險性。前面提到，湯恩比認為文明生長的基本途徑就是少數創造者設法把廣大社會成員改造成為自己的信徒，即模仿自己的行為。但這種模仿本質上是一種原始的或本能的行為，不免帶有軍事性或機械性。因此，這種模仿行為既可以促進文明的生長，也可能導致文明的解體，這正是文明社會結構的一大天生缺陷。因為，模仿短命的凡人——即便如同上帝一樣完善，也難免叫人失望，而一心模仿上帝則永遠不會出現類似的情形。在湯恩比那裡，所謂模仿上帝就是指人類精神與終極實在的相互交流。他公然承認這種觀點是一種「護神論」，但同時他也深信，這是能夠引導人類避免文明社會解體悲劇的「護神論」。

第五節　一場衝突、兩種眞理

　　如果說前幾節的分析重點一直放在湯恩比的歷史本體論，我們在這裡著重考察的則是他的歷史認識論，尤其是歷史眞理觀。湯恩比關於歷史眞理的認識主要是從反省情感與理智的歷史衝突引發出來的。

　　湯恩比指出，現存的各個高級宗教目前都面臨著情感與理智的激烈衝突，而它們的前途也在相當大的程度上取決於如何認識、如何解決這場重大衝突。顯然，解決衝突的前提首先在於認識衝突的根源。在湯恩比看來，這場衝突雖然直接起因於近代西方科學對各個高級宗教的巨大衝擊，但其根本原因卻在宗教內部。時至現代，各個高級宗教所信守的仍舊是一整套古老的傳統，這些傳統無論從什麼角度來看均已落後於時代。因此，對各種高級宗教來說，即使不出現近代科學的嚴峻挑戰，這場衝突也是不可避免的，更何況這種衝突在歷史上不是沒有先例。在此之前，宗教信仰與唯理主義的兩大衝突至少有過兩次。

　　其中，較晚的一次衝突是指現存的四個高級宗教在早期階段跟古代哲學的碰撞。古代哲學是以世俗的唯理主義為特徵。而當各個高級宗教興起時，這種以唯理主義為特徵的哲學派別事實上已經在絕大多數傳教地區的知識階層中佔據了精神統治地位。在這種情況下，各個高級宗教不僅無力拒斥而且還不得不吸收古代世俗哲學。所以，這場衝突必然以高級宗教向唯理主義妥協而告終，而各個高級宗教現有的正統神學體系也正是這種妥協的結果。譬如，基督教和伊斯蘭教是以古希臘哲學語言來表達各自的神學體系；印度教的神學體系則借用了古印度哲學的基本術語；而大乘佛教原先就是從古印度哲學的一個學派演變過來，同時又保留了原有的哲學性質。至於最早的衝突，可以追溯到古代哲學的形成時期。在歷史上，諸種古代哲學體系的興起所引發的是一場生機勃勃的理智運動，其發展勢頭決不亞於近代西方科學。這便引起了古代哲學與原始宗教的衝突。比如，古希臘哲學與古希

臘文明中保留下來的原始宗教的衝突，古印度哲學與古印度文明所繼承下來的宗教因素的衝突等等。顯然，這場衝突也是以雙方和解而結束的。

乍看起來，以上兩個先例的確叫人寬慰。如果宗教信仰與唯理主義先後經歷兩次衝突還能同時並存，這豈不意味著眼前的衝突也會有個不壞的結果嗎？但湯恩比認為並非如此。其主要理由是：在第一次衝突中，還沒有產生現在所面臨的問題；而在第二次衝突中，這個問題又因衝突雙方找到了一種適宜的緩和辦法而被遺留下來；但這個歷史遺留的問題對二十世紀文明社會來說卻是一個亟待解決的難題。

具體些說，當古代哲學與原始宗教二者相遇時，並不會引起理智與情感的衝突，因為二者之間還沒有形成誘發衝突的共同基礎。原始宗教就其本質而言主要不是信念，而是行動。也就是說，判斷一個教徒的標準主要不在其是否接受信條，而在其是否參加祭祀。對原始宗教來說，祭祀本身就是目的，至於儀式能否轉達真理則是不多加考慮的。人們相信，正確的儀式必然產生實際的效果，否則儀式就是沒有意義的。因此，當世俗哲學家出現在原始宗教的社會背景中，以理智的語言來討論現實生活的真假時，只要他們信守祖傳的儀式便不會跟原始宗教發生矛盾。況且，在早期的哲學中並沒有任何觀念有礙於他們遵守原始宗教儀式，正如傳統儀式中也沒有任何因素與古代哲學勢不兩立。但到高級宗教陸續登上歷史舞台之後，情形就不大一樣了。所有的高級宗教區別於原始宗教的本質特點即在於，它們的信仰無一不是基於「先知啟示」的；這些啟示像哲學命題一樣也是用來說明事實、衡量真假的。從此以後，也就有了兩種真理——「啟示的真理」與「理智的真理」；相應於此，也就有了兩個權威——「先知們的啟示」與「哲學家的理智」。這兩大權威又都力圖控制整個精神活動領域，於是情感與理智再也不能像以前那樣並行不悖、相安無事了，真理成了雙方論爭的戰場。在這種新情況下，敵對雙方在真理問題上的尖銳衝突不外兩種結局，不是達成妥協，就是彼此一決勝負。這就是湯恩比前面所指的「問題」。

湯恩比指出，在第二次情感與理智的衝突中，敵對雙方的主要代表是：基督教、伊斯蘭教、佛教和印度教所堅信的先知啟示，與古希臘哲學和古印度哲學的思想體系。結果，這兩股勢力通過碰撞實現了和解。古代哲學默默中止對先知啟示的理性批判，其妥協條件是取得各個高級宗教的承認，以詭辯學派的哲學語言來闡釋這些啟示。毋庸置疑，這在歷史上是一次真誠的和解。但真誠的和解並不等於真正解決問題。這是因為兩種真理的對立是一場真正的衝突，而借用新的神學語言來調解這場衝突只能達到一種字面上的妥協，其結果是真理本身的歧義性依然如同原先一樣含混，因而上述和解在實質上無異於一種虛假的和解。問題就是這樣遺留下來的。所以，對當前的衝突來說，歷史上的第二次和解不僅不是一種解決問題的辦法，反倒是一種障礙，因為它遲早會使這場衝突以更尖銳的形式再次爆發出來。在湯恩比看來，眼前的情形就是如此。

　　面對一種由冒牌的科學真理構成的神學體系，科學家們總不能耐著性子不加以指責；而一旦把理智的語言納入神學體系，基督教教會則禁不住要獨攬知識的權力。因此，等到近代科學從十七世紀起逐漸脫離古希臘哲學的龐雜體系，形成新的知識領域時，羅馬天主教會的第一個反應就是頒布禁令，嚴禁西方學術界攻擊古希臘哲學。這方面的一個典型事例就是當時的教會把地球中心說看作一種信條，而把伽俐略的新學說視為冒犯神靈。到二十世紀五〇年代，近代科學與高級宗教二者之間的激烈衝突已有三百多年。在這期間，統一教會一直眼睜睜地看著自己的地盤被近代科學一塊塊地奪去，像天文學、宇宙學、生物學、物理學、心理學等等，而且這種勢頭至今方興未艾。但總體來看，教會當局的強硬立場還是頑固不化，還是把自己的希望寄托於不妥協的策略之上。例如，第一屆梵蒂岡公會會議通過的「教皇永無謬誤」宣言，北美新教教會所主張的原教旨主義，以及伊斯蘭教中出現的軍事復古主義等等。然而，上述強硬立場絕非強大的標誌，而是衰弱的徵兆。

　　在湯恩比看來，各種高級宗教在近代科學的猛烈衝擊下日漸

衰退，逐步喪失了人類的信賴，這的確是一種不祥的兆頭。歷史證實，人類陷入精神絕望的時候正是深感宗教飢渴之時。也就是說，每當此時人們一般是從宗教信仰中尋求精神慰藉的。因此，一旦高級宗教被迫退出歷史舞台，低級宗教馬上就會佔據這塊地盤。在當今，法西斯主義、國家主義等等新興的世俗意識形態已經爭得了大量信徒。更嚴重的是，在標榜民主的西方世界，儘管有六分之五的人自稱信奉基督教，但實際上其中超過八成的人所信奉的是冠以愛國主義美名的原始社團崇拜。除此之外，整個世界人口中還有四分之三的人生活於原始狀態，他們隨著西方世俗文明的擴張正在逐步加入西方內部無產者的行列。根據以往的歷史經驗，這部分人所沿襲的原始宗教習俗，很有可能入侵西方原有文明程度較高的無產者們的空虛心靈。

因此，要是當代科學真能壓倒高級宗教，這對雙方來說都是一種不幸的結局，「因為理智與宗教均是人性的一種本質機能」。㉜從這場衝突出現到第一次世界大戰爆發，這二百多年間西方科學家們一直抱有這樣一種天真的信念：以為科學技術是近代西方社會相對繁榮的頭號功臣，以為只要不斷有所發明便能確保人類生活日臻美滿。毫無疑問，目前上述天真信念早已在兩次世界大戰的熊熊炮火中化為雲煙了。

湯恩比指出，對於人來說，科學賦予人類支配外部自然的能力，其重要程度遠遠不及人們跟自身、同胞、上帝的關係。假若人類祖先並沒有使自己成為社會動物的天賦能力，假若原始社群沒有充份發展這種能力乃至最後形成科學知識的必要條件，恐怕人類的理智永遠也不可能獲得成為萬物之靈的歷史機遇。這就是說，科學技術的重要性並不在於其自身，而在於科學的進步能夠促使人們意識到道德問題，並積極解決這些問題。事實上，近代科學的發展也曾向人類提出一些異常重要的道德問題，但科學本身並沒有能力解決這些問題。其原因在於，「人必須解答的那些最重要的問題都是科學說不出所以然的問題」。㉝換句話說，科學與宗教所追求的實際上是兩種不同的真理，即「理智的真理」與「情感的真理」。因此，就眼前這場衝突而言，「除非人們認識

到，同一個字眼『真理』，在哲學家、科學家的用法中和先知們的用法中並不是指相同的實在，而是一個用來表述兩種不同經驗形式的同形異義詞，否則就不可能找到真正的解決辦法。」㉞湯恩比認為，只要意識到真理概念的上述特點，各個高級宗教就該清楚自己在眼前這場衝突中必須做些什麼了。凡是屬於理智範圍的，包括歷史上屬於宗教範圍的研究領域，宗教均要讓位於科學。宗教一攬各個知識領域的大權，這在歷史上只是一個偶然的事實。因而，目前放棄這些權力不僅不是什麼損失，反而還是一種收穫。宗教活動的原本目的不在管理知識領域，而在於引導人們去敬仰上帝，去實現人神交往。

湯恩比根據以上分析進一步指出，如果衝突雙方——科學與宗教都能採取明智的姿態，並把各自的信念擺在適當的位置，無疑會形成一種有利於消除衝突的和解氣氛。但氣氛終歸不能代替行動。所以若想真正實現和解，衝突雙方還需要吸取歷史教訓，積極採取相應的措施。在情感與理智的前兩次碰撞中，雙方都是以一種虛假的行動來緩解衝突，即用哲學語言來表達宗教儀式或神學體系。這種行動之所以不真實，就在於它從根本上誤解了兩種真理的本質區別，以為理智的語言可以用來系統表述啟示的真理。因而，要是在拋棄古典神學體系的同時，又以西方近代科學的語言概念來重新構造一種新的神學體系，這無異於故技重演。退一步說，即便這種做法有可能成為一門絕妙的藝術，其結果肯定也是短命的。很顯然，一種充滿科學語言的神學體系與一種充滿哲學語言的神學體系並無本質區別，二者都是難以令人滿意的。事實上，後者對於現存的四大高級宗教來說已經成為一種不堪承受的歷史負擔。而那種充滿科學語言的新神學體系之所以也不令人滿意、不長命，關鍵就在於：理智的語言壓根就無法如實表達心靈的見地。更何況，理智的一個基本特徵就是不斷地改變自身的根據、修正以往的結論。

那麼，目前處於衝突之中的科學與宗教究竟應該如何行動呢？二者能否通過共同努力而開創出一條更有希望的前進道路呢？湯恩比指出，近些年來由於高能物理學等前列學科的長足進

步，西方社會對自然科學的盲目崇拜愈加狂熱了。但根據他的看法，人類征服外部自然的能力長進一哩，恐怕也不如人類認識自我、認識上帝的能力提高一吋那樣重要。因此，二十世紀人類所取得的最大成就首推深層心理學研究，其重要意義就在於為人性研究開拓了一方新天地。西方科學精神突然闖入深層心理研究領域，在很大程度上可以看作兩次世界大戰的一個直接後果。也就是說，西方的理智正是通過反省兩次世界大戰所提供的史無前例的「臨床經驗」，才真切感受到潛意識在整個人類精神活動中的深度。相對於意識而言，潛意識可以化作嬰幼兒或野蠻人；但另一方面，它又比意識更樸實、更聰慧、更機敏。因而，潛意識是造物主的一件完美的作品，或者說是造物主的寄身之處。深層心理研究的上述重大發現的確為西方心靈提供了一次新的機會。牢牢抓住這次機會便會進一步接近上帝。相反，如果只是把潛意識作為一個新的偶像崇拜，則會在人類與上帝之間又添一重屏障。

湯恩比認為，如果現代科學和高級宗教真想齊心協力深入理解上帝的造物——變幻莫測的人類精神，那就不該放棄這次難得的機會。「是潛意識而並非理智，才是人藉以進行其精神生活的器官。」⑤因此，探討潛意識確實可以稱為一次富有魅力的精神歷險。而這種精神歷險的目的，首先就是洞察情感的各種功能，因為情感有著理智所無法解釋的根據；其次還要探究理智的真理與情感的真理二者之間的本質差異，即相信二者在各自的範圍內皆為真理；最後則是努力發掘上述兩種真理得以立足的「同一塊基石」，即「親眼目睹居住於精神世界最深處上帝的真面目」。若能達到上述目的，衝突的雙方即會發現：理智與情感或意識與潛意識實質上都是上帝的造物。二者各有其特定的活動範圍與精神功能，因而科學與宗教本來就不該互相干涉、彼此誹謗。這便是湯恩比通過反省一場衝突而引發出來的真理二元論。

第六節　湯恩比方法論批判

通過前幾節的總體概述與具體分析，我們已經看到，湯恩比

的文明形態理論堪稱一個內容豐富、論證縝密的歷史哲學體系。這個龐大的理論體系既注意概括當代西方社會的主要問題，同時又注意吸取現代人文科學研究的基本成果，像生命哲學、歷史哲學、社會學、神話學、深層心理學等等，並在此基礎上提出了一套比較完整的「文明社會形態學說」。而在這之中宗教文化研究又佔有相當大的比重，甚至可以說是構成湯恩比整個文明形態理論的「重頭戲」。

社會形態問題歷來就是歷史哲學研究中的重大課題。文明形態理論就此而闡發的一整套學說，使我們有比較充份的理由把湯恩比和馬克思放在一起，進行一次總體性的研究比較，以便為具體評價前者的研究進展提供一種歷史的尺度。首先需要說明，這裡的總體性比較主要是指一種方法論的比較。當然，即便這種方法論比較也不可能、同時也沒有必要包羅萬象、面面俱到。所以，下面將要進行的方法論比較主要是圍繞著兩個問題展開的：「社會形態的基本結構」和「社會形態的發展動力」。照筆者看來，這兩個問題是社會形態理論研究中的兩大基本問題。「社會形態的基本結構」主要包含兩方面的內容：(1)人類社會具有哪些基本層次？(2)這些基本層次之間的內在聯繫如何？所謂「社會形態的發展動力」是指社會結構的基本層次在現實歷史活動中所發揮推動社會形態運動、變化、發展的功能。在上述意義上，可以這樣表達兩大基本問題之間的邏輯關係：就理論探究的角度而言，前者從橫斷面闡明了人類社會的構成，後者則從縱剖面揭示了人類社會的運動；就體系建構的角度而言，前者是任何社會形態理論的抽象邏輯前提，後者是具體的邏輯延伸。兩者從抽象到具體的邏輯推演過程，反映了關於人類社會的基本認識。因此，如果我們借助一種歷史的比較，進一步評述湯恩比在上述兩大基本問題上的主要觀點，就有可能提綱挈領地把握整個文明形態理論的實質，並從根本上去討論湯恩比宗教文化研究的得失。

如前所述，湯恩比認為文明社會的基本結構主要由政治、經濟和文化三個剖面組成，而他用以識別這種結構的基本依據實際上就是宗教信仰。那麼，其方法論根據又在哪裡？湯恩比在談到

自己的研究方法時再三強調，他所採用的是經驗主義或實證主義的方法，即首先分析、比較大量實證的、具體的史料，然後再從中引出一般性的結論。其實不然。湯恩比的文明社會結構觀點直接得之於「空間剖視方法」。所謂的「空間剖視方法」大致包括以下幾個邏輯環節：(1)考察英國歷史的主要章節；(2)比較文明社會三個剖面空間範圍的演變；(3)以文化或宗教為依據劃分文明形態。按筆者的理解，這裡所概括的英國歷史的主要章節並非純粹的「實證材料」或「具體史料」，而是摻雜著湯恩比個人的史學觀念。不言而喻，對於某一歷史過程的概括是主觀認識的產物，認識方法的差異自然會導致於同一歷史過程的不同理解。此外，湯恩比所指出文明社會的三個剖面及其空間範圍的演變，是客觀的事實。但問題的實質在於，究竟應當從什麼前提下如實說明三者的內在聯繫。「空間剖視方法」的主旨在於，從絕對變化的社會活動領域中劃分出某一相對穩定的領域，隨後再以主導這一活動領域的某種精神範疇，即宗教信念為前提去解釋整個文明社會的結構。

當著手評價上述研究方法的時候，我們可以簡略回顧一下十九世紀四〇年代所發生的那場具有劃時代意義的歷史哲學革命。那場革命的實質就是歷史哲學研究方法的根本變革。唯物史觀創立之前，歷史哲學領域中盛行已久的唯心史觀在德國近代哲學的諸多派別裡達到了極其完備的形式。它們的共同特徵在於，固執社會意識決定社會存在的方法論原則，以諸如「絕對精神」、「自我意識」、「抽象的人」等等思辨的精神範疇為前提，解釋社會歷史過程、構造歷史哲學體系。面對這種狀況，馬克思和恩格斯敏銳地指出：「我們首先應當確定一切人類生存的第一個前提，也就是一切歷史的第一個前提」，這個前提就是：人們為了能夠創造歷史，首先必須能夠生活，必須從事物質生活的生產。「任何歷史觀的第一件事情就是必須注意上述基本事實的全部意義和全部範圍。」㊱

考察「上述基本事實的全部範圍」，馬克思和恩格斯發現，它包括社會活動原始共存的四個基本方面，即物質生活資料的生

產、再生產、人口的生產、以及物質生產的雙重關係——自然關係與社會關係。前三個方面組成物質生產，它們是人類歷史發端與發展的基本條件；第四個方面則是物質生產固有本質的反映，在物質生產活動中，人與自然的關係表現為人們所達到的生產力，人與社會的關係則表現為人們所擁有的生產關係。在這雙重關係中，人與自然的關係較人為社會的關係更為基本，人們所達到的生產力水平決定著生產關係的狀況。

分析「上述基本事實的全部意義」，馬克思和恩格斯指出，物質生產固有的「雙重關係」表明：在人類歷史之初，人們之間就存在著「物質的聯繫」，「這種聯繫是由需要和生產方式決定的，它的歷史和人的歷史一樣長久；這種聯繫不斷採取新的形式，因而呈現出『歷史』，它完全不需要把人們聯合起來的任何政治的或宗教的囈語存在。」[⑳] 這也就是說，遠在政治、宗教出現之前，人類的歷史就已植根於物質生產活動而發端。所以，作為人類歷史之發源地與基礎的物質資料生產活動理應成為歷史哲學的出發點和前提，並應當把整個人類歷史進程同生產力與生產關係的發展過程聯繫起來加以探討。這樣，馬克思和恩格斯就一反傳統方法，初步確立了社會存在決定社會意識的基本原則；也正是本著這一基本原則，馬克思和恩格斯第一次深刻地論述了社會結構問題。

對於目前研討的方法論問題來說，回顧這場歷史哲學革命的某些片斷給我們帶來的理論啟示主要有這樣幾點：

第一，社會結構的探討必須貫穿歷史主義的方法。馬克思和恩格斯所創立的唯物史觀本質上是一種歷史主義的方法。它的基本思想在於：人類歷史從哪裡發端，邏輯思維也就從哪裡開始；人類歷史如何發展，邏輯思維也就如何推演。因而，在社會結構問題的研究中，馬克思和恩格斯首先把物質生產活動確立為理論前提，進而以它為主線去探討社會結構的發生與形成。而湯恩比的「空間剖視方法」則是一種非歷史主義的方法。不論他為這種方法冠以何種名稱、賦予何種含義，都無法掩飾它與西方歷史哲學中由來已久的唯心史觀方法的本質聯繫。這就是：不是站在現

實歷史的基礎上，而是在某個時代中尋找某種抽象的範疇；不是從物質實踐出發來解釋思想觀念，而是從思想觀念出發去解釋物質實踐。正像馬克思當年把黑格爾、鮑威爾、費爾巴哈等人譏諷為「沒有任何前提的德國人」，斷定他們從來沒有為人類歷史提供世俗的基礎，湯恩比也是如此。我們認為，這正是湯恩比的社會結構觀點在方法論上的重大失誤之處。

第二，社會結構的邏輯必須符合社會結構的歷史。運用歷史主義的方法考察人類歷史，必然發現社會結構是一個歷史發生的整體。依據這一事實，馬克思、恩格斯自下而上地劃分了社會結構的三大基本層次：生產力、生產關係和上層建築。其中，位於結構底層的生產力，最終決定著整個結構的發生與形成。生產關係則是溝通生產力和上層建築的中介層次，它一方面取決於且反作用於生產力，另一方面又決定著且受制於上層建築。上層建築之所以處於結構的最高層次，不僅因為它是生產力和生產關係的產物，而且只有通過對生產關係的能動作用，它才能影響整個結構的發展。這樣，馬克思和恩格斯便在歷史與邏輯辯證統一的意義上，科學地描述社會結構的概貌，深刻地指出社會結構是一個以生產力為根基、交互作用的、歷史發生的整體。正如不考察人類的起源就無法認識人類的本質一樣，對於社會結構的認識也是如此。湯恩比的「空間剖視方法」人為地割斷了歷史，這就難免囿於社會活動的表象，誤把政治、經濟、文化這些社會活動的外在形式看作社會活動的內在結構。況且，湯恩比所講的社會結構的基本層次之間也不存在內在交互的聯繫。在他看來，唯獨文化或宗教制約著整個結構的發生與形成，而政治、經濟方面的變化與文化、宗教、甚至整個結構並無本質的、規律性的聯繫。面對這樣一個既無歷史性又無交互作用的社會結構，人們很難肯定它是一個真實的結構。

第三，社會結構的劃分必須依據社會結構的實質。通過再現社會結構的歷史，可以察覺社會結構實質上就是一個生產關係的結構。處於中介層次的生產關係，既直接體現著生產力的水平又直接決定著上層建築的性質，它構成了全部社會活動的基礎。所

以，馬克思把生產關係作為劃分社會形態的主要依據。他指出：「生產關係總合起來就構成所謂社會關係，構成所謂社會，而且是構成為處於一定歷史發展階段上的社會、具有獨特特徵的社會。古代社會、封建社會和資本主義社會都是這樣生產關係的總和，而其中每一個生產關係的總和又同時標誌著人類歷史發展中的一個特殊階段。」㊳既然湯恩比斷言文化或宗教的發展與政治、經濟活動沒有內在聯繫，而他又以文化或宗教為依據劃分文明形態，這就引出了兩個問題：這種意義上的文化或宗教能否歷史地反映文明社會結構的實質？能否歷史地說明諸類文明形態的政治、經濟特徵呢？我們以為不能。

在轉入討論湯恩比關於文明形態發展動力的觀點時，首先有必要澄清一個基本概念，這就是：何為社會形態的發展動力？我們在前面已經指出，社會形態的發展動力就是指社會結構的基本層次，在現實歷史活動中所發揮推動社會形態運動、變化、發展的功能。如果這一界說能夠成立，那麼自然會得到以下結論：社會結構是多層次，且各層次是多因素的，因而社會形態的發展動力必然表現為「多因性的」；社會結構的各層次及各層次的諸要素之間具有內在的、交互的聯繫，因而多因性的動力在交互作用中必然匯成一股「合力」，正是這樣一股合力從整體上制約著社會形態發展的方向與速度。

在唯物史觀的創立與發展過程中，馬克思和恩格斯曾就社會形態的發展動力問題進行廣泛而深入的探討。在此，我們首先通過一個範例來分析他們的研究方法。生產力是社會結構的一個基本層次。在考察資本主義社會的生產力問題時，馬克思指出：「生產力的這種發展，歸根到底總是來源於發揮著作用的勞動社會性質、來源於社會內部的分工、來源於智力勞動、特別是自然科學的發展。」㊴他還更為詳細地分析道：「勞動的社會力量日益改進，這種改進是由以下各種因素引起的，即大規模的生產，資本的集中，勞動的聯合、分工、機器、生產方法的改良、化學及其自然因素的應用，靠利用交通和運輸工具而達到時間和空間的縮短，以及其他各種發明。」㊵由此可見，馬克思不僅從生產力

的構成因素──勞動者、勞動對象和勞動資料本身，而且還從生產力和生產關係的相互作用中，具體地揭示了資本主義生產力發展的多因性。我們認為，一方面注重全面考察某一層次的種種動因，另一方面又注重把某一層次的諸種動因置於整個社會結構之中加以研究，兩方面相輔而行，這就是馬克思和恩格斯在社會形態發展動力問題上所持有的基本研究方法──「整體性原則」。概覽馬克思、恩格斯的眾多著述，這一方法論原則實際上貫通於他們有關社會結構其他層次的探討之中。他們力求闡明社會結構的基本層次、各個層次的諸多因素、以及它們之間錯綜複雜的交互作用，都對整個社會形態的發展起著或強或弱、或直接或間接的推動作用。

那麼，究竟應當怎樣認識社會結構基本層次之間合力的基本運動規律呢？這便要深入考察社會及構成各個基本層次的功能特點。馬克思指出，在現實的歷史活動中，生產力的主要功能特點是「連續性」。這是因為歷史的每一階段都遇到前一代傳給後一代一定數量的生產力總和。儘管這些生產力的總和每每都為新的一代所改變，但它們還是預先規定好新一代人的生活條件，使其得到一定的發展、具有特殊的性質。因此，「單是由於後來的每一代人所得到的生產力都是前一代人已經取得而被他們當做原料來為新生產服務這一事實，就形成人們歷史中的聯繫、形成人類的歷史。」⑪這就是說，人類的歷史首先是物質生產活動發展的歷史。在這一活動中，體現人與自然關係的生產力並不為某一人類世代、某一社會形態所專有，而是為整個人類社會所共有。它不會隨著人類世代或社會形態的更替而消失，而是依次傳遞、日趨進步，既成為每一人類世代得以生存的基本條件，又構成整個人類歷史得以延續的基本聯繫。因此，「連續性」的生產力決定著生產關係並歸根到底決定著整個上層建築，它是社會形態發展的原動力。

相對於生產力而言，生產關係的主要功能特點則是「暫時性」。反映人與社會關係的生產關係是生產力藉以存在與發展的社會形式，它必須適應並服務於一定的生產力。由於生產力總是不

斷變化、不斷提高，所以每當一種生產關係由新變舊、由先進變落後，以致不再適應已改善的生產力狀況時，就會被新的生產關係所取代。這就呈現出歷史上一種生產關係向另一種生產關係循序遞進的運動情形。正如馬克思所說：「人們藉以進行生產、消費和交換的經濟形式是暫時的和歷史的形式。隨著新生產力的獲得，人們便改變自己的生產方式，而隨著生產方式的改變，他們便改變所有特定生產方式必然關係的經濟關係。」⑫同時，「暫時性」的生產關係構成了上層建築的現實基礎，標誌著處於一定歷史階段、具有獨特特徵的社會形態。

在現實的歷史活動中，上層建築的主要功能特點是「能動性」。馬克思、恩格斯認為，物質生產活動的發展固然具有不以人的意志為轉移的客觀規律，但歷史畢竟是由人創造的，物質生產活動必須通過人有意識的活動，即藉助上層建築的作用來為自己開闢道路。因此，受制於生產關係的上層建築又具有能動性。在社會形態的發展過程中，上層建築的特定功能就是能動地為屬己的生產關係服務，充當實現某種經濟目的或物質利益的工具。一般來說，上層建築的基本功能可分為兩種情形：或加速物質生產活動的發展，或阻礙物質生產活動的發展。這主要取決於它所服務的生產關係性質。因而，上層建築的能動作用隨生產關係的質變而即刻易向，隨生產關係的更替而逐漸喪失。正因具有「能動性」的上層建築體現著人的意識活動與意識作用，所以它是社會形態發展過程中的一種不可漠視的直接動力。

通過上述考察可以看出，社會形態的發展過程實際上就是社會結構的基本層次之間，由適合到不適合再到新的適合的矛盾運動過程。其中，生產關係一定要適合生產力的狀況、上層建築一定要適合生產關係的狀況，即是推動社會形態發展合力的基本運動規律。「連續性」的生產力是低級向高級發展的，所以由它引起的生產關係以致整個社會形態的發展也必然表現為從低級向高級的前進運動。馬克思和恩格斯的上述研究成果對於認識社會形態發展過程的本質具有極其重大的意義。它證實：儘管社會形態的發展與自然事物的發展有著明顯的差異，表面看來歷史活動的

主體——所抱有的動機不僅是有意識、有目的的，而且是相矛盾、相衝突的，但所有這些動機都源於現實的物質生活條件，都深受以生產力為原動力的客觀規律的支配。因此，社會形態的發展也和自然界的發展一樣，本質上是一種客觀的、必然的歷史過程。

與馬克思、恩格斯的研究相比，不能不說湯恩比把複雜的、多因性的社會形態發展動力看得過於簡單了。誠然，湯恩比較以往的歷史哲學研究更深一步，富有啟發性地劃分了意識與潛意識兩個動力層次，但這兩個層次終歸同屬精神動力的範疇，何況他的研究方法也並未超出唯心主義的一元論。這就使他因偏重精神動力的作用而漠視其他多種動力的存在。例如，湯恩比把經濟活動在文明社會發展過程中的功能主要歸結為「技術進步」的作用。他在論述「文明生長的標準問題」時指出，用「技術進步」來衡量文明的生長，這是研究文明生長問題的「兩條迷徑」之一。因為我們可以列舉大量的事實來證明：技術進步而文明社會卻停滯或衰落；技術停滯而文明社會卻前進或後退。所以，技術進步與文明生長二者之間並沒有本質的聯繫。⑬我們認為，這種以一因性的精神動力否定多因性發展動力的簡單做法，是湯恩比在歷史哲學方法論上的又一重大失誤。在討論「歷史研究的單位」時，湯恩比不無道理地強調：「為了理解各個部分，我們首先必須著眼於整體，因為唯有這個整體才是一種可以獨立說明問題的研究範圍。」⑭這種說法顯然反映出一種追求整體性或全面性的合理精神。但令人遺憾的是，湯恩比並沒有把上述合理精神帶入文明形態發展動力問題的研究。在這種意義上，似乎可以說湯恩比背離了自己預設的基本研究準則。

很明顯，湯恩比在研究方法上的失誤，使他一葉障目，不見泰山，只注意一種動力，而取消了有關「合力」問題的研究，更談不到對於「合力」基本運動規律的考察。不僅如此，由於否定了多因性動力的客觀存在，割斷了精神動力與其他動力的本質聯繫，湯恩比也沒能就精神動力問題作出科學的回答。湯恩比意識到歷史活動的基本特點，並試圖探究傑出人物心理活動的整體特

徵——人格在文明形態演化過程中的重要作用，這有其一定意義。的確不能否認，在歷史進程中，傑出人物的人格往往具有超出一般群眾的重大影響。但把這些傑出人物的人格看作是神賜顯然不妥。人格本是生活條件與實踐活動的反映。人們的生活條件與生活實踐怎樣，他們的人格也就怎樣。因此，人格決非來自隱祕的神靈，而是產生於社會存在。傑出人物的人格也不例外。所以，我們應當把作為一種精神動力的人格放在整個社會結構的功能之中進行深入研究，以求揭示人格的現實根源，絕不能把它簡單歸因於抽象的神靈。

概而言之，湯恩比在社會形態的基本結構與發展動力這兩大基本問題上的主要失誤，並不在於充份肯定精神活動和宗教信仰的歷史功能，而在於僅僅看重精神活動，特別是宗教信仰，並把二者與文明社會結構中的其他諸種因素割裂開來，進行孤立的考察。這就難免以偏概全，過於誇大精神活動、尤其是宗教信仰的歷史作用，以致誤把文明社會的起源、生長、衰落、解體、乃至再生等通通看作宗教信仰的機械反映。上述嚴重缺陷無疑使湯恩比的整個文明形態理論在歷史本體論上留下一處致命傷。因而，如果我們通過前述歷史比較，在社會形態研究的兩大基本問題上對湯恩比的批評能夠站得住腳，那麼湯恩比在其他一系列問題上提出的基本觀點，像統一教會是母體文明與子體文明之間的「蝶蛹」；統一教會是更高一級的社會形態；情感的真理與理智的真理是並行不悖的兩種真理等等，顯然也需要結合上述方法論缺陷重新加以斟酌了。

在思想史上不乏這樣的情形：某一理論體系的最荒誕之處卻常常隱含著最發人深省的「合理成份」。在筆者看來，對湯恩比的文明形態理論也不妨作如是觀。我們在前面的批判中已經再三指出，湯恩比在方法論上最主要的失誤就是片面誇大宗教信仰的文化功能。但同時也應當看到，他就宗教信仰展開的歷史研究中確有不少新意。其中，最值得注意的研究動向就是湯恩比把現代神話學和深層心理學的基本觀點引入了歷史哲學研究，從分析外顯的精神現象轉而探討隱祕的宗教觀念，力求發現文明形態的深層

成因與動因。這典型地反映在湯恩比對於「宗教」與「上帝」兩個基本概念的理解上。通過前面的分析不難看出，在湯恩比的文明形態理論中，「宗教」和「上帝」雖然還是帶有濃厚的神祕色彩，但已在很大程度上祛除了通常理解的神學意義，注入了特定的文化內涵。前者主要是指文化價值觀念、文化心理或文化潛意識，而後者則用以表示文化心理或文化潛意識的終極層次。關於「上帝」這一概念，湯恩比曾在英國「自由歐洲電台」播出的一組通俗理論對話節目中作過簡明的解釋。他說，科學家們是用「規律」一詞來描述藏在自然現象之後的實在。我在歷史研究中也力圖透過各種人類現象去探究隱藏在背後的東西。而「上帝」這個字眼兒就是用來稱呼我猜想是隱藏在各種歷史現象背後的那個東西的，因為除此之外我找不到其他任何合適的表達方式。⑥由此可見，湯恩比所講的「宗教」和「上帝」的確是跟傳統學術觀點不大一樣的。

所以，無論從其理論背景還是學術觀念來看，湯恩比都可以稱得上是一位現代學者，這不能不說是他較前一代思想家的優勢所在。如能注意到上述特點，再回過頭去仔細琢磨湯恩比圍繞著宗教信仰所討論的一些基本問題。諸如宗教信仰與文明形態之類型的、發展的、變革的關係問題等等，就會發現，湯恩比的文明形態理論十分重視文化價值觀念、文化心理或文化潛意識的研究。儘管該項研究在湯恩比那裡具有強烈的主觀唯心主義傾向，但它畢竟向我們提出了一系列值得深思的問題：宗教信仰究竟跟文化價值觀念、文化心理或文化潛意識有無本質聯繫？考察作為一種文化價值、文化心理或文化潛意識的宗教信仰對於識別社會形態有無重大意義？能否忽視作為一種文化價值觀念或文化心理活動的宗教信仰在社會形態發展、尤其是社會形態變革中的文化功能呢？……如果說在學術探索的艱難過程中，「發現問題」本身就是留給後人的「一筆財富」，那麼是否可以說湯恩比的歷史哲學研究在一些重要問題上對尚處於萌芽狀態的宗教文化學也有突出貢獻？筆者以為，肯定這一點恐怕不會引起什麼異議。

【注解】

① 上述種種評價參見，德雷：《歷史哲學》（W. H. Dray, PHILOSOPHY OF HISTORY, PRENTICE HALL, INC, 1964），第八十二—八十三頁；張文杰：「阿諾爾德・約瑟夫・湯恩比」，載於《現代西方著名哲學家述評》續集，三聯書店一九八三年版。

② 湯恩比：《歷史研究》（A STUDY OF HISTORY, Abridgement of Volume I-VI, Oxford 1947），第三、五頁。

③ 以上幾個規定性依次參見同上書，第三十五；五—十一、三；七、四〇八頁。

④ 參見湯恩比：《經受著考驗的文明》（CIVILIZATIONOON TRIAL, Oxford 1947），第八—九頁。

⑤ 《歷史研究》（英文版，I-VI），第四十九頁。

⑥ 參見《歷史研究》（英文版，I-VI），第四十四—四十七頁。

⑦ 參見《歷史研究》（英文版，I-VI），第六〇頁。

⑧ 同上書，第六十七頁。

⑨ 參見《歷史研究》（英文版，I-VI），第一四〇頁。

⑩ 《歷史研究》（英文版，I-VI），第三六三頁。

⑪ 《歷史研究》（英文版，I-VI），第二〇八頁。

⑫ 同上書，第二一四頁。

⑬ 《歷史研究》（英文版，I-VI），第二七九頁。

⑭ 同上書，第三七七頁。

⑮ 《歷史研究》（英文版，I-VI），第四二九頁。

⑯ 《歷史研究》（英文版，I-VI），第七頁。

⑰ 湯恩比和池田大作：《選擇人生》（CHOOSE LIFE, Oxford 1976），第二八七頁。

⑱ 湯恩比和池田大作：《選擇人生》（CHOOSE LIFE, Oxford 1976），第二八八頁。

⑲ 湯恩比：《一個歷史學家的宗教觀念》（AN HISTORYAN'S APPROACH TO RELIGION, Oxford 1979），第十六頁。

⑳ 柏格森：《創造進化論》（CREATIVE EVOLUTION, New York, 1928），第二五七頁。

㉑同上書，第二四八頁。

㉒《歷史研究》（英文版，I-VI），第二一二頁。

㉓參見《選擇人生》（英文版），第二十六頁；《歷史研究》（英文版，VII-X），第一〇二頁。

㉔參見《選擇人生》（英文版），第二十八頁；《歷史研究》（英文版，VII-X），第一〇二頁。

㉕《歷史研究》（英文版，VII-X），第八十二頁。

㉖以上結論與模式參見《歷史研究》（英文版，VII-X），第八十六—三七頁。

㉗《經受著考驗的文明》（英文版），第二三四頁。

㉘《經受著考驗的文明》（英文版），第二三五—二三六頁。

㉙《歷史研究》（英文版，VII-X），第九十二頁。

㉚同上書，第一〇四頁。

㉛《歷史研究》（英文版，VII-X），第一〇〇頁。

㉜《歷史研究》（英文版，VII-X），第九十九頁。

㉝同上書，第一〇〇頁。

㉞《歷史研究》（英文版，VII-X），第九十七頁。

㉟《歷史研究》（英文版，VII-X），第一〇二頁。

㊱《馬克思恩格斯全集》第三卷，第三十一—三十二頁。

㊲同上書，第三十四頁。

㊳《馬克思恩格斯全集》第六卷，第四八七頁。

㊴《馬克思恩格斯全集》第二十五卷，第九十七頁。

㊵《馬克思恩格斯全集》第十六卷，第一四〇—一四一頁。

㊶《馬克思恩格斯全集》第四卷，第三二一頁。

㊷《馬克思恩格斯全集》第四卷，第三二二頁。

㊸以上觀點可參見《歷史研究》（英文版，I-VI），第二四八—二四九頁。

㊹參見本章「概述」部分。

㊺參見《湯恩比論湯恩比——湯恩比與厄本對話錄》，三聯書店上海分店一九八九年版，第六十四頁。

第六章　蒂利希的文化神學

　　在前面幾章，我們著重討論現代人文科學幾門前列學科中反映出來的宗教文化研究傾向。但無論如何，只要涉及宗教文化研究這一主題，便決不可忽視當代西方神學對於這一主題的基本反應；而當我們把目光由世俗學科轉向宗教神學時，又更不可忽視蒂利希的文化神學。

　　保羅・蒂利希（Paul Tillichi, 1886～1965）是著名的美籍德國神學家、哲學家。他畢生從事神學研究與宗教實踐，主要著作有《系統神學》、《文化神學》、《新教時代》、《信仰的動力》、《存在的勇氣》、《永恆的現在》、《基督教思想史》。做為一個系統神學家，蒂利希最重要的著作當推洋洋近百萬言的《系統神學》。為寫此書，他幾乎用去一生中最寶貴的後十幾年。該書由芝加哥大學出版社於一九五一年到一九六三年陸續出版一、二、三卷，又於一九六七年結集而成三卷合訂本。因此，《系統神學》一書當應看作蒂利希一生神學研究與宗教實踐之總結，但做為一位有建樹的宗教哲學家，蒂利希的主要思想特色卻集中體現在《文化神學》（1959）一書中。蒂利希一生的學術思想具有嚴格的一致性。他在撰寫《系統神學》期間曾指出，雖然自己一生的大部分時間和精力都投入了系統神學的教學與研究，但他的「興趣中心」卻始終不離一個重要的問題，那就是「宗教與文化的關係問題」。他的大多數論著，包括大部份的《系統神學》均在試圖確立一種方式，把基督教與世俗文化聯繫起來，以求揭示人類文化諸多活動領域中所深含的宗教因素。①根據上述說法，從蒂利希的整個思想過程來看，這個興趣中心也就成了一條邏輯線索，為我們把握其宗教哲學思想的主要特徵提供了基本依據。因此，考察蒂利希的文化神學觀念就顯得十分重要，同時也使蒂利希的興趣中心與我們眼下的研究主題恰相重合。

第一節　走向精神生活的深層

　　在西方世界，隨著中世紀濃重夜色的漸漸退去，宗教神學的獨尊地位也開始動搖。從那時起，以往一統人類命運的宗教神學反倒使自身陷入了一場命運抉擇之中──宗教向何處去？時至現代，這場抉擇不但還沒有真正的結果，反而顯得愈加緊迫。在某種意義上可以說，現代西方神學諸多派別所討論的一些基本問題幾乎都可以放在這場抉擇中加以理解。在蒂利希看來，要作出正確的選擇，首先必須重新反省宗教之本性，即宗教到底是什麼？他的《文化神學》也正是由此落筆。

　　蒂利希指出，一旦有人就宗教說點什麼，馬上就會遭到兩方面的詰難。一方面，有些正統的神學家會問：你是否把宗教看成人類精神的產物？如果你的回答是肯定的，這些神學家便會掉頭而去。因為照他們的看法，宗教原本就不是人類精神的產物，而是聖靈的恩賜。雖然人類的精神在塵世間是有創造性的，但相對於上帝而言，則完全是被動性的、接受性的。另一方面，有些世俗的科學家會問：你是否把宗教視為人類精神的本性？如果你對此也作出肯定的回答，那麼他們同樣也會掉頭而去，走向另一個極端。這些科學家往往根據心理學、社會學、歷史學和人類學等等學科的成就，強調宗教理論與實踐的多樣性、宗教觀念的神祕性，以及社會生活的世俗性等等。他們認為，宗教是一定歷史階段的特有現象，而在科學如此昌盛的今天，宗教已經失去了立足之地。因此，宗教只不過是人類精神的一時寄託，決非本質特性。

　　上述兩種截然相反的觀點顯示出當今社會集體意識的嚴重分裂。這是一種精神分裂症似的分裂，蒂利希這樣評論道，這種分裂迫使人們對宗教作出簡單的肯定式否定，從而嚴重地威脅著當今人類的精神自由。其實，無論是來自神學還是科學方面的詰難，都是對宗教的武斷拒斥。細究起來就會發現這種怪誕的現象：上述兩種意見雖然各持一端，卻共有一種頑固的信念，即把

宗教界定為人與種種神聖存在物之間的關係，儘管對於神靈存在與否，神學批評家與科學批判者持有相反的論點，前者給予肯定而後者加以否定。蒂利希強調指出，正是這樣一種簡單的宗教觀念，使人們喪失了理解宗教的可能性。問題的癥結在於，「要是你一開始就問上帝是否存在，那你永遠也不可能接近上帝；而且如果你斷言上帝確實存在，那你甚至會比否定上帝存在更加遠離上帝。」②

那麼，宗教究竟是什麼？與前述兩種意思不同，蒂利希回答：「宗教是人類精神的一個方面」③。他解釋道，這個論斷的含義在於：假如我們從一個特殊的角度去看待人類精神，那麼人類精神本身就表現為宗教，這個特殊的視角就是指人類精神生活的深層。因此，宗教並不是人類精神的一種特殊功能，而是其所有特殊功能的根基。在蒂利希看來，這個論斷對於理解宗教之本性有著至關重要的意義，因此還有必要進一步對它所包含的多重意思逐一加以分析。

首先必須意識到，宗教不是人類精神的一種特殊功能。歷史告訴人們，宗教千百年來曾經從一種精神功能轉向另一種精神功能，結果卻幾經轉向幾經挫折。這說明宗教在歷史上始終處於一種尋覓家園、爭取地盤的狀態之中。譬如，宗教一度轉向道德功能，敲擊道德領域的大門。道德是宗教的「至親」，它的確不好拒絕宗教，但在道德領域中，宗教是作為一個「窮親戚」而被收留下來的，其條件是為「主人」服務。也就是說，只有當宗教屈於道德，有助於教化出虔誠而善良的公民、官吏、武士、乃至丈夫和兒童時，才會被道德領域所接納。反之，每當宗教提出自己的主張，不是被迫閉嘴，就是被當作道德肌體上的「毒瘤」遭到割除。又譬如，宗教也曾為認識功能所吸引，關注認識問題。但在認識領域中，宗教僅僅是認識的一種特殊方式，是神話般的想像或神祕性的直覺。這無異於認識的附庸，況且還是一個臨時的「幫傭」。一旦認識功能為科學成就所強化，馬上就會斷絕與宗教的關係，把宗教遷出自己的地盤。除此之外，宗教還曾轉向審美功能和情感功能，但或是因為不甘消融於藝術之中，或是因為不

願降低為主觀情感，宗教最後也沒有駐足於這兩個領域。這樣，在走遍人類精神生活的所有領域之後，宗教依然沒有家園、沒有領地。正是在這樣一種情形下，宗教才猛然頓悟自己根本就不必去尋找什麼家園，更不必去爭奪地盤，因為自己本來就深深扎根於人類精神活動的一切特殊功能之中。「宗教是整個人類精神的底層」④。

何為「整個人類精神的底層」？蒂利希指出，所謂整個人類精神的底層，就是指宗教所探究的是人類精神生活中終極的、無限的、無條件的方面。「宗教，就該詞最寬泛、最基本的意義而論，就是終極的關切（ultimate concern）。」⑤顯然，在蒂利希看來，「整個人類精神的底層」和「終極的關切」是有密切關係的，這兩個概念實際上是從不同的角度表達宗教信念的處所或神學研究的對象。他在《系統神學》一書中對「終極關切」這一範疇作過全面的闡釋，並從中引出了神學研究的兩條形式準則。

蒂利希說，終極關切就是對這樣一條偉大聖訓的抽象概述：「基督，我們的上帝，唯一的基督；你須全心全意、盡心盡力地去愛基督，你的上帝。」由此可見，宗教的關切是終極性的，即在終極的意義上排除了其他種種關切，使之成為初級的關切；終極的關切是無條件性的，即獨立於任何條件，諸如性質、意願、環境等等；無條件的關切又是整體性的，它把我們自身或我們的世界一併囊括於內，使之不可超越；最後，整體性的關切還是無限的，即面對一種宗教關切便不可能有片刻的鬆懈或安歇。總之，照蒂利希的觀點，終極關切即是宗教關切的同義語，它是「終極的、無條件的、整體的和無限的」⑥。通過逐一推演終極關切的上述幾個特徵，蒂利希提出神學研究的第一條形式準則（The first formal criterion of theology）：「神學的對象即是在終極意義上關切著我們的東西。只有那些能把它們的對象作為對我們具有終極意義的事物來加以闡述的命題，才是神學的命題。」⑦

在闡釋了終極關切的基本特徵之後，還存在著一個重要問題：終極關切的基本內容是什麼？或者說，所謂無條件地關切著我們的東西是什麼？蒂利希認為，對上述問題顯然不能以「某種

特殊的對象」、甚至也不能以「上帝」作為答案。假若非要就終極關切的內在本質說些什麼，那麼所言所指必須根據有關終極關切這一概念的分析。「我們的終極關切就是決定著我們是生活還是毀滅的東西。只有那些能把它們的對象作為對我們具有生存或毀滅意義的事物來加以闡述的陳述，才是神學的陳述。」⑧這便是蒂利希提出的神學研究的第二條形式準則（The second formal criterion of theology）。

這樣一來，蒂利希便重新確立了終極關切或宗教信仰在整個人類精神生活中的重要地位。他進一步指出，在人類精神的所有基本功能、所有創造活動中均深藏著這樣一種終極的關切。在道德領域，這種終極關切明顯地表現為道德要求的無條件性。因此，如果有人以道德功能為名拒斥宗教，即是在以宗教的名義反對宗教。在認識領域，作為對終極存在的不懈追求，這種終極關切也是一目瞭然的。因此，如果有人以認識功能為名拒斥宗教，還是在以宗教的名義反對宗教。而在審美領域，這種終極關切則體現為對表達終極意義的無限渴望。因而，如果有人想以審美功能來拒絕宗教，他仍然是以宗教的名義反對宗教。總而言之，在一切人類精神活動領域中反映出來的那種終極關切狀態，其本身就是宗教。「宗教是人類精神生活的本體、基礎和根底。人類精神中的宗教方面就是指此而言。」⑨

蒂利希清醒地意識到，理論與現實之間往往存在著很大的衝突。針對上述宗教界說，難免會有人就宗教一詞的狹義或習慣用法而追究宗教的現狀。既然宗教寓於人類精神生活的所有功能之中，為什麼人們還要通過各種形式，諸如神話、迷信、禮拜、教會等等專門發展宗教，並以其作為人類精神生活的一個特殊方面呢？蒂利希回答說，這是由於人類精神生活與其本體或底層之間的悲劇性分裂。在歷史上，宗教總是力圖觸及人類精神生活的本體或底層，使其從日常生活的塵埃和世俗活動的嘈雜中顯露出來，從而使人們能夠獲得神聖的經驗，即感受到終極意義和終極勇氣的泉源。這正是宗教傳統的榮耀之處。然而，宗教的光榮與宗教的恥辱向來就是並存的。傳統的宗教往往忽視了一個根本的

問題，即其自身的存在實際上就是人的現實存在與本質存在之間發生悲劇性分裂的結果。因而，它們盲目地以終極領域而自居，一味鄙視世俗領域，並將神話、教義、禮儀、戒律等等統統作為終極的東西，加強於那些不願俯首稱臣的人們。這種狀況便是世俗世界在歷史上一向激烈反抗宗教世界的主要原因。蒂利希認為，這種反抗勢必導致可悲的結局，因為世俗領域和宗教領域本來就處於同一種困境之中，而目前的對抗狀態只能使這種困境愈加危急。因此，無論是宗教領域還是世俗領域均應意識到，它們各自事實上都植根於廣義的宗教，即有關終極關切的經驗。一旦意識到這一點，宗教領域與世俗領域之間的劇烈衝突便會消除，宗教便會在人類精神生活中，即在其底層重新發現自己的真正處所，並由此出發為人類精神生活的所有特殊功能提供主旨、終極意義、判斷力和創造力。這就是蒂利希對宗教本義的基本理解，同時也是他為宗教選擇的根本出路。

第二節　宗教哲學兩種類型批判

蒂利希指出，接近上帝的方式大致有兩種：一是「消除分裂」（the way of overcoming estrangement）；一是「陌路相逢」（the way of meeting a stranger）。在第一種方式中，當人發現上帝時也就發現了自己，發現了某種既與自身分裂又與自身同一的東西，儘管這種東西不但無限超越於他而且還絕對制約著他。在第二種方式中，當人跟上帝照面時，他彷彿只是偶然碰見了一個「陌生人」。從根本上講，他對這個陌生人沒有任何依附關係，也沒有任何確切的了解。以上兩種接近上帝的方式實際上標誌著宗教哲學研究中可能出現的兩種類型或方法。消除分裂的方式標誌著本體論型的宗教哲學，或稱宗教哲學的本體論方法；陌路相逢的方式則標示著宇宙論型的宗教哲學，亦稱宗教哲學的宇宙論方法。這兩種類型或方法在西方思想史上一直相互對立、彼此消解。問題的癥結到底何在？繼規定文化神學的研究對象之後，蒂利希之所以還要對宗教哲學的兩種類型進行歷史的批判，其目的就在於進一步

確立文化神學的研究方法。

西方人文科學一度深受一些古老「勢力」的束縛。這裡講的古老勢力就是指那些半宗教半巫術、半神聖半邪惡、半超人半非人、半抽象半具體的存在物。它們從來就是神話想像的真正素材。後來，西方人文研究主要從兩個方面掙脫了這些古老勢力的枷鎖。一方面，這些勢力通過屈服於它們中間的一個神而從宗教上被征服了，這個神就是以色列的先知，他是作為「正義之神」而成為普遍的上帝。另一方面，這些勢力通過屈服於某種較自身更真實的原則而從哲學上被征服，這個原則因包容一切屬性而成為普遍的原則。上述過程使諸種古老的勢力喪失自身的神聖性，以及對人類意識的支配性，降低為「絕對上帝」和「絕對原則」的表現。蒂利希基於以上分析指出，這些古老的勢力屈服於絕對上帝與絕對原則所帶來的是「兩個絕對的關係問題」，即宗教上的絕對「上帝」（Deus）和哲學上的絕對「存在」（Esse）二者之間的關係問題。毫無疑問，這二者肯定是相互聯繫的。問題在於它們之間是怎樣聯繫？這種聯繫又意味著什麼？照蒂利希來看，這種聯繫的基本特性是宗教哲學所有問題中一個典型意義的問題，而對這個問題的兩種不同解答便構成了西方宗教意識發展道路上的兩個里程碑。

回首西方宗教意識的發展過程，奧古斯丁首先對這個絕對的關係問題作出了經典的回答。他認為，兩個絕對在真理本性上是一致的。真理在所有的哲學論證中都是這樣預設的：真理就是上帝。人們無法否定真理本身，因為只有以真理的名義才能否定真理，這樣也就確證了真理，因此也就肯定了上帝。用他的原話來說：「我在哪兒發現了真理，也就在哪兒發現了我的上帝，即真理本身。」由此可見，在奧古斯丁那裡，宗教絕對是哲學上的先決條件，上帝即是上帝問題的預設。這就是他對宗教哲學基本問題所作出的經典本體論回答。

隨後，經院哲學中的弗蘭西斯學派把奧古斯丁的本體論解答發展成了一種神學原則。該學派著重強調認識上帝的直接性。波拿文德拉（Bonaventura）指出，上帝對靈魂來說是真實存在的，

是直接可知的，這種認識不需任何中介。對此馬修（Matthew）又論證道，上帝就是認識的原則，是原初的真理。我們根據這種認識原則和原初真理可以認識一切事物，因為上帝本身就是主體與客體的統一。上帝是無法懷疑的，因為懷疑只有在主體與客體彼此分離的情況下才可能產生。誠然，就心理來說，我們可以懷疑；但就邏輯而言，這種懷疑則肯定了絕對，因為絕對即內含於論及主謂詞關係的所有陳述裡。

根據蒂利希的評價，如果神祕主義是指對於存在本身主客體統一的體驗，那麼，由奧古斯丁發端的本體論方法便可以稱為神祕主義的傳統。邁斯特·愛克哈特（Meister Eckart）說過，在上帝和靈魂之間既不存在陌生的感覺也不存在遙遠的距離。因此，靈魂不僅跟上帝一致，而且就跟上帝一樣。顯然，正如愛克哈特以及其他神祕主義者了解的那樣，這是一個悖論。原因在於，論及同一，首先必須預設某種非同一的因素，而這正是本體論方法中尚待推敲的地方。不難看出，本體論方法雖然常以論證上帝存在的形式出現，但它實際上既不是一種論證，也不涉及上帝的存在，而只是對心靈與存在二者關係的一種理性描述。根據這種方法，一旦注意到先驗、存在、真善等等基本問題，我們的心靈便隱含著作為直接證據的Principia Per se nota（自身顯現原則），而所謂絕對正是由先驗、存在、真善構成的。這種絕對作為存在之原則具有絕對的必然性。對本體論方法來說，上述意義上的絕對是一種不可少的觀念，因為它是其他所有思想的前提。本體論方法的上述薄弱環節後來遭到了托馬斯、司各特、奧康等人的尖銳批評。而宗教哲學的第二種類型——宇宙論方法就是在這種批評形成的。

宇宙論方法首先是由托馬斯提出來的，其一般原則可以表述如下：理性的方法並不是接近上帝的直接方式，而是一種媒介。理性作為一種推論方式儘管沒錯，但並不能提供無條件的必然性，因為它所進行的推論必須以權威的方式才能完成。這就意味著：在理性因素的一側還佇立著非理性的權威。於是，弗蘭西斯學派的直接理性便被一種論辯理性所取代了。為了邁出這關鍵的

一步，托馬斯徹底摒棄了奧古斯丁的基本觀念。在他看來，認識事物不外兩種方式：借助事物本身與通過我們自身。因此，就「上帝存在於其自身」這一命題而言，「上帝存在」是通過該命題本身而被認識的，因為其中的謂詞同時也就是主詞。誠然，上帝就是其自身的存在，但由於我們並不了解上帝，並不清楚上帝的模樣，所以該命題是不能通過其本身而被理解，必須借助我們比較了解的那些事物來證實，即通過上帝的作為來證實。這樣，托馬斯便把人排斥於Primum esse（原初的存在）和Prima veritas（原初的真理）之外，從而切斷了本體論方法的「神經」。

很明顯，托馬斯所要徹底否定的就是人對「絕對」的直接認識。照他看來，有關絕對的認識在性質上無異於科學的認識。一個搞音樂的人即使不理解某些數學命題，也不得不接受由數學權威論證的這些命題；同理，人們也不得不接受宗教權威所闡釋的神學命題。因此，出自權威之手的論證最適用於神學。托馬斯就是本著上述觀念論述了有關權威的所有神學命題，這種做法最終導致了信仰與理解的脫節。按照托馬斯的觀點，同一個對象不可能既是信仰的對象又是認識的對象，因為信仰本來就意味著無法與其對象直接接觸。信仰較之認識離其對象更遠一些。就信仰需要顯聖來說，信仰是缺乏科學所有的認識秩序。

繼托馬斯之後，司各特又進一步指出，在有限的個人和無限的上帝之間事實上有一條不可逾越的鴻溝。宇宙論方法是一種關於有限的論證。因而，這種方法只能論證有限的事物，不能推論無限的事物。只有權威才能超越有限達到無限，最後證明上帝的存在。這樣一來，「存在」這個概念便喪失了本體論的特性，演化成為一個既包括有限也包括無限的字眼；上帝也不再是存在本身而變成了一種特殊的存在，他必須為人們所認識，而這種認識即是對特殊存在的認識。因此，後期唯名論之父奧康乾脆把上帝稱為res singularissima（最特殊的存在）。要接近這樣的上帝，既不能靠直覺也不能靠認識，只能通過一種無意識的習慣——皈依，正是這種習慣驅使意志服從於權威。

從以上歷史回顧可以看到，托馬斯等人對兩個絕對關係問題

所作的宇宙論解答，大大消解了奧古斯丁創立的本體論方法，以致在西方宗教思想發展史上形成了一次重大轉折。經過這次轉折，宗教的絕對「上帝」成了高於一切的唯一存在，而哲學上的絕對「存在」則成為「一種既定的實在結構」（a given struture of reality），在這之中任何事物均是偶然的、個別的。於是，信仰與認識之間的素樸同一被破除了，宗教信仰中的偶然因素也隨之暴露出來。

蒂利希指出，在整個西方宗教意識發展史上，本體論方法與宇宙論方法時而分離時而融合，因此在各個歷史階段上這兩種古典方法總是同樣存在、相互抗爭的。儘管繼奧古斯丁和托馬斯之後，又有不少神學家和思想家進行了種種嘗試，但與上述兩種古典方法相比，這些嘗試都沒有取得什麼實質性的進展。有人認為，宗教哲學中的道德論證、經驗論證等可以看作新的方法。事實上，這些論證不是傾向於本體論方法，就是偏重於宇宙論方法，或是兩種方法兼而用之，始終沒有超出兩種古典方法的基本框架。因此，深刻批判這兩種古典方法、重新反省兩個絕對的關係問題，便成了認識歷史、尋求出路的關鍵所在。蒂利希強調指出：我對於這些問題的系統回答是以一種純肯定的、建設性的形式來表達的，其根據即寓於對宗教哲學兩種類形的歷史與現狀的認識中。

那麼，究竟應當如何解答兩個絕對的關係問題呢？蒂利希回答：只有一種方式，即把哲學上的絕對看作宗教上絕對的一種成份。Deus est esse（上帝就是存在），這個命題是全部宗教哲學的基礎，是思想與宗教得以統一的前提。唯有確立這一前提，才有可能消除思想與宗教在個體生活和文化活動中精神分裂症似的分裂。因此，可以這樣表述宗教哲學中的本體論方法：「人直接領悟到某種無條件的東西，它無論在理論上還是在實踐中都是主體與客體彼此分離、相互作用的Prius（先在）。」[10]蒂利希對上述命題裡的基本概念作了以下解釋：

首先，在這一命題中所謂的「領悟」不是指直覺、經驗和認識，而是一個純中性的詞。領悟一詞不帶以直覺的性質，因為無

條件的事物在領悟中不是作為一種「格式塔」（Gestalt），而是作為一種原素、一種力量、一種需要而顯現出來。同時，領悟也不含有經驗的意思，因為經驗一詞一般是用來描述主體所體察到的現存狀況，而領悟卻不是跟經驗觀察有關的活動。最後，領悟也不是認識。從根本上來說，認識是指以主客體分離為前提的、孤立的理論活動，而領悟恰恰與此相反。但以上述語問題還不是最重要的，問題的實質在於：「這種本體論的領悟是直接的，不以推論過程為中介。只要把有意注意投向它，它便會根據某種無條件的確定性呈現出來。」⑪因此，對於無條件事物的領悟本身也是無條件的，這種領悟超出了任何心理功能。奧古斯丁在心理學方面的一個重要興趣就是要說明：心靈的諸種功能是互為內在的，要想把它們與存在、真和善割裂開來是不可能的。而托馬斯則分解了心理功能的固有聯繫，並把僅靠理智而無法實現的東西劃歸於孤立的意志。這實際上有損於對宗教的理解。總之，領悟到無條件事物的是人，而不僅僅是人的認識功能。也就是說，人是作為整體而不是作為部分來參與領悟的。

其次，也需要對「無條件」一詞作些解釋。無條件一詞在上述命題中是用來取代宗教思想史上的一個基本概念——「絕對」的。這是由於絕對一詞在字面上意指「沒有關聯」，在傳統上又意味著唯心主義的自我發展原則，而在無條件這一概念中以上兩層含義均被祛除了。「『無條件』意指對那些領悟到某種無條件事物的人們的無條件要求。」⑫此外，還必須避免對無條件一詞的一種誤解。「無條件」或「某種無條件的事物」不是指一種存在物，甚至也不是指「最高的存在」或「上帝」。誠然，正是因為上帝不為任何條件所限才成為上帝，但無條件的事物並不等於上帝。上帝一詞充斥著人類用以表達終極關切的種種具體的符號，而事實上終極關切是借助於某種無條件的事物才被把握的。這裡講的「某種無條件的事物」決不是指某個具體的事物，而是指內含於一切存在之中的「存在的力量」（the power of being）。這種存在力量是一切具有存在性事物的「先在」。無論在邏輯還是在本體的意義上，它都先於一切具體事物、先於一切相互分離與相互作

用，因為它自身即是同一的基點。如果失去了這一基點，便無法想像主體與客體之間的相互分離和相互作用。

蒂利希進一步指出，有關的歷史分析已經表明，如果不把宇宙論方法建立在本體論方法的基礎上，勢必導致宗教的自我毀滅。要是承認這個事實，那麼便可以把宇宙論的方法重新表述如下：「我們無需推理而能直接領悟到的無條件的事物，在文化和自然的領域裡也能被認識。」⑬這樣，在徹底否定傳統宇宙論所用的論證方法之後，我們便可以重新發現其真正的、富有建設性的意義。宇宙論方法在歷史上主要表現為兩種形式。第一種形式是否定性的，它遵循著古老的宇宙論論證，即根據對無條件事物的領悟來分析有限事物的有限特性。在現代醫學心理學、存在主義哲學等學科的推動下，人們日益關注偶然性、危險性、短暫性，以及隨之產生的焦慮、擔憂和無意識等心理現象。關於上述問題的討論實際上正在孕育著一種新的宇宙論方法。假若我們放棄有關某種最高存在的荒謬推理，即會發現宇宙論方法是引導人們深究宗教意義的一種重要手段。宇宙論方法的另一種形式是肯定性的，它遵循著目的論論證，即探討自然的和文化的創造力中無條件的因素。在自然方面，關於「整體」、「生命衝動」、「格式塔」等觀念的研究，實際上就是在做這種探討，因為所有這些觀念都意指某種無條件的事物，而任何特殊經驗都是由該事物決定的。在文化方面，這種探討則表現為對各成一體的文化及其演化作出宗教的解釋，即進行「文化神學」研究。這是一種多層次的嘗試，其前提是認為各種文化產物，諸如一幅畫、一種制度、一種法律、一場政治運動等等，無論其何等世俗，都在表達一種終極的關切，而它所隱含的無意識神學特徵是有可能被認識的。

基於上述歷史批判，蒂利希最後推出了以下三個重要結論：(1)本體論方法對於各種宗教哲學來說都是基本的；(2)不以本體論方法為基礎的宇宙論方法將在宗教與哲學之間造成毀滅性的分裂；(3)以本體論方法為基礎，附之以宇宙論方法，宗教哲學將有助於調和宗教與世俗文化。⑭

第三節　基本觀念：宗教與文化本體

　　蒂利希關於宗教哲學的研究對象與研究方法的討論，其主旨在於從根本上重新闡明宗教的涵義。在他看來，宗教所關注的就是理應屬於人類的終極關切的「終極之存在」。這便意味著：信仰實質上就是為某種終極關切所把握的存在狀態，而上帝就是該種關切所指內容的名稱。這樣一種宗教觀念與傳統觀點很少相似之處。根據傳統看法，宗教即是對一種叫做「上帝」的最高存在信仰，以及這種信仰的理論與實踐。相反，蒂利希在此不再從理論的角度而是要從存在的角度來重新理解宗教現象。因此，他也把自己所主張的上述觀念稱為「宗教的存在概念」（the existential concept of religion）。

　　蒂利希認為，從關於宗教的「理論觀念」轉向「存在觀念」將會帶來一系列理論成果，而其中的一大主要成果就是促使人們重新認識宗教與文化的關係問題。他說：「作為終極關切的宗教是賦予文化意義的本體，而文化則是宗教的基本關切表達自身形式的總和。簡言之，宗教是文化的本體，文化是宗教的形式。」⑤要是這樣來理解宗教與文化的相互關係，即可以防止產生把二者截然割裂開來的二元化傾向。事實上，每一種宗教，不僅就制度化的宗教而言，同時也包括心靈中的內在活動，都是以文化為其表現形式的。換個角度說，每一種文化產物，不論是源於人類精神生活的理論功能，像對於現實的藝術直覺和認識感知，還是來自人類精神生活的實踐功能，如對於現實的社會改造，無一不在表達著一種終極關切。總之，在全部人類文化創造活動的諸種功能中均存在著一種終極的關切，而它的直接表現形式就是一種「文化的式樣」（a style of culture）。因此，如果我們能夠理解文化的式樣，也就能夠發現該種文化的終極關切或宗教本體。蒂利希試圖結合當代西方的文化特性來證實上述基本觀念。

　　蒂利希指出，若想描述當代西方文化的基本特性，非得從兩種激烈衝突的精神運動入手，這就是佔居統治地位的「工業社會

精神」與處於反抗狀態的「存在主義精神」。自十八、十九世紀以降，工業社會精神就一直在整個西方的社會生活中高居統治地位，而當今西方社會的生活式樣就是這種精神的直接反映。儘管目前人們對這一生活式樣的基本特性抱有不同的看法，但我們還是可以總結出人在工業社會中的兩個主要特徵。

第一，喪失了應有的深度。近幾百年來，人類面對這個屬於自己並包括自身在內的世界，把自己的活動日益集中在對之進行有計劃的理論研究和技術改造上，這樣人在跟實在的衝突中也就逐漸喪失了其應有的深度。也就是說，實在已喪失了其內在的超然性，即它對永恆的關切。而有限的宇宙則成了一個自足的系統，它是可計算、可管理，而且還可以根據人類的需要和意願加以改善。從十八世紀初以來，上帝就被排擠出人類活動的勢力範圍，因為上帝的任何干預都會擾亂人們的技術活動和商業活動。結果是，上帝變成多餘，而宇宙反倒遠離人類成了人類的主人。這種情形導致了人在工業社會裡的第二個主要特徵。

第二，人類忽視了應有的本性。對人來說，工業社會造成了一場重大的衝突，這就是人的本性與人的實存的激烈衝突。現實中的人是疏離的，或用傳統的語言來說是墮落的，但現代人恰恰忽視了這一點。早在工業社會形成時期，傳統的負罪感與死亡感即已淡化，因為諸如此類的情感有礙於人類征服外在的與內在的自然。現行的教育制度已使絕大多數人適應生產和消費的需要。因此，人的現存狀態被誤認為人的本質狀態，人的發展也被誤解為一種逐漸實現自身潛能的過程。這種狀況不僅反映在個體的人格上，而且也普遍反映於整個社會的價值觀念上。在現代人的心目中，以科技征服時空已被視為重新統一人類的基本途徑，而歷史中的惡性結構、生活中的衝突勢力等等則被看作一時的障礙。正如現代人已用有限系統的宇宙取代了上帝，用作為宇宙中心的人取代了基督，他們在信仰上也用和平與正義取代了「上帝國」（the Kingdom of God）。於是，由神聖與邪惡的尖銳衝突反映出來的深刻人性便喪失了。這就是工業社會以其創造式樣所表現出來的基本精神。

面對上述文化困境，西方教會大致採取了兩種不同的態度。一方面，固執超自然主義的教會在教義、禮儀等方面向傳統退避，以求維護自己的地位。與此同時，它們又從作為敵對勢力的工業社會精神那裡採納了一些概念，但這些概念所象徵的存在深度已經降低到了普通層次，甚至可以說降到了「二維經驗」的水平。事實證明，這種超自然主義的態度只不過是自然主義的翻版。另一方面，力主自由主義的教會則意識到像超自然主義那樣維護傳統信仰是根本行不通的。因而，它們敢於承認並力圖適應新的形勢，其做法是以現代術語來重新解釋傳統的概念或符號。這就是所謂的「自由神學」得以成立的根據所在。但必須指出，由於放棄了經典教義、特別是關於現實的啟示，自由神學對於上帝與人的理解是以喪失神學原則為代價，而作為這些原則的啟示正是超自然主義者想要維護的。由此可見，西方教會對工業社會精神所作出的上述兩種基本反應都是軟弱無力的。

　　而當自然主義與超自然主義、自由主義與保守主義統統捲入一些無關大局的論爭時，歷史已在孕育著另一種溝通宗教信仰與現代文化的新方式，這就是以存在主義而聞名的精神運動。就最寬泛的意義而言，存在主義就是對寓於工業社會結構中的基本精神的一種抗爭。它所直接抗爭的就是人在當代社會的生產和消費體系中所處的地位。按照存在主義的一般觀點，人理應是他的世界和他自身的主人。但實際上，人卻變成了他所創造的現實的一部分，變成了一種客體、一種東西。這種情形就彷彿把人變成了一部「宇宙機器」上的一只齒輪，人要使自己不被機器碾碎就必須順從機器。正是這樣一種機械效應使現代人蛻變成實現某種目的的手段。更可悲的，這些目的僅僅在於自身的實現，而缺乏任何終極的目的。這就是人在工業社會中面臨的困境。

　　現代人面對這種困境主要採取了以下幾種反應方式：其一，由於產生了空虛、疏離、無意義、非人化等感受，人們不再把現實看成有意義的，而落入平凡的形式與結構之中的實在也不再與人類對話。其二，同樣出於上述感覺，有一部分人甘願將自己封閉在現實中的某個有限的範圍裡，以防非人化的世界侵害自己。

這實際上是一種神經病態的反應方式，它意味著屈服文化需求，抑制意義問題。其三，還有一部分人則不乏勇氣，勇敢地承受著切身感到的空虛、焦慮和無意義。他們富有創造性地生活著，敏銳地表達著當代人類的困境。我們可以把二十世紀上半葉涉及文化問題的藝術作品和哲學論著都歸類於後一種反應方式。它們創造性地表現當代文化中的毀滅性傾向。無論是文學、詩歌、影視、音樂，還是哲學、舞蹈、建築，所有這些領域中的傑出成果實際上都在以各自的式樣，既展示了與非存在的激烈衝突，又顯示了承受並適應這種衝突的頑強力量。照蒂利希來看，這些傑出的文化成果就彷彿是一把鑰匙。有了這把鑰匙，我們便可以打開當代文化這扇緊閉的大門，從而發現當代文化的現狀不僅只是暴露現代人的困境，同時也反映了整個人類的困境。蒂利希正是由此悟出了現代西方文化的抗爭精神——存在主義所具有的神學意義。

第四節　個案分析：宗教與文化形式

「宗教是文化的本體，文化是宗教的形式」，蒂利希在宗教與文化的關係問題上持有的基本觀念就是如此簡潔。然而，要想評價上述基本觀念，還需要進一步考察蒂利希對諸種文化形式所作的個例分析。從前述基本觀念與這些個例分析的邏輯關係來看，後者在蒂利希的整個文化神學體系中主要不是前者的應用，而是前者的展開。也就是說，前者的全部意義是借助後者逐部推演出來的。因而，要理解前者還必須進而追究後者。蒂利希對文化形式所作的個案分析幾乎遍及所有文化領域，諸如語言、藝術、哲學、科學、道德、歷史、教育等等，以廓清蒂利希文化神學的基本思想為目的，我們僅從中擇其三例，即宗教與語言符號、宗教與藝術式樣、宗教與存在主義。

1.宗教與語言符號

宗教的形式就是文化，在蒂利希看來，這一點在宗教語言方

面體現得尤為明顯。各種語言，包括《聖經》的語言，都是文化創造活動的結果。事實上，人類精神活動的所有功能都是建立在有聲或無聲的語言基礎上的，宗教也不例外。專就宗教與語言的關係來說，蒂利希認為：「人的終極關切非得用符號表達出來，因為只有符號化的語言才能表達這種終極。」⑯鑒於當代人文研究在符號問題上的理論分歧，蒂利希在具體闡釋上述觀點之前，首先說明了他對符號問題的看法。

在蒂利希看來，所謂的符號就是語言，語言符號主要具有以下六個特點：

⑴符號意指自身之外的他物。在這一點上，符號（symbols）與記號（signs）有相同之處。比如，街頭的紅燈並非表示自身而是意指停車。紅燈與停車二者在本質上沒有關係，它們之間的聯繫主要是靠慣例建立起來的。字母、數字，甚至包括部分詞語也是如此，它們都是意指自身之外的聲音或意義，這類特殊功能主要也是靠習慣形成的。因此，這一類記號有時也被稱為符號，比如數學記號叫數學符號。但這樣一來便造成了語言的混亂，給符號與記號的分類帶來了更大的麻煩。然而，具有決定性意義的一個事實在於，記號並不介入它所示意的對象，而符號卻必須介入。

⑵符號必須介入它所意指的對象。比如，作為一種符號的國旗，無疑象徵著一個國家的勢力與尊嚴。因此，除非一個國家發生了歷史性的變遷，否則該國的國旗是決不能為其他任何符號所取代。

⑶符號所揭示的是我們用其他任何方式都無法感觸的實在中的某些層次。以藝術為例，各門藝術實際上均為揭示實在中的某一層次獨創了一些符號，而對該層次的感覺是以其他任何方式也無法獲得的。一幅畫或一首詩所揭示的審美意境或實在因素，顯然是靠科學方法無法理會的。這就說明，實在中的某些層次或因素通常是遮蔽著的，而藝術創造或藝術符號所要揭示的就是這一些層次或因素。

⑷符號還能揭示出心靈中與實在相對應的層次。比如，一齣

好戲給予我們的不只是對人性的一種新感覺，而且還使我們自身存在中某些深含不露的層次昭然若揭。唯其如此，我們方能接受該戲所表達的實在。這也就是說，在人類心靈中有一些層次，只有藉助一些特殊的語言符號，像音樂中的旋律、節奏等，才能得以展現。

(5)符號是個體或集體無意識的產物。符號不能被有意識地創造出來，它們總是個體的或群體的無意識的產物。換言之，一種符號如果不被我們存在中的無意識層次所接受，它便沒有任何功能。至於具有某種特殊社會功能的符號，像政治符號和宗教符號，即便不是集體無意識的產物，至少也要被其所接受。

(6)符號是不能被發明或創造的。符號像生物一樣有生有滅。一旦條件成熟它們便會出現，而當條件改變時它們也隨之消失。比如，「國王」這個符號就是在特定的歷史時期出現的，而到現代這個符號在世界大多數地區都已經失去了其原有的意義。符號不會因人們的渴望而出現，也不會因科學的或實踐的批判而消失。符號之所以能夠自行喪失功能是因為它們在其生成的群體中不再產生反響了。

以上六點就是各類符號共有的主要特點。在蒂利希看來，宗教符號就本質而言是跟其他各類符號一樣的。宗教符號也展示了實在中的一個層次。這個層次假如不用宗教符號來示意，就是遮蔽著、深藏著的。蒂利希把這個層次稱為「實在本身的基本層次」。他說：「實在中的這個維度是所有其他的維度和深度的基礎，因此，它不是跟其他層次並列的層次，而是基本的層次，是其他所有層次的根底，是存在本身的層次，或者說是存在的終極力量。」⑰蒂利希就是這樣把存在、符號和宗教三者掛起鈎來，並認為作為終極之關切的宗教信仰是必須用特殊符號來加以表達的。為了充份證實上述觀點，他在《信仰的動力》一書中以問答的方式，通俗地解釋了與宗教符號有關的一系列基本問題。我們可以把這些問題大致歸納如下：

問題(1)：為什麼宗教信仰或終極關切不能用直接而恰當的方式表達出來呢？譬如，要是一個人把金錢、成功或國家看作自己

的終極關切，難道這種關切也非得用符號化的語言才能表達出來嗎？這也就是說，如果終極關切的內容不叫「上帝」，難道還擺脫不了符號的氛圍嗎？

回答：作為終極關切的任何事物都是可以轉化為一種「神」的。如果有人把國家當成終極的關切，那麼這個國家的名稱也就成了一個神的名稱，這個國家本身也就有了某種神的性質，而這種神性較其現實的存在與功能來說都是相去甚遠的。這樣一來，該國家便象徵著、即符號化為真正的終極。但這是一種以偶像崇拜的方式表現出來的符號化。同理，作為終極關切的金錢和成功也可以這樣來看。只不過在上述情況下，原先標示著普遍實在的概念變成了終極關切的偶像符號（idolatrous symbols）。

蒂利希指出，上述概念之所以能夠轉化為符號，其原由正是終極的特徵和信仰的本質所在。真正的終極總是從有限的存在轉向無限的存在，而任何無限的存在均不能以直接而恰當的方式進行表達。就宗教信仰而論，上帝也在不斷變換自己的名稱，這就是上帝一詞的用法往往容易變成一種濫用或一種褻瀆的主要原因。無論人們抱有的終極關切是什麼，不管人們是否將其喚作「上帝」，只要是一種終極關切便有一種符號意義，而且該意義既超出自身又介入自己的意域。所以說，「信仰並無其他任何適當表達自身的方式。信仰的符號就是符號化的語言。」[18]

問題(2)：信仰的符號僅僅是一種符號嗎？

回答：如果提出這樣的問題，便意味著提問者既沒有理解記號與符號的基本差別，也沒有理解符號化語言的內在力量。無論在性質上還是在強度上，符號化語言的力量均是遠遠超過任何非符號語言的。因此，不應該說信仰的符號「僅僅是一種符號」，而應該說「不僅僅是一種符號」。只有首先明白這一點，才有可能進一步理會不同種類的宗教符號。

問題(3)：如果說「上帝是我們的終極關切的基本符號」[19]，那麼，為什麼會有這個符號呢？

回答：「就是為了上帝！上帝就是為了上帝而有的符號。」[20]但在上述答案中，還必須區分上帝這一概念所包含的兩種因

素：第一，終極的因素，這屬於直接體驗而不是符號本身；第二，具體的因素，它源於我們日常的經驗和用於上帝的符號。比如說，一個人若把一棵「聖樹」（a scared tree）作為自己的終極關切，那麼，在他的心目中便既有這種關切的終極又有這棵聖樹的形態，正是後者的符號化把他跟前者聯繫起來了。又比如，一個崇拜阿波羅的人實際上也有終極的關切，但這種終極關切並非表現為抽象的形式，而是符號化為阿波羅這種神聖的人物。再比如，一個讚美耶和華的人，他不僅有一種終極的關切，而且也有他所關切的對象的具體意象。蒂利希指出，「這就是『上帝是上帝的符號』這個似乎神祕的陳述的意義。就這一確定的意義而言，上帝是信仰之基本的、普遍的內容。」㉑

問題(4)：既然神聖人物都是終極關切符號化的結果，那麼這些神聖人物是否存在呢？

回答：這個問題本身就是無意義的。如果「存在」一詞是指能在實在整體中發現的某物，那麼任何神祇都是非存在的。事實上，前述有關上帝概念的理解，已經使「上帝是否存在」這場古老的爭論變得無意義了。應當進一步考慮的是，在信仰所能採納的無數符號中，究竟哪一種符號最適於表達信仰的意義？換句話說，究竟哪種終極符號既能明確表達終極關切又不含有偶像崇拜的因素？這才是問題的實質所在。而所謂「上帝的存在」，其本身就是一種語言混亂。在人的終極關切中，作為終極的上帝是比其他任何確定的事物，甚至包括自我都更為確定的東西。

上帝是信仰的基本符號，但並不是唯一的符號。上帝的所有性質，諸如力量、仁愛、正義等等，實際上也都是將有限的經驗加以符號的結果。例如，把上帝稱為「全能者」這即是為了使無限的關切符號化而運用了人類有關權力的有限經驗，並不是在描繪一位可以隨心所欲的最高統治者。對於人們賦予上帝的其他種種性質與行為，無論是過去的、現在的、將來的，也都應該如此認識，因為所有這些性質與行為不外是出自人類日常經驗的符號，決非是對上帝在以往或未來的所作所為的記載。所以說，「信仰並非相信諸如此類的故事，而是接受以神聖的行為來表達我

們終極關切的符號。」[2]此外，還有一類宗教符號即「顯聖」（manifestation of the divine）。顯聖現象遍及事物、人物、事件、社群、詞語，以及教義等等。這類符號堪稱一座信仰符號的寶藏。值得一提的是，聖物本身並不是神聖，但它們卻使其自身指向神聖之泉源，而這正屬於終極關切的範圍。

最後，蒂利希還討論了神話與符號的關係問題。他指出，信仰的符號不是孤立出現的，它們總是在「神明史語」（stories of the gods）中連結起來。而「神明史話正是希臘語中『神話』（mythos）一詞的本義。總觀希臘、印度和波斯神話便可以發現，這些古代神話的確構成了一個博大奇妙、變幻不已的世界，但它們卻有一個基本的相似之處：「把人的終極關切符號化為神聖的人物與行為。神話是在神人相遇史話中結合起來的符號。」[23]因此，所謂的神話從其本性來看就是宗教符號的一種連結方式。儘管在歷史上各種神話之間相互衝突、此消彼長，但神話本身始終沒有從人類精神生活中消聲匿跡。其根本原因卻在於：「神話是我們的終極關切的符號連結」，「唯有符號與神話方能表達我們的終極關切」[24]。

現存的問題是，神話能否表達各種終極關切呢？有些基督教神學家以為，神話一詞僅僅適用於「自然神話」。因為自然神話均是在終極意義上來理解循環往復的自然過程，比如，對於季節的理解。要是像基督教和猶太教那樣，把整個世界看成一個有始終、有中心的歷史過程，神話一詞便不再適用。蒂利希指出，顯然在這部分神學家那裡，神話不再被理解為表達人類終極關切的語言，而僅僅是這種語言的一種陳舊用法。然而歷史卻證明：不僅有「自然神話」也有「歷史神話」。如果像古代波斯人那樣，把大地看作兩種神聖勢力激烈衝突的戰場，這就是一種歷史的神話；如果有人認為，是富有創造性的上帝選擇並引導著某個民族致力於改觀整個人類歷史，這也是一種歷史的神話；如果有人相信，耶穌基督是應運而生，而布道、遇難、復活，這還是一種歷史的神話。雖然基督教的歷史地位高於那些沿襲自然神話的宗教，但依然一如其他任何宗教也是運用神話語言。誠然，它所運

用的神話是一種「破譯了的神話」（a broken myth），可不能否認這仍舊是一種神話。否則的話，基督教就不會是人類終極關切的一種表達方式了。

2.宗教與藝術式樣

蒂利希認為，每件藝術作品都含有三種因素：題材、形式和式樣。一般說來，題材不為任何性質所限，像善與惡、美與醜、整體或部分、神聖或邪惡、人性或非人性等等。因此，題材潛在地等同於感覺印象中能為人類心靈所接受的一切事物。但是，每個藝術家或藝術時期顯然不會通盤採納各種題材。題材的取捨有其選擇原則，而選擇原則又是依賴藝術的形式和式樣。

所謂的形式是指使一種事物成為該事物的因素，因而它屬於存在本身的結構性因素。形式賦予事物以獨特性、一般性、空間感和表現力。藝術創造取決於形式，即運用諸如聲音、詞語、石料、顏料等等特殊材料，並將其昇華為獨立的作品。因此，如同其他文化創造活動一樣，形式在藝術創造中也是一種具有本體意義的決定性因素。但是，形式本身又為式樣所限定。

式樣一詞最早用於描述服飾、建築和園藝方面的時尚，現在則被普遍地用於藝術、哲學和政治等領域。在藝術領域，式樣就是指某個時期限定著眾多藝術作品的「獨特方式」。可以這樣說，某一時期的藝術作品正因有其形式才成為藝術作品，也正因有其式樣才有相同之處。因此，討論式樣問題的關鍵環節即在於，發現那些具有同一式樣藝術作品的內在共性是什麼？它們想要表現的又是什麼？

蒂利希自信，他通過大量分析藝術式樣和哲學式樣已經找到了自己的答案。根據他的基本觀點，「各種式樣都在表明對人的一種自我解釋，由此也就回答了生命的終極意義問題。」㉕因而，不論一位藝術家選擇了何種題材，也不管他所採用的藝術形式，實際上都在情不自禁地以自己的式樣表達著他自己的、他的群體的、以及他的時代的終極關切。所以說，即使他拒斥宗教也無法擺脫宗教，因為宗教即是置身於終極關切中的狀態。一言以

蔽之,「每一種式樣都表現了某一人類群體或歷史時期的終極關切。」⑦藝術式樣如此,文學的、哲學的、道德的式樣也是如此。

由此可見,辯解式樣本身即是一門藝術。回顧基督教藝術問世以來西方藝術史上視覺藝術的式樣系列,其豐富性與多樣性令人嘆為觀止。拜占庭式,羅馬式,早期和後期的哥特式,早期和興盛時期的文藝復興式、風格主義、巴洛克式、洛可可式、古典主義、浪漫主義、自然主義、印象主義、表現派、立體派、超現實主義,乃至當代的非寫實主義等等,所有這些式樣都就其興起的時代敘說著什麼,即表達著對人的一種自我解釋。雖然藝術家們在大多數情況下並沒有意識到這一點,而是通過藝術批評家、特別是哲學家才得以了解的。

總之,在蒂利希看來,宗教與藝術式樣之間存在著一種深刻的聯繫,即任何藝術式樣皆是某一群體或某個時代的終極關切的藝術表現。為了證實上述論點,他具體分析了當代藝術史上的一幅名畫。蒂利希認為,畢加索的佳作「格爾尼卡」(Guernica)就是一幅傑出的新教美術作品。當然,這決不是說該畫本身就是對新教問題的直接回答,而是說從這幅傑作中可以看出畢加索對新教問題抱有的激進主義精神。

新教對於人及其困境有其獨特的理解。新教在原則上強調人與上帝之間的無限距離、人的有限性和人對死亡的屈服,尤其是強調人與其本質存在的疏離,以及邪惡勢力即人類自我毀滅傾向對人的奴役。按照新教的基本精神,由於人沒有能力使自身從這種奴役狀態下掙脫出來,基督教改革先驅們才提出人與上帝重新結合的教義。在這種重新結合的過程中,上帝單獨行動著而人只是被動接受。但即使這種被動的接受也需要付出極大的勇氣,即大膽承認這樣一條悖論:「墮落的人」是正當的,正是這種處於焦慮、愧疚與絕望中的人才是上帝無條件接納的對象。

蒂利希據此指出,如果我們把畢加索的作品「格爾尼卡」看作藝術表達當代人類困境的一個範例,該畫所暗含的新教精神特徵就明朗化了。它以強烈的藝術感染力將人在現代這樣一個充滿

罪惡、焦慮與絕望的世界中面臨的問題展示於我們眼前。但值得注意的是，真正賦予該畫表現力的並非其題材而是其式樣。儘管作為個體的藝術家之間，包括畢加索本人的不同創作時期之間可能存在著一些差別、甚至是重大差別，但畢加索採納的這種式樣卻是二十世紀即我們當代的藝術特徵。若把畢加索創作該畫時期其他畫家的所有重要作品與當代早期畫家的同等力作對比一下，就可以發現二十世紀的視覺藝術在式樣上顯然是有其同一性的。照蒂利希看來，在新教歷史上恐怕也只有這種式樣才能真切表達當代人類困境。

3.文化神學與存在主義、精神分析

　　關於文化神學、存在主義和精神分析三者關係問題的討論，也是蒂利希對文化形式所作的一個個案分析。依筆者來看，跟其他個案分析相比，的確要數這一分析最重要了。因為蒂利希正是通過這一分析找到了文化神學與當代文化的「結合點」，從而更深入、更具體地表達了他在宗教與文化的關係問題上持有的基本觀念。

　　首先需要注意的是，文化神學、存在主義和精神分析這三個概念在蒂利希那裡都不是在一般意義上使用的，而是有其特定的涵義。關於文化神學的涵義，蒂利希在《文化神學》一書中序言指出，這個概念就是指「文化創造活動中的宗教方面」。但這種說法還不夠充份，它只是從宗教與文化的關係方面指出了概念的外延。那麼，如何理解其內涵呢？這就牽涉到蒂利希對整個神學研究對象的基本看法。在他看來，神學研究大致可以分為三個方面：系統神學（the systematic theology）、歷史神學（the historical theology）、實踐神學（the practice theology）。⑰這三者並不是彼此分離的而是相互聯繫的，它們共同構成了神學研究的整體。但根據西方神學界的傳統觀點，所謂的神學研究就是專指系統神學。而蒂利希的文化神學則試圖把這三者納入一體，從宗教的各個方面去溝通它與世俗文化的內在聯繫。

　　前面已經提到，蒂利希是在極其寬泛的意義上來使用存在主

義這個概念，即把存在主義理解為對寓於現代工業社會結構中基本精神的一種抗爭。這種抗爭精神以存在主義哲學為主導，其勢力幾乎遍及二十世紀的全部文化創造領域，諸如文學、戲劇、音樂、詩歌、繪畫、舞蹈等等。因此，他對存在主義的形成與發展也有其獨特的理解。他認為，存在主義作為一場精神運動始於十七世紀，在十九世紀得以迅速發展，並在二十世紀達到了鼎盛時期。其主要代表人物有巴斯噶、哈特曼、謝林、費爾巴哈、基爾凱郭爾、馬克思、尼采、狄爾泰、柏格森、海德格爾、薩特等。對於蒂利希的上述觀點當然可以見仁見智，但在具體評述他關於文化神學與存在主義的認識時，上述觀點的獨特性卻是不可忽視的。

對於精神分析這一概念，蒂利希也是在廣義上使用。在他那裡，這個概念包括弗洛伊德的精神分析學說，也包括一般意義上的醫療心理學和深層心理學。

首先就存在主義和精神分析的關係而言，蒂利希認為，如果在廣義上理解存在主義，那麼所謂的精神分析從根本上講就是盛行於二十世紀的整個存在主義精神運動的一部分。在歷史上，精神分析與存在主義從一開始就是相互聯繫，並在基本觀念和主要方法上相互影響。凡是讀過從陀思妥耶夫斯基（Dostoyevsky）至今的存在主義文學家作品的人，都不會否認這些小說、戲劇、詩歌等等包含著大量深層心理的材料。但所有這些材料，只有我們認清了存在主義與精神分析在哲學觀念上共有的同一根基、同一意向時，才是可以理解的。

存在主義與精神分析在哲學觀念上共有的根基與意向即在於：抗爭現代工業社會中日漸增強的「意識哲學」（the philosophy of consciousness）的勢力。在這裡，所謂的意識哲學就是指以笛卡兒、黑格爾等人為代表的理性主義哲學。在蒂利希的眼中，現代工業社會的歷史即是一部意識哲學戰勝無意識哲學或非理性主義的歷史。儘管對於意識哲學的精神抗爭遠在中世紀就有所反映，但其真正形成一場強大精神運動還是在黑格爾的意識哲學達到頂峰的時期。蒂利希認為，是謝林的非理性主義神學觀念首先

拉開了這場精神運動的序幕。隨後，叔本華的非理性意志、哈特曼的無意識哲學、尼采的權力意志、以及基爾凱郭爾和馬克思對有限性、疏離性的分析，還有陀思妥耶夫斯基對潛意識的描述等等，所有這些觀點都為二十世紀強大的存在主義精神運動作好了思想準備。而存在主義主要方法的確立則要歸功於弗洛伊德。弗洛伊德的理論貢獻主要就在於從上述思想材料中出現抽象的科學語言，從而為前人在以往幾十年甚至幾百年中用來抗爭意識哲學的基本觀念——無意識或非理性精神奠定了方法基礎。

蒂利希認為，上述歷史回顧既可以證實精神分析與存在主義的相互聯繫，也可以說明二者與宗教精神學的相互聯繫。如果再比較一下作為哲學的存在主義與作為心理學的精神分析在研究對象上的異同，這種聯繫就更明顯了。在研究對象上，存在主義和精神分析的理論興趣均在於從時空性、疏離性、有限性等角度來描述與人之本性相對立的存在困境。二者的興趣中心是，分析人與其本性的疏離、這種疏離的徵兆與特性，以及人在時空中的存在條件。「醫療心理學」這個概念本身便表明，在人的存在困境中具有某種背離規範、非得治癒的症狀，因而它實際上是在揭示各種病態——無論是精神的、肉體的還是心理的，跟存在困境之間的關係。而存在主義則基於人的有限性、焦慮感和疏離性，揭示了空虛、孤獨、無意義等諸種感覺。同時，它還從死亡感、負罪感等各方面，揭示了自由的可能性與危害性，以及人在非存在狀態面臨的威脅。不難看出，在有關存在困境基本特徵的認識上，精神分析與存在主義是不謀而合的。

在研究對象問題上，存在主義與精神分析的不同之處在於，作為一種哲學的存在主義主要考察，關係到每一個人的普遍人類境況。而精神分析則著重探討人們為了逃避困境而陷入病態的具體方式。但實際上，人的普遍存在境況與個體的心理性疾病之間的界限，是很難劃分清楚的。因此，在蒂利希的眼中，存在主義哲學與精神分析心理學不僅成為當代精神運動的兩個主要組成部分，甚至可以說就是對於傳統哲學觀念進行抗爭的同一精神。

那麼，文化神學與存在主義或精神分析的關係如何呢？蒂利

希指出，面對存在主義和精神分析提供的大量思想材料，文化神學首先需要追究的一個問題就是人的本性與其存在困境之間的關係問題。基督教傳統中有三個根本觀念：第一，關於本性善的觀念。Esse qua esse honumest，這句拉丁語是基督教的一條基本教義，它的意思是說「作為存在的存在即善」或用聖經中的神話語言來說，上帝以前見過他所創造的萬事萬物，如果眼下還能見到，那麼這些事物就是善的。第二，關於普遍墮落的觀念。墮落就是指從上述本性的善轉化為自身存在相疏離的存在，這種意義上的墮落在各種生物、各個時期中都是有可能發生的。第三，關於得救的觀念。得救一詞源於拉丁文salvus或salus，本義是「治癒了」或「復原了」，這種意思正好是和「分裂」或「疏離」相對應。上述三種關於人類本性的基本觀念實際上貫穿於所有真正的神學思考之中。神學研究首先需要思考的就是：本性的善，存在的疏離，以及有無可能發現前兩種因素以外的第三種因素，以便使前兩者之間的分裂得以彌合。用哲學術語來講，這便意味著：人的原有本性與存在本性的證實了他的目的論本性。對蒂利希來說，從神學傳統中的三個根本觀念對應推出神學研究所要解釋的三種基本因素，有著極其重要的意義。他指出，這三種基本因素在人身上是同時存在的，凡是對之不能加以區分的人，勢必陷入不可擺脫的精神紊亂狀態。而存在主義和精神分析對人類困境所作的各種批判，實質上都是以神學傳統為根基，即都是建立在前述三種關於人類本性根本觀念的基礎上，因為它們的批判矛頭都直接指向現代工業社會中的人在三種基本因素的關係問題上所陷入的紊亂狀態。

　　另一方面，存在主義和精神分析的深入發展對於推動神學研究也有重要意義。它們都為神學研究提供了某些思想觀念，這些思想觀念本來就是神學所具有、所應當發揚的，但在後來的神學研究中卻被忽視、甚至被埋沒了。首先，存在主義和精神分析都有助於神學重新發現以往兩千多年來的宗教文獻中包含的大量深層心理材料。蒂利希相信，從這些豐富的文獻中幾乎可以發現存在主義這場當代精神運動的所有基本觀念。但丁的《神曲》即可

以看作一個典型例證。尤其引人注意的是，這部長詩對地獄和煉獄的描寫，以及對處於疏離狀態中的人所固有的自我毀滅傾向的描寫。

其次，存在主義和精神分析有助於神學重新發現「罪」的本義。在基督教的基本教義中，罪一詞是有其特定含義的。但後來由於人們逐漸地把罪視同為「具體的罪惡」，又把具體的罪惡等同於各種背離習俗或規範的行為，這就使罪的含義變得十分費解。其實，罪的本義是與上述理解完全不同的。存在主義和精神分析的研究成果說明，所謂的罪就是指基於整個人類的自由與命運而產生的一種帶有普遍性、悲劇性的疏離，因而該詞是絕對不能在複數的意義上使用的。罪的本義就是指人與其本質存在的分裂或疏離。

再次，存在主義和精神分析有助於神學重新發現人類意識中的「惡性格式塔」。存在主義和精神分析所發現的惡性格式塔有其重要的神學意義。這項發現證實：如果我們相信人類在意識決斷方面是自由的，那麼同時也必須承認，早在人們作出任何意識決斷之前實際上就已存在著某些左右意識及其決斷的無意識因素。破除上述假象並非必然導致宿命論。存在主義就本質而言也不是宿命論。然而，存在主義，尤其是精神分析對於整個人格結構的再現卻說明了一個重要的問題，即在整個人格結構中並非意識才是唯一具有決定性意義的因素。

最後一點，存在主義和精神分析有助於神學重新認識一系列宗教倫理觀念。道德主義是神學理論自我分化的一種重要形式。但在目前，借助精神分析方法來重新理解「感化」（grace）。「寬恕」（forgiveness）等觀念的倫理含義，對神學來說是十分重要的。在存在主義和精神分析中，上述兩個概念都意味著接受難以令人容忍的人。換言之，只有那些性惡的人們才是需要接受的，或用宗教語言來說，才是要被寬恕、要被釋罪的。這樣一來，在宗教倫理觀念中早已失去任何意義的感化一詞，便重新獲得了一種新的涵義。精神分析學家對其病人並不在口頭上說：「你是可以接受的」，而是在行動上予以接受。從宗教符號論來看，這正是

上帝對待我們的形式，同時也是每個牧師、每個基督徒對待他人所應採取的方式。

那麼，文化神學與存在主義或精神分析的本質聯繫到底何在呢？蒂利希在這一個案分析的結語部分再三強調，存在主義或精神分析通過剖析當代人類困境提出了人的存在所暗含的基本問題——人的原有本質與現有本質之間的疏離或分裂；而系統神學則必須表明，宗教符號即是對於這一基本問題的真正答案。[38]現在可以斷定，蒂利希正是通過具體分析作為當代文化之基本特徵的存在主義與作為文化神學之基本原理的系統神學二者之間的內在聯繫，找到了文化神學與當代文化的「結合點」。如果簡化蒂利希的繁瑣論證，這個結合點可以簡稱為「問題與答案」，即存在主義提出了問題，而只有文化神學才能給出真正的答案。

第五節　神學的俗化與文化的神化

如前所見，蒂利希的文化神學主要由三部分內容構成：(1)宗教觀念批判，即通過消除正統的神學家與世俗的科學家在宗教觀上的基本分歧，重新規定宗教哲學的研究對象；(2)傳統方法批判，即通過克服本體論型宗教哲學與宇宙論型宗教哲學在歷史上的長期衝突，重新確立宗教哲學的研究方法；(3)文化神學基本觀念釋義，即根據上述兩方面的認識進而分析當代文化的基本特徵和表現形式，以求闡明宗教與文化的本質聯繫，彌合二者之間的嚴重分裂。不難看出，這三部分內容所涉及的都是重大課題，尤其是作為理論歸宿的最後一項工作意義更加明顯。因此，蒂利希對之所作的嚴肅嘗試不僅為他在當代西方神學界確立了顯赫的地位，而且也使他在整個思想界產生了重大的影響。

思想史是人們獲得比較研究所必需的想像力的一個重要泉源。全面考察蒂利希的文化神學，無論其人還是其學說都令人想起了著名的「康德現象」。如果說康德曾在近代哲學界扮演了一個「調解人」的角色，那麼蒂利希似乎可以看作當代神學界的「調解人」；如果說康德曾想用「批判哲學」來調和現實與理想、科學

與宗教之間的尖銳矛盾，那麼蒂利希則試圖以「文化神學」來再次調解現代意義上的存在與非存在、理性與非理性、文化與宗教等等多邊衝突。至於把蒂利希比作康德是否妥當，筆者還沒有十分的把握，因為蒂利希的地位與影響還有待歷史來鑒定。但把蒂利希文化神學的基本特徵歸結為上述意義上的「調和性」，想必不會引起太多的異議。

蒂利希文化神學的主旨在於重新恢復宗教與文化之間的密切關係，為此所採用的方式是兩面調和。在筆者看來，這種調和性主要是通過兩個方面或過程反映出來的：「神學的俗化」與「文化的神化」。所謂「神學的俗化」是指，對於宗教一方，蒂利希首先是本著現實主義的態度把神學研究引向世俗生活；而「文化的神化」是指，對於文化一方，蒂利希則是基於信仰主義的立場將文化形式加以神學解釋。這兩個方面或過程雖然在蒂利希那裡是相輔相成、難解難分的，但想要真正理解其文化神學的基本特徵，則有必要自實際討論中加以區分，並首先把討論的重點放在前一個方面或過程。

在蒂利希看來，恢復關係即意味著彌合分裂。而要達到這個目的，不僅不能依靠傳統的神學，反而必須從根本上加以反省，因為宗教與文化之所以久分不和，其責任首先應當歸咎於傳統神學。正統的一神論一直在西方近代神學傳統中佔居主導地位，蒂利希則用「精神」（spirit）一詞的歧義性道出了正統一神論的偏差。按照蒂利希的說法，宗教本來就是存在與信仰二者分裂、即人性疏離的產物。這無非是說，宗教屬於人類的「精神」（以小寫字母打頭的spirit），上帝即是精神之本。但正統的一神論卻本末倒置，把宗教看作「聖靈」（以大寫字母打頭Spirit）的恩賜、無情的聖旨，同時又把上帝當作「超然的存在」、「最高的在者」。於是，宗教變成了信仰絕對命令，上帝則成了絕對命令的絕對主宰。這樣的宗教或上帝難免遠離現實，遭到一般人的反抗或拒斥。蒂利希開誠佈公地指出，尼采想要「殺死的」就是這種意義上的上帝。這就說明，正統一神論的嚴重失誤不只是世俗世界反叛宗教信仰的主要原因，同時也是無神論思潮蓬勃興起的深刻根

源。雖然蒂利希具有強烈的反無神論傾向，以為「無神論最終只能表現為一種放棄任何終極關切的企圖，即對人生存在的意義漠不關心」⑳，但他還是敢於承認，無神論對「天真的一神論」可謂一副有效的矯正劑。可以肯定，蒂利希正是有感於上述現狀，才萌發了關注世俗文化創造活動、走向人類精神生活底層的大膽主張。而這種主張本身即標示著現代西方神學研究中的一場重大的思想轉變，即從抽象的上帝概念轉向具體的文化活動。

「神學的俗化」，在蒂利希那裡不光表現為把神學研究引向一般意義上的世俗生活，而且還表現為正視世俗科學，即現代人文科學。這後一種傾向也是相當重要的。從蒂利希的整個思想推演過程來看，如果說他對傳統神學的反叛主要是因為有感於一般意義上的世俗生活，那麼就必須指出，他對傳統神學的批判則主要得助於現代人文科學。在蒂利希看來，由於傳統神學誤解了宗教信仰的本質、本義，其教義、教理必然也就疏忽了存在的意義，喪失了符號的功能。因而，他在神學研究中不僅積極主張吸取精神分析、存在主義、符號理論等學科的重要成果，以便重新發現傳統符號的深刻涵義，甚至還主張廢棄傳統神學的一些陳舊符號，廣泛採用當代人文研究中的新概念、新符號來揭示新的現實。對此，蒂利希曾用一段親身經歷作過生動的說明。他說：「當我對任何一所大學裡的人們談到異化時，每一個人都知道我的意思是什麼，因為他們全都感到自己是和他們真實存在的生命，特別是和他們的自我異化了。但如果我說他們都是罪人，他們就會感到莫名其妙。他們會想：『我沒有犯過罪……』但異化對他們來說卻是一個事實。然而，罪的真正意義正是異化，即是人從上帝異化的力量，罪的全部意義如此而已。我想，這就是對於我們問題的一種可能解答，因為關於人類困境的基督教教義的真實性是整個二十世紀的每一篇著作、每一幅繪畫和每一種哲學思維所已經證實的了。只要我們能證明這一點，並向人民說明：重大的存在性悲劇發生於今天也像發生於過去一樣，我們就能使青年人理解人類困境是什麼。這就是我的全部系統神學的論點。」⑳在這段話中，蒂利希把自己在神學研究上持有的現實主義態度表

達得再清楚不過了。

由以上分析可見，「神學的俗化」的確是蒂利希為調和宗教與文化的尖銳矛盾而大膽邁出的第一步。但更重要的是，他的根本目的在於由此走向「文化的神化」。蒂利希認為，宗教與文化的長期分裂實際上是一種兩相背離的歷史現象。對於這種分裂局面，傳統神學固然負有部分甚至是主要的責任，但世俗文化也有其不可推卸的過錯。尤其是近代以來，工業社會精神的片面發展不能不視為造成宗教與文化徹底決裂的一個重要原因。工業社會的基本精神就本質而言就是一種自然主義精神。這種自然主義在拒斥宗教、拋棄上帝的同時，也隨之喪失了存在深度，疏離了人類本性，惡化了人類的困境。按照蒂利希的看法，要想擺脫當代人類困境，就必須重新克服宗教與文化二者之間的深刻分裂，而要想彌合這種深刻分裂，就不僅需要「神學的俗化」，同時更需要「文化的神化」，即重新發現文化形式所固有的宗教意義。

首先把宗教定性為終極關切，進而把種種人生信念統統歸結為宗教信仰，這是蒂利希將文化加以神化的兩個關鍵環節。關於這個問題，我們在前文的概述部分已經引過幾個例證。但蒂利希為了證實上述觀點，其用心之苦，所舉例證之多，卻是超出常人想像的。毫不誇張地說，只要隨手打開蒂利希的任何一本主要論著，幾乎都可以找到幾個這方面的例子。比如他講過，一個追求存在主義精神的人就是把存在主義作為他的終極關切；一個獻身於共產主義事業的人就是把共產主義作為他的終極關切；一個主張民主政治的人就是把民主政治作為他的終極關切；一個酷愛藝術的人就是把藝術作為他的終極關切；一個渴望美國式成功的人就是把這種成功作為他的終極關切……總之，蒂利希對文化加以神化的第一個基本結論可以簡述為：無論哪種人，凡是對其人生意義有所理解便必然進入宗教的氛圍。

看到這種面面俱到的論證，不免叫人懷疑蒂利希是不是想在宗教文化研究中徹底嘗試一下「完全歸納法」，但無論如何，這種論證對蒂利希來說有著至關重要的邏輯意義。因為對於人生信仰的神化，實際上也就是對文化活動主體的神化，而從文化活動主

體的神化便可以順理成章地推出文化活動形式的神化。由此來看，我們可以按照相同的位格，把蒂利希對文化加以神化的第二個基本結論簡述如下：無論哪種文化活動形式，凡是對其根本意義有所探討便必然進入宗教的氛圍。顯而易見，上述兩個基本結論不僅帶有濃厚的信仰主義色彩，而且還具有強烈的泛宗教論傾向。

蒂利希文化神學的基本特徵在於「調和性」，那麼，其文化神學的基本性質又是什麼呢？相比之下，這個問題要比前面討論的問題難度更大一些。主要是因為，在以往的蒂利希研究中，中外學者在「特徵問題」上的認識還比較準確，但在「性質問題」上所作的結論則存在著比較大的偏差。瀏覽相關的研究專著或評介資料，西方學者一般都把蒂利希的宗教哲學思想定位為「存在主義的神學」，國內的學者主要是採納了這種看法。表面看來，這種觀點似乎不無道理。一個明顯的事實是，蒂利希像道地的存在主義者一樣，他的整個神學研究也是以當代人類困境為基本著眼點的。他在對人類困境的一般分析中不但大量引用了存在主義哲學的基本概念，甚至連他的基本結論也和存在主義哲學家們不乏共鳴之處。然而，表象的相似並不等於本質的同一。儘管我們在前文已經提及蒂利希本人對「存在主義」這個概念的獨特理解，但為了直接點明以往研究中的主要偏差，我們在此不想過多地糾纏於概念問題，只想指出另一個關鍵性的事實：在蒂利希看來，存在主義包括其哲學只不過是文化的一種形式，而並非文化的本性。換句話說，存在主義哲學只是發現了基本問題，但並沒有提供根本答案。照此來看，如果僅僅依據問題上的共識就把蒂利希劃入存在主義者的行列，這恐怕是連蒂利希本人也不會同意的。

從根本上來說，一種學說的基本性質是其研究方法的深刻反映。因此，要如實揭示蒂利希宗教哲學觀念的基本性質，還需要深入觸及其研究方法。我們已經知道，蒂利希試圖以文化神學來涵蓋系統神學、歷史神學和實踐神學這三大研究領域。其中，系統神學是文化神學的基本原理部分，而《系統神學》一書實際上也就是一部「神學原理」。蒂利希在該書的「導論」裡曾就神學研

究方法問題作過專門論述。他指出：「系統神學所用的是相關方法。……這種相關方法就是通過存在的問題與神學的答案之間的相互依存性來闡釋基督教信仰的內容。」㉚一般說來，「相關」（correlation）一詞的用法有以下三種：第一，意指不同資料之間的對應性，比如統計圖表中的對應關係。第二，意指不同概念之間的邏輯依存性，比如兩個概念之間的對立關係。第三，意指諸種事物或事件在結構整體中的現實依存性。蒂利希指出，上述三種涵義在神學研究中各有重要的用途。就對應性而言，宗教符號與其符號化的對象之間是相關的，這種相關性涉及到宗教知識的核心問題；就邏輯依存性而言，描述人類的概念與標示神祇的概念之間是相關的，這種相關性限定著論及上帝和世界的命題；就現實依存性而言，人的終極關切與其關切的對象之間也是相關的，這種相關性則證實了宗教經驗中的人神關係。神學研究借助這樣一種「相關方法」（The method of correlation）所要達到的主要目的就是分析存在的問題由之產生的人類境況，從而證明基督教的啟示所運用的符號就是這些問題的答案。

由此可見，相關方法在神學研究中的具體應用大致可以分為三個要點：提出「存在的問題」、分析「人類的境況」、證實「問題的答案」。蒂利希對上述三個要點都作了具體解釋。「存在的問題」就是宗教啟示所要解答的問題。這些問題都是永恆的，是與人類歷史同始同終的，因為它們本身就是「我們自己的問題」。可以說，在人提出其他任何問題之前，他首先必須探求自身存在的問題。因此，這些涉及存在本身的基本問題，一方面遠在整個人類的歷史初期就已形成了，另一方面早在每個個體的兒童時期也就出現了，對此幾乎所有的神話學和兒童學的研究成果都可以引以為證。事實上，「做人」便意味著在有關答案的影響下去思考自身存在的問題。或者說，「做人」不得不首先接受有關的答案，隨後在其影響下再去反省自身存在的問題。

如同存在問題的提出一樣，對於人類境況的分析也是由來已久的。在今天，雖然有關人類境況的各種分析都被歸在存在主義的名下，但實際上諸如此類的分析是遠遠早於存在主義的，甚至

可以斷言自從人類開始自我認識之時就已經出現，並以各種概念形式從早期哲學中反映出來。也就是說，一旦人類開始觀察自己的世界，他就會發現自己不過是這個世界的一部分；同時還會意識到自己在這個對象化的世界裡彷彿是一個陌生人，他只能藉助於科學分析來認識這個世界的某些層次，卻根本無法識破這個世界本身。到這時，人類便開始意識到一個事實：對於認識實存來說，他自身就是通向更深層次的「門戶」，即唯有通過自身的存在才有可能達到存在本身。但這並非是說人比其他物質對象更適於作為科學研究的對象，而是在相反的意義上來說，人通過其自身存在的直接經驗能夠揭示普遍存在的某種本性。這就是人類之所以需要分析自身存在境況的主要原因。

哲學和神學都對人類境況進行分析，但二者進行分析的角度與深度卻大不相同。人類在各個文化領域所作的創造性自我解釋，都是可以用於分析人類境況的原始材料。哲學家的任務是，通過這些材料分析存在的狀態，以及存在問題的歷史演變。而神學家對於這些材料，是依據基督教啟示提供的答案來加以梳理，進行分析的。在蒂利希看來，這種依據啟示而作的分析顯然要比哲學家的分析深刻、透徹得多。蒂利希不僅自己身棲哲學與神學兩大領域，同時他也主張系統神學家起碼應該是一個具有批判理解能力的哲學家。這樣便會出現一個問題：作為哲學家的神學家與純粹的哲學家，這兩種人對人類存在境況的分析難道會有什麼不同嗎？蒂利希對此也作出了肯定的回答。他指出，後者只是把這種分析作為整個哲學研究的一部分，而前者總是要把他所分析的材料跟基督教的神學觀念聯繫起來。這種做法並不會使神學家的哲學思考處於外界事物的擺佈之中。雖然作為一個神學家，他並不追究何為哲學上的「真」，而作為一個哲學家，他又不苟求何為神學上的「真」，但他在分析人類的存在以及普遍的存在時，卻自始至終地感受到基督教的信仰符號是有意義的、可理解的。總之，神學家一向確信他所分析的任何事物均無法改變他所要回答的本體問題，因為這個本體就是「存在的邏各斯」，就是「基督耶穌的體現」。如果不把這一點作為分析的前提，那麼他肯定會失去

「哲學上的真誠」，又喪失「神學上的關切」。

關於「問題的答案」，蒂利希指出，基督教是基於一系列帶有啟示性的歷史事件而建立起來的。這些事件本身就包含著問題的答案。所以，系統神學正是本著準則，借助分析而從中尋求有關存在問題的答案。這是因為，問題的答案並非源於問題本身即出自存在狀況的分析，而是來自問題之外，超越於存在狀況而與人類進行對話。否則的話，它們就不成為答案了，因為問題就是人類存在狀況本身。但從相關方法來看，問題與答案之間的實際聯繫要比以上描述複雜得多。問題與答案是相互依存的。在內容上，基督教所提供的答案是依存於那些具有啟示性的歷史事件；在形式上，它們又是依存於問題本身的結構。「上帝」作為信仰的基本符號，無疑回答了人類有限性中隱含的問題。但在系統神學中，如果把上帝跟「非存在之威脅」聯繫起來，那麼上帝必須被稱為「存在之無限力量」，即經典神學中所說的「存在本身」；如果把焦慮定義為「意識到了存在的有限性」，那麼上帝必須被稱為「存在之無限勇氣」，即經典神學中所說的「普遍的上帝」；如果把上帝國跟「歷史存在之謎」聯繫起來，那麼上帝必須被稱為「歷史的意義及其實現」。所謂的相關方法就是以這種方式來重新闡釋基督教的傳統符號，這樣既保留了這些傳統基本符號的活力，又使它們回答了由當代人類存在狀況分析所提出來的問題。

在基本評價部分再把不少篇幅讓給蒂利希，這種做法好像有點不妥。但就眼下討論的問題而言，筆者以為還是儘量讓蒂利希本人出來說話更可靠一些。比較蒂利希的有關論述與以往研究的基本結論，不難看出後者不僅存在偏差，甚至可以說是相當大的偏差。要是像以往的研究者那樣，把蒂利希的宗教哲學觀念理解為「存在主義的神學」，同時就必須承認他所運用的是存在主義的方法。但這顯然與蒂利希的方法論原則不符。事實上，蒂利希的研究方法不僅不是「存在主義」，而且壓根兒就不是「哲學」。即使就以往研究者們賴以立論的事實根據來看，結論與事實二者之間的出入也是相當大的。蒂利希雖然如同大多數存在主義哲學家一樣，十分關注當代人類的存在困境，但他的這種理論關注絕不

是「以人學為本位」而是「以神學為本位」的。這一點正是問題的要害之所在。如果在宏觀思想背景比較的意義上，非要把蒂利希的宗教哲學觀念跟存在主義哲學放在一起加以考察，那也必須對以往的研究結論作一個重要的修正：與其說蒂利希所主張的是一種「存在主義的神學」，不如說是一種「神學的存在主義」。但依筆者來看，為了更準確地把握蒂利希宗教哲學觀念的理論實質，我們最好還是放棄以往的研究結論，採取這樣一種新的解釋：蒂利希的宗教哲學是一種「具有現實主義傾向的、基於信仰主義立場的文化神學」，或在此意義上簡稱為「泛宗教論的文化神學」。

相關方法是蒂利希的整個文化神學體系的邏輯核心。這種方法的基本思路在於，把「存在的問題」與「神學的答案」聯繫起來。我們已經看到，「存在的問題」與「神學的答案」在蒂利希那裡是用來泛稱一系列重要的矛盾關係的，諸如人性的疏離與人性的復歸、存在的煩惱與存在的勇氣、無意義與意義、非存在與存在、精神的表層與精神的底層、文化的形式與文化的本體等等，而所有這些矛盾關係又都從各個角度深刻地反映出文化與宗教這一基本矛盾。很顯然，在上述種種矛盾關係中，前項均指「現存的有限性」，後項則指向「存在的無限性」。因而，從根本意義上可以說，蒂利希實際上是以一種新的人文語言重新探討了思想史中的一大難題——有限與無限的關係問題。但必須指出，蒂利希本人儘管處於現代文化的氛圍，他的相關方法卻仍然沒有擺脫陳腐的形而上學思維方式的劣根性。他為調解「現存的有限性」與「存在的無限性」而提出的方案，首先是以絕對割裂有限性與無限性為邏輯前提的。根據他的邏輯，現存之所以是有限的、有問題的，就是因為現存僅靠自身是無法達到無限、無從尋求答案的。蒂利希就是這樣在世俗文化領域為宗教信仰重新確立了神聖的地位，無條件地把「本體」、「意義」等等劃歸於宗教符號。面對這種武斷的神學觀念，我們應當意識到一個重要的問題：形而上學方法在文化神學中的復興的確是有其現實根據的。正如康德當年根據「認識（理性）能力的有限性」為宗教信仰保留了地盤

一樣，蒂利希如今又根據「存在（理性和非理性）狀況的有限性」重蹈康德的覆轍。而上述意義上的有限性恐怕就是宗教信仰賴以長期存在的主要認識論根源。

然而，承認現實並不意味著向現實妥協，更不意味著走向神祕主義。既然辯證法是超越於形而上學的歷史產物，我們就完全有理由把有限性與無限性這一基本矛盾置於其固有的辯證關係中加以認識。整個人類歷史在一定意義上就是從有限走向無限的過程。在現實的歷史進程中，有限與無限並非僵化的兩極，而是表現為人類文化創造活動不斷超越「舊的無限」，繼而追求「新的無限」。從康德到蒂利希，人文科學的進步確實可以稱之為劃時代。如果說蒂利希對於「現存的有限性」的認識主要不是其神學研究的結果，而是借鑒了當代人文科學的成就，那麼闡明這種有限性的歷史使命也必然落在人文科學身上，而決非推諉於神祕的宗教符號就能一了百了的。

【注解】

① 參見蒂利希：《文化神學》（THEOLOGY OF CULTURE, Oxford University Press, 1959），「序」。

② 《文化神學》（英文版），第五頁。

③ 同上書，第五頁。

④ 《文化神學》（英文版），第七頁。

⑤ 同上書，第七—八頁。

⑥ 參見蒂利希：《系統神學》（SYSTEMATIC THEOLOGY, Three Volumes in One, The University of Chicago Press, 1967）第一卷，第十一—十二頁。

⑦⑧ 參見蒂利希：《系統神學》（SYSTEMATIC THEOLOGY, Three Volumes in One, The University of Chicago Press, 1967）第一卷，第十二、十三頁。

⑨ 《文化神學》（英文版），第八頁。

⑩ 《文化神學》（英文版），第二十二頁。

⑪⑫ 《文化神學》（英文版），第二十四頁。

⑬ 《文化神學》（英文版），第二十六頁。

⑭ 《文化神學》（英文版），第十一十一頁。

⑮ 《文化神學》（英文版），第四十二頁。

⑯ 蒂希利：《信仰的動力》（DYNAMICS OF FAITH, Haper and Row Publishers, 1957），第四十一頁。

⑰ 《文化神學》（英文版），第五十九頁。

⑱ 《信仰的動力》（英文版），第四十五頁。

⑲⑳ 同上書，第四十五頁。

㉑ 《信仰的動力》（英文版），第四十六頁。

㉒ 《信仰的動力》（英文版），第四十八頁。

㉓ 同上書，第四十九頁。

㉔ 同上書，第五十、五十三頁。

㉕ 《文化神學》（英文版），第七十頁。

㉖ 同上。

㉗ 關於三者的具體規定，參見《系統神學》（英文版），第二十八—三十

四頁。

㉘參見《文化神學》（英文版），第一二五—一二六頁。

㉙《信仰的動力》（英文版），第四十五頁。

㉚轉引自《理想的衝突》，商務印書館一九八四年版，第三一四頁。

㉛《系統神學》（英文版），第六十頁。

第七章　卡西爾的文化哲學

　　哲學作為「一門知識的知識」，其生長點總是深深植根於當代學術思潮，積極順應著前列學科的邏輯走向。這一特點在二十世紀日盛一日的宗教文化研究中也得到了充份的反映。我們在前面幾章已經看到，像文化人類學、宗教社會學、文化史學、歷史哲學、文化神學等前列學科的一些帶頭人，均在拓展著一種新的視野，即把宗教作為一種現代意義上的文化現象加以考察。同樣，在現代西方哲學中也不乏相似的、甚至是更有力的嘗試。本章即想以恩斯特·卡西爾（Ernst Cassier, 1874～1945）的文化哲學為例，看看當代哲學為拓展這樣一種新視野所作的努力。

　　卡西爾的文化哲學體系龐大，內容豐富，廣泛涉及到語言、神話、宗教、藝術、科學、歷史、政治等等領域。在這其中，神話宗教研究①處於相當重要的位置，而且在卡西爾生前出版的最後一部著作《論人類文化哲學導論》中其地位愈加顯赫，被擺在了諸種文化現象之首。從邏輯生成角度來看，如果把文化哲學的創立視為卡西爾從近代哲學跨入現代哲學的標誌，那麼在他那裡，如水乳交融、難解難分的神話、宗教與語言研究彷彿拼成了「一塊跨越兩個學術時代的跳板」。鑒於上述重要聯繫，討論卡西爾的神話宗教研究，也就非得從他的整個思想主變過程落筆了。

第一節　從理性批判到文化批判

　　在卡西爾的思想發展過程中有過一次重要的轉折，這就是從「理性的批判」轉向「文化的批判」。經過這次轉折，卡西爾好像重新塑造了一個「理論的自我」。要是說處於理性批判時期的卡西爾還可以算作馬堡學派的一員大將，而熱衷於文化批判的他則無可爭辯地成為文化哲學的先驅之一了。這場重要轉折大約始於二〇年代，其基本成果就是三卷本的《符號形式哲學》（1923～1925年）。

《符號形式哲學》一書的「導論」，可以看作卡西爾想轉向的「宣言」。在這篇導論中，卡西爾緊緊圍繞著本體論與認識論的基本問題，第一次比較系統地表達了文化批判的基本觀念。哲學思辨始於「存在」。在卡西爾看來，一俟形成了這個觀念，一俟意識到存在的統一性與事物的差異性之間的對立，也就出現了哲學。自古以來，哲學思辨就在追究世界的本源，即確定存在的始基。但在一個很長的時期，人類對於世界的認識一直囿於現存的事物，哲學家們所確認的種種本源或始基也並非超越於現實世界的某種東西。古代的思想家一般是從現存世界中抽取某一特殊的、有限的事物，然後以此作為本源推出萬事萬物。因而，對於本體論問題的回答雖然在哲學史上千變萬化，但其一般形式始終沒有超出同一種方法論的範圍。起初，本源被看作某種特殊的物質實體；後來本源越來越觀念化，演變成為某種純粹的理性原則。相比之下，儘管後來提出的這些原則帶有濃厚的觀念色彩，可還是跟現存事物密切相關。像畢達哥拉斯學派的「數」，德漠克利特的「原子」，雖然已經不同於伊奧尼亞思想家們所講的原初物質，但就本質而言仍不過是傳統方法的產物。

　　古代哲學在本體論問題上所陷入的這種不確定性，直到柏拉圖提出「理念說」以後才得以克服。柏拉圖理念說的歷史功績即在於，它第一次以明確的形式為本體論問題奠定了理智前提。「理念」作為一種內在原則，事實上早在那些探究本源的最初嘗試中，諸如埃利亞學派、畢達哥拉斯學派那裡就已經出現了。但只有柏拉圖才真正認識了這一原則的基本意義。柏拉圖首先意識到存在是一個問題，所以他不再單獨考察存在的次序、條件和結構，而是專注於存在的概念及其意義。和柏拉圖觸及問題的敏銳性以及研究方法的嚴謹性相比，以往的哲學思辨都顯得黯然失色了，簡直可以把它們看作「存在的神話」。在柏拉圖之後，被古代哲學一向視同為存在的思想，便獲得了一種全新而深刻的意義：「它不再跟存在並行，不再是一種『關於』存在的單純反映，而是以其自身的內在形式決定著存在的內在形式。」②

　　卡西爾認為，古代哲學對於本源問題的認識過程是非常典型

的。這個過程在唯心主義的各個歷史階段上反覆出現。而且，不僅在哲學上是如此，在其他學科中也是如此。從整體來看，這一典型的過程表現為：從「資料」到「規律」，再由「規律」到「公理」或「原則」；在某一知識階段作為合理答案的公理或原則，到下一個階段勢必成為新的問題。這樣一來，僵化的存在概念就好像被拋入了知識運動之中，而存在的統一性只有作為運動的目標而不是運動的起點才是可以想像的。正是在這種情況下，幼稚的知識摹寫論名譽掃地了，各門科學的基本概念，即用來思考問題、闡釋答案的基本工具，不再被看作事物的被動影像，而是被看作理性自身所創造的「符號」了。直言之，整個科學必須放棄「直接把握實在」的知識理想，因為科學認識所能達到的「對象化」現在是而且永遠也只能是一種「中介化」。卡西爾著重指出，如果知識的對象只能從一種特殊的邏輯結構或概念結構為中介才能加以界定，那麼就不能不從中悟出一條十分重要的唯心主義結論：諸多中介是與知識對象的諸種結構、客觀關係的諸種意義相對應的。甚至就自然領域而言，各門自然科學的知識對象也不是絕對同一的，因為它們都是從各自的觀點提出各自的問題，並把現象納入特定的解釋結構的。對唯心主義的思想進程來說，上述結論作為終點似乎是對起點的否定，即以事物的多樣性否定了存在的統一性。但是，關於存在統一性的形而上學假設之所以遭到否定，並不是由於知識的對象和方法具有不可簡約的性質，而是昭示著這種形而上學的假設到了必須被取而代之的時候了。目前，哲學批判所面臨的一個新課題就是，把各個學科作為一個整體來考察，力求解決這樣一個關鍵的問題：它們用以反映實在的種種理智符號究竟是簡單並列的？還是人類諸種認識功能的不同表現呢？如果後一種假設能夠成立，哲學批判的重點就必須從「實體的統一性」轉到「功能的統一性」，以便闡明諸種認識功能的一般條件和基本法則。

根據卡西爾的看法，這種重點轉移實質上就是一種哲學批判視野的擴展。而且，一旦我們意識到「認識活動」的局限性，這種視野還會進一步擴大。顯然，無論在多麼寬泛的意義上，所謂

的「認識」都不過是心靈把握實在的一種形式，其目的無非在於把特殊的事物歸結為普遍的法則。然而，除了這種適用於科學概念體系的理智綜合功能之外，作為一個整體的人類精神生活還有的是其他形式。這些形式也可以稱為「客觀化的方式」，也具有認識功能。「凡此種種功能都創造出了其自身的符號形式，這些形式即使不類似於理智的符號，但作為人類精神的產物一樣享有同等的地位。這些形式中的任何一種都無法簡單地歸併於其他形式，或從其他形式中衍生出來；它們各自都標示著一條特殊的途徑，都存在於此、並借助於此構成了其自身的『實在』方面。它們並非某種獨立的實在藉以向人類精神顯示自身的不同模式，而是人類精神借以走向其客觀化、即自我展現的不同道路。」③若以這種眼光重新審視語言、神話、藝術、科學等等，這些領域便會向哲學批判提出一個共同的課題——符號形式的功能法則。這就為文化科學的哲學批判展現了更廣闊的天地。

　　卡西爾在其整個一生中都在不斷地從康德那裡品味哲學批判的真義。在他看來，康德哲學在方法論上的革命意義即在於，徹底改變了關於認識與對象關係問題的傳統觀念。康德認為，哲學批判決不能從已知的、給定的對象出發，相反必須從認識法則出發。也就是說，不應當像本體論上的形而上學那樣去規定存在的一般性質，而是要通過理性分析去探討判斷的基本形式。唯其如此，所謂的客觀性才是可思議的。可是，康德的先驗分析僅僅描述了客觀必然性的形式，並未揭示客觀性本身的特徵。當康德通過三大批判來建立「純粹理性體系」時，他自己也意識到這種客觀性過於狹隘了。數學和物理顯然不可能窮盡實在的豐富內容，在道德、藝術等領域，人類精神都以其自身的創造展現著實在。因而，隨著哲學批判的深化，逐步發現和規定人類精神的全部範圍，這正是康德哲學的一個顯著特徵。由此來看，康德在哲學上發起的「哥白尼革命」就有了一種更深遠的意義。對哲學批判來說，其任務不僅在於設法理解純粹的認識功能，同時還必須設法理解語言思維、神話思維、宗教思維、藝術直覺等等符號形式的基本功能。這樣一來，「理性的批判就變成文化的批判。這種批

判力圖理解並揭示，文化的各項內容不僅僅是某項孤立的內容、在其基於一種普遍的形式原則的意義上，是如何以人類精神的一種原始活動為先決條件的。」④

《論人》是卡西爾四十年代赴美後應美國讀者的要求，為《符號形式哲學》而寫的一個簡本。該書的題目本身便耐人尋味。既然是為符號形式哲學或人類文化哲學作的簡介，為什麼要以「論人」作為主標題呢？在筆者看來，這並不是一個無足輕重的文筆問題，而是鮮明地反映了卡西爾思想轉折的不斷深化。正如《論人》一書的美國編輯查爾斯·W·亨德爾所說，卡西爾在寫作此書時看重的是「一種時代的普遍要求」，是想通過展現人類在歷史上渴求自我認識的漫長歷程，把讀者引入當今人類境況的哲學沉思⑤。上述背景對於理解卡西爾的思想轉折有著重要的意義。如果說《符號形式哲學》主要是從哲學研究的基本原則來闡釋文化批判觀念，那麼《論人》則是從哲學研究的根本目的來繼而深化這一觀念。

卡西爾認為，哲學研究有一個最後的目標，這就是「認識自我」。儘管在兩千多年來的哲學史上學派紛爭、思潮泛起，但認識自我一向是哲學研究中的「阿基米德點」，是一個恆久的主題。回首西方思想的演變過程，人類對於自我的認識大致經歷了這樣幾個階段：古典形而上學時期，中世紀神學時期，近代科學精神時期，以及現代無政府主義時期。

遠溯古希臘哲學，它所代表的是古典形而上學時期。人們通常認為，早期的希臘哲學只關心物理世界。其實，這時的希臘哲學已經蘊含著認識自我的傾向。這突出地反映在赫拉克利特的思想中。作為一個古代的自然哲學家，赫拉克利特已經確認，不探究人的祕密也就無從洞察自然之奧祕。因而，要理解實在的意義，首先必須進行自我反省。由赫拉克利特表達的這種思想傾向成熟於蘇格拉底。在蘇格拉底看來，以往的所有哲學問題實際上都圍繞著一個理智中心——認識自我。因此，對於哲學研究來說，唯一的問題就是人的問題，唯一的世界就是人的世界。他通過辯證討論人的各種品行，對人的問題作出了一種間接而新穎的

回答：人在其生存的每時每刻都必須審視自身的生存狀況，所以人是一種能對理性問題作出理性回答的存在物。

在人的問題上，以奧古斯丁為代表的中世紀神學走向了古典形而上學的反面。奧古斯丁認為，在耶穌降世前的哲學研究中存在著一個根本的錯誤，這就是把人的理性高揚為人的最高力量。事實上，一旦深得上帝的啟示即會明瞭，理性本身並非單純、唯一的，而是雙重、分裂的。人是上帝的造物，原本與上帝無二。但由於亞當的墮落，人的原始狀態喪失，理性的原有力量也被遮蔽了。因此，要回歸理性的本質，找到澄明之路，只有依賴神賜的力量。這便是奧古斯丁所創立的中世紀的哲學人類學。

近代自然科學精神的出現把人類的自我認識推向了一個更高的層次。根據近代科學精神，雖然古典形而上學和中世紀神學的方法與目標大不一樣，但它們卻共有一個錯誤的原則——人類中心論，即把人視為宇宙秩序的中心與目的。而近代科學精神所要設立的先決條件就是打破人類中心論，確證人類與自然的統一性。然而，否定人類中心論決不意味著貶低理性的力量，而恰恰是為了進一步揭示這種力量。像漾伽利略、笛卡兒、萊布尼茲、斯賓諾莎、狄德羅、達爾文等一大批重要的近代思想家都為證實這一點作出了不懈的努力。在他們看來，數學理性是溝通人類與宇宙的紐帶，是真正理解宇宙秩序和道德秩序的鑰匙。但隨著達爾文《物種起源》一書的出版，一種新的理性力量萌發，生物學思想一躍佔據了高於數學理性的地位。從此以後，思想家們不再沉溺於虛幻的思辨，不再泛泛地規定人性，而是專心搜集經驗證據，描述人性的進化過程。這就是十九世紀的思想家們共有的人學傾向。

然而，對於人類自我認識來說，主要的問題並不是廣泛收集經驗事實，而在於如何解釋這些事實。可以肯定，理論解釋如其說取決於經驗的事實，毋寧說取決於形而上的原則。只要以一般進化論為出發點，勢必會出現一系列問題：進化論的一般原則是否適用於文化的世界？能否用經驗的方法來歸納複雜的人性？人性是否具有特定的結構與動因？所有這些問題歸結為一點，就是

如何證明人性的統一性。一旦涉及到這一點，便可以發現現代哲學所提出的種種解釋實際上處於一片混亂。表面看來，現代思想家在人性問題上大多都是經驗主義者，他們的人性學說十分注重經驗事實。但實際上，在他們對經驗證據的解釋中都貫穿著某種武斷的形而上原則。例如，尼采突出權力意志，弗洛伊德推崇性本能等等。所有這些理論猶如一張張「普羅克拉斯蒂鐵床」，把經驗事實削足適履地塞進了種種先驗的模式。於是，在人性問題上，思想家們的個人氣質越來越成為主導因素，公認的權威不復存在。比較起來，前述各個階段雖然也有不同的觀點，但它們至少都有某種一般傾向，某個共同的理論參照系，像古典的形而上學，中世紀的神學，近代的數學和生物學等等都曾起過類似的作用。而時至現代，關於人性的學說已經徹底喪失了理智的中心，陷入了思想無政府狀態。

由此可見，現代哲學在人性研究中出現了一種奇怪的狀況。一方面，由於心理學、人類學、歷史學等人文科學的巨大進步，經驗材料空前豐富，分析能力日漸增強；而另一方面，人類的自我認識卻發生了真正的危機。上述情況說明：事實的財富並不必然就是思想的財富。除非我們能夠找到一種有效的方法來規整這些豐富的材料，否則便無法走出材料的迷宮，更無法擺脫目前的危機。

理論危機往往孕育著學術的進步。在卡西爾看來，目前的這場危機並非源於現代哲學的思想無政府狀態，而是深深植根於傳統的哲學觀念。我們已經看到，遠在古典形而上學時期，古希臘哲學們就把人看作理性的動物，因而也就把哲學看作理性的沉思。十九世紀以降，儘管近現代的非理性主義思潮作出了種種努力，但古典的人性定義、哲學觀念依舊佔有一統地位。理性的確是人類活動的一個重要特性。可是，面對人類文化形式的多樣性與豐富性，所謂的理性就顯得過於狹隘了。所以，有關人的研究必須從人類文化形式的多樣性與豐富性入手，關於人的哲學也應當擴展為一門文化哲學。這是因為，人的基本特徵既不是形而上學的本性也不是物理本性，而是文化活動。正是全部文化活動才

規定了人性的「圓圈」，而構成這個圓圈的各個「扇面」就是語言、神話、宗教、藝術、科學、歷史等等文化活動形式。卡西爾強調，「所有這些形式均是符號的形式。因此，我們應當把人定義為符號的動物（animal symbolicum），而不該定義為理性的動物（animal rationale）。」⑥

綜上所述，在《符號形式哲學》和《論人》的有關論述中，我們似乎可以分別看到卡西爾整個思想轉折過程的起點與歸宿。筆者認為，這二者之間首尾呼應，勾勒出了卡西爾從理性批判轉向文化批判的邏輯背景。這種背景對我們來說無異於一種《本文》。唯有潛入其中，才有可能真正讀懂卡西爾的神話宗教研究，切實感到該項研究工作在其整個文化批判中的特有份量。從上述思想背景中不難看出，卡西爾之所以要從理性的批判轉入文化的批判，其本意不只在於拓展哲學批判的廣度，更根本的還在於發掘哲學批判的深度。這一整體指向勢必反映於作為部分的神話——宗教研究之中。因此，相應於卡西爾思想轉變的兩個基本步驟，我們首先也應當從哲學研究的基本原則與根本目的兩個方面來把握卡西爾神話宗教研究的要義，然後才好論及其他內容。這就是筆者在安排以下幾節時的主要考慮。

第二節　神話思維與科學思維

眾所周知，西方近代哲學就主流而言是以理性批判為特徵，而這種理性批判又是以科學思維為依托。但卡西爾認為，這個在近代哲學那裡被視為不可動搖的邏輯支點，恰恰是值得推敲的。科學固然是人類文化的最高成就，但同時也是人類在其理智發展過程中邁出的最後一步。簡言之，科學並非人類文化的一個「起點」（terminus a quo），而是一個「終點」（terminus ad quem）。「遠在人生活於科學世界以前，他就已經生活在客觀的世界中了。甚至在發現科學方法之前，他的經驗也並不表現為一團雜亂無章的感覺，而是一種有組織、有頭緒的經驗。它具有一種明確的結構。但是，使這個世界具有綜合統一性的概念，跟我們的科學概

念既不是屬於同一類型的也不處於同一層次的。它們是神話的或語言的概念。」⑦由此來看，近代哲學的邏輯支點本身就是成為問題的。而文化哲學的首要任務就是要抓住這個問題去進一步追究科學概念的根基或源頭，即神話宗教概念的形成過程。上述任務被卡西爾稱為神話研究或語言研究的「總目標」。

在卡西爾看來，窮究神話宗教概念的形成過程，實際上也就是考察語言概念在歷史發展過程中是如何跟神話宗教觀念相互聯繫，以及這兩種發展過程在哪些本質特徵上是相互吻合的。顯然，要達到上述目的，並把神話思維與科學思維明確劃分開來。必須借助於邏輯學和認識論。根據傳統的邏輯學觀念，概念是這樣形成的：先要匯集一些相似的對象，接著就是去異存同，加以反省。這樣，關於某類對象的一般觀念就在意識中形成了。不言而喻，由此形成的概念就是認識對象本質屬性的總和。那麼，如何理解並確定屬性？問題就出在這裡。大家知道，形成概念必須預先界定屬性；換句話說，必須先有作為種差的屬性，才有辨別事物、歸納對象的尺度。然而，種差難道不是後於語言才存在、並借助於語言命名（naming）才得以認識的嗎？如果上述質疑能夠成立，那麼便會從中引出一系列值得深思的問題：語言命名的規則和標準是什麼呢？驅使語言把一些特定的觀念歸為一體、賦以名稱的是什麼？促使語言從印象之流中進行選擇、加以思考、給出的又是什麼？一旦提出這些問題，傳統的邏輯學便一籌莫展了，因為它對「類」概念起源的解釋，正是以眼下追究的東西為前提的。如果再考慮到，就其觀念綜合形式而言，最初的語言概念及其指稱意義並不是由認識對象簡單規定的，而是給語言創造的自由發展留有充份的餘地，眼下所要追究的問題就變得愈加困難、也愈加緊迫了。不過可以肯定，即便是早期語言的自由創造活動也是有其自身規律的，而問題即在於如何揭示這規律。因此卡西爾認為，首先還是來看看這一規律跟科學概念的形成過程有無關聯。

在形成一般的概念時，科學思維的主要目的在於：把個別事物從此時此地的現存狀態中折取出來，打破個別材料的孤立性，

以便把該事物和其他事物聯繫起來，歸入一種秩序或一種體系。對理論知識而言，概念的邏輯形式只不過是判斷的邏輯形式的墊鋪而已；而所有的判斷均旨在消除意識內容中的個性幻覺，把個別的事實納入一般的概念，看作規律的個例。只有這樣，個別事物才是可認識、可理解、可在概念上把握的。就此而論，凡是真正的判斷都是「綜合的」（Synthetic），因為判斷所要實現的就是一個由部分到整體的綜合過程。該過程是通過一系列相繼的認識活動完成的：首先是規整個別的感覺或觀念，隨即把現有的整體歸入更大、更複雜的整體，最後再由這些複雜的整體構成全部事物的整體。因而，追求整體性的意向就是科學概念形成過程中的「生命原則」。這一原則必定是「推演的」（discursive），它總是驅使理智從特殊事物出發，按經驗的導向遍覽整個存在領域。通過這種推演式的思維過程，特殊事物便獲得了確定的特質和理智的意義。卡西爾指出，這就是科學思維的知識範式。

顯然，著眼於科學概念的形成過程，是無法弄清語言概念的原初結構的。只要還沒有做到這一點，現有的邏輯原理就仍然處於沒落的狀態，不可能取得長足的發展，因為理論知識的全部概念無非是想以語言概念為基礎，構成一個較之低級的語言邏輯更高級的邏輯層次。邏輯原理首先必須確立的一個前提是：命名先於概念的構成及其理解。人類正是通過命名過程才把一個甚至連動物也有的感官世界改造成「一個心理的、觀念的和意義的世界」。因而，所有的理論認識都是從語言事先構成的世界出發的。換句話說，科學家、史學家、甚至包括哲學家，無一不是按照語言提供的形式而與其客觀對象生活在一起。所以，若想解釋這種直接的依存性，就必須放棄傳統的邏輯理論。在傳統的邏輯學裡，概念的形成過程總是被歸結為一般化的「抽象活動」，而所謂的抽象歸根到底無非是指，從若干給定的屬性中選擇出那些感覺或經驗所共有的屬性。但目前擺在我們面前的問題，並不是如何選擇給定的屬性，而是首先必須說明這些屬性本身到底是如何被「假定」（positing）的。在過去的研究中，這個問題即使對那些長期探討語言起源的專家來說，也彷彿是一棵「猴迷樹」（Monkey

Puzzle）⑧，想要爬上這棵樹的人總是「望樹興嘆」。卡西爾認為，以往的研究之所以在語言起源問題上陷入絕境，其根本原因就在於它們始終囿於傳統的邏輯觀念，用科學思維來比照語言概念的原初結構。與此相反，假如我們轉向神話思維，把語言概念的原初結構置於整個神話概念的形成過程中加以比較研究，那麼面對那株無法攀援的「猴迷樹」，我們的心中就會重新燃起希望的火花。

語言概念和神話概念可以歸為一類，這是卡西爾把二者加以研究比較的基本前提。在他看來，這個前提是有其事實根據的：語言概念和神話概念實際上反映著同一類「理智理解形式」，而這種理解形式的基本路數恰恰是和科學思維相反。前面提到，科學思維的顯著特徵是「推演性」，即追求「存在的整體」或「理智的同一」。而神話思維卻反其道而行之。神話思維不僅不能自由地支配直觀材料，使之處於聯繫與比較之中，反倒被突然直覺到的事物所感染、所吸引。它總是駐足於直接的經驗，眼前的事物如此之博大，以致其他一切事物都萎縮了。要是一個人的理解力被這樣一種神話宗教態度所迷惑，那麼，對他來說整個世界簡直可以說是化為烏有了；不論其直接經驗是什麼，均會操持著他的宗教趣味，充盈著他的整個意識，乃至除此之外，別無其他。在這種情況下，自我便會全身心地生活於這個唯一的對象之中。我們在此時此刻所發現的，不是直覺經驗的推廣而是它的終結；不是趨於存在整體的擴張而是趨於集中的衝動，不是外延的分類而是內包的凝聚。總之，「將所有的力量集中於唯一的一點，這就是全部神話思維和神話法則的先決條件。一旦一方面整個自我專注於唯一的印象，為它所『佔有』，另一方面主體與其客體（即外部世界）之間又有最大的張力；一旦客觀現實不僅是被觀察、被沉思的，而且是以純粹的直接性，以及畏懼或希望、內心恐怖或意願滿足等情感征服了人：這時由於主觀的刺激變成了客觀的東西，並作為某種神或鬼出現在精神面前，活力便以某種方式激發，張力也得以釋放了。」⑨

卡西爾解釋道，我們在上述情形中所看倒的便是神話宗教的

原初現象，也就是烏西諾（Usener）想用「瞬間神」（momentary gods）一詞來描述的現象。烏西諾曾把神祇概念的演變過程劃分為三個主要階段：「瞬間神」、「功能神」（functional gods）和「人格神」（personal gods）。對於其中最古老的「瞬間神」，他是這樣理解的：瞬間神就是個別現象在絕對的直接性中被神化的結果。而在這種神化過程中甚至連最起碼的類概念也沒有，人們眼前所見到的事物就是神。即使到今天，我們在一些原始部落的生活中仍然可以十分清楚地看到烏西諾描述的這種神話過程。斯皮思（Spieth）在《南多哥依韋族宗教》一書中舉過不少這方面的事例。據說，一些依韋族人在德扎克城住下後，有一個濃夫去找水源。在一個山洞裡，他舉起砍刀就朝濕潤的地面砍去，刀落之處便有一股血汪汪的水噴湧而出。於是，這股汪水就成了農夫家族的神。對依韋族人來說，如果有人在一條小溪中躲過了凶怒的野獸，或在一個城堡裡躲避殘忍的敵人，他們過後都說：「是這條小溪或這個城堡救了他的命」。總括諸如此類的生活現象，斯皮思認為，在依韋族人那裡，某個事物或某種屬性不論是吉是凶，一旦跟他們的生活或精神發生關係，這頃刻之間便有一個神在他們的意識中誕生了。卡西爾指出，這些例證都說明：在早期的神話中，神祇的客觀形式的確是從個別的直覺經驗中創造出來的。因而，我們應當從早期神話的這種直覺創造形式中去尋找解開語言概念形成之謎的鑰匙。

接下來需要考慮的問題是：具有恆久的概念是如何在動態過程中形成的呢？帶有模糊性、波動性的感覺和情感又是如何構成客觀的言語結構呢？卡西爾認為，上述問題還是可以從瞬間神的產生過程中得以啟發。從其起源來看，瞬間神是一時的產物，依賴於某種純個別、純具體、不復重現的境況而存在。但它在形成之後便獲得了某種實體性，這就使它遠離了賴以生成的偶然條件。也就是說，一旦擺脫了瞬間的畏懼或希望，它就成了一種獨立的存在，獲得了形式和延續性，並按其自身的規律存在下去。這時對於當事人來說，它就不再是一時的產物，而是一種客觀的、超人的力量；人們對它頂禮膜拜，而這種人間崇拜又使之獲

得了越來越確定的形式。因而，瞬間神的意象即使在其賴以產生的直覺經驗逐漸淡化乃至完全消失之後，也還會長期保留下來。與神祇意象相比，最早出現的口頭語言也具有同樣的功能。像神或鬼一樣，言語也並非人類自身創造的結果，而是作為某種有其自身根據的客觀實在而存在、而產生意義的。每當瞬間產生的張力和情感在言語或神話意象中找到了渲洩的途徑，人類精神便出現了一次轉折，作為某種純主觀狀態的內在刺激被轉化成為神話或言語的客觀形式。在此以後，一種日趨進步的客觀化過程才有可能出現。隨著人類自主活動範圍的逐步擴大，人類的神話世界和語言世界也以同樣的節奏不斷得以組織，不斷形成越來越確定的形式。

一般說來，在上述過程中，語言概念的發展與神話思維的發展似乎總是並行不悖的，而二者的實際走向又主要是由人類自主活動的線路所規定。因此卡西爾認為，「神話創造形式所反映的，並非事物的客觀特徵而是人類實踐的形式。」[10]在原始生活中，各種神祇的功能一般都是局限於非常有限的範圍。不僅每個行當均有各自的神，甚至每項活動的各個階段也有特殊的神或鬼，這些神祇統轄著原始部族的整個活動範圍。譬如，在古代羅馬，森林是由女神狄亞（Dia）來掌管的。因而，人們在伐木時首先要舉行儀式，並把整個砍伐過程細分為若干各別行為：砍樹要祈求狄佛倫達神（Deferenda），去枝要祈求柯木林達神（Commolenda），截樹幹要祈求柯伊昆達神（Coinquenda），燒樹葉還要祈求阿都林達神（Adolenda）等等。在原始語言中也可以看到同樣的現象。原始語言往往不是用一個詞來理解一個完整的行動，而是把該行動分為若干行為，分別用不同的動詞來指稱。斯皮思有關依韋族宗教的研究成果表明，這個部族有眾多的瞬間神和職能神，所以該族的語言也具有相應的特徵。這種現象恐怕不是偶然的。依卡西爾所見，不僅在起源時期語言和神話相輔相成，一起形成了原初的概念，而且「語言和神話均已遠遠超出這樣一瞬間的、為感官所限的直覺，即使它們均已打破了最初的桎梏，它們也還會長期難解難分地絞在一塊。事實上，它們的聯繫

十分緊密，以致根據經驗材料無法斷定二者在走向一般的法則和概念的進程中何者率先，何者只是亦步亦趨。」⑪

卡西爾在上述認識的基礎上進一步指出，通過探討語言概念和神話概念的共同根源，我們已經看到二者之間有著密切的關係。那麼，這種關係在二者共同建立起來的概念結構中又是如何反映出來的？卡西爾回答：語言意識與神話意識之間的原始聯繫主要是通過以下事實反映出來的，所有的言語結構同時也表現為神話實體，這樣一來「福音」（Word）事實上也就成了一種原始的力量，而所有的「存在」（being）和「作為」（doing）皆源於此。因此，所有的神話宇宙起源說無論其追究到哪兒，在其中我們都可以發現神祇的言語總是處於至高無上的地位。普羅斯（Prenss）曾在尤多多印第安人那裡搜集到不少經文，他認為其中的一篇跟《約翰福音》的頭一段十分相似。他的譯文是這樣的：In the begining, the Word gave the Father his origin.（創世之初，聖父的血統來自福音）。當然，無論這兩段話如何相似，都不會有人以為尤多多印第安人的創世說跟聖・保羅的思想有什麼直接的聯繫。但它卻說明了一個事實：這兩者之間肯定存在著某種間接的聯繫，這種聯繫貫穿於神話宗教思維的始終，而且似乎早已通過神話宗教思維的最高成就進入了純理論領域。卡西爾據此斷定，對於那些福音崇拜的事例，只要不再滿足於簡單地類比它們的內容，而是去識別它們共有的形式，我們便能更準確地把握上述聯繫得以建立的基礎。

一般來說，思維及其言論是渾然一體的，因為思維心靈和說著話的舌頭本質上是連在一塊的。在埃及神學最早的一份文獻中有這樣一個觀點，即認為「心靈和舌頭」是最原始的力量，它屬於創世神卜塔（Ptah）。卜塔就是憑藉這種力量創造出並統治著所有的神和人、所有的動物和植物。這無非是說，只通過卜塔心靈的思維和舌頭的命令，萬事萬物才能得以存在。這種說法正好證實了莫賴特（Moret）、埃爾曼（Erman）等人的觀點。他們認為，遠在公元前幾千年，神就被人們看作一種精神的存在了。在創世之前，神首先思想世界，而福音則是他用來表達想法的一種手

段，用來創造世界的一種工具。福音在起源上在先，在力量上也至上。所以，只有神的名稱而並非神本身，才是力量的真正源泉。甚至可以說，知道了一個神的名稱，就可以控制該神的存在與意義。有一個著名的埃及傳說，講的是女神伊希斯（Isis）巧妙地透使太陽神赫亞（Ra）說出了自己的名字，這樣伊希斯也就控制了太陽神以及其他的神。在古埃及宗教中也可以發現類似的觀念。例如，當死者的靈魂去往死神之國時，不僅要帶上些物質財產，像食物、衣服等等，而且還要裝點些法寶，這主要包括死神之國各道關卡的守門人的名字。因為按照有關的教義，只有曉得這些名字才能叩開死神之國的一道道大門。甚至連遠送死者的船，包括船上的一些部件，像舵、帆等等，也要死者能夠正確無誤地稱呼它們。否則的話，後果難以想像。

上述材料說明，言語與其指標物之間有著本質的同一。卡西爾認為，如果研究者們不是站在客觀的立場，而是從主觀角度加以觀察，那麼上述同一性就更明顯了。因為在神話思維中，甚至連一個人的自我，即自身及其人格，也是與其名稱不可分割地連在一塊的。他的名稱從一開始就不僅僅是一種符號，而是其個性的組成部分。因而，作為個性的名稱必須小心維護，使用起來也有嚴格的排他性。這樣一來，一個人的名稱就跟他的肉體或靈魂是一回事了。據說，在愛斯基摩人看來，人主要是由三種元素組成的，就是肉體、靈魂和名稱，而其中名稱最能表現一個人的自我或人格。即便在比較發達的文化中，名稱和人格之間也存在著相似的聯繫。在羅馬法中，由於「法人」概念的正式提出，一部分人不僅被剝奪了法人的資格，同時也被剝奪了擁有一個握有名稱的權力。在羅馬法的管制下，奴隸是沒有法律名稱的，因為他們不能作為法人來行使其職能。總之，名稱與人格在神話思維中是直接統一的，這是卡西爾就言語與指稱的本質同一問題所強調的第一點。

第二，在神話思維中，名稱與人格的直接同一又是不斷變化的。神話意識向來就把人格看作不斷變化的，而人格的變化首先是通過名稱的變化反映出來的。譬如，在原始部族，男孩子一旦

步入青春期，他便會獲得一個新的名稱，從而也就有了一種新的人格，成了一個新的自我，因為經過神祕的成年儀式，他不再是一個孩子，而是一個男子漢了。在有些情況下，變換名稱還可以祛邪避害。依韋族人信奉這樣一種習俗：他們往往給孩子，尤其是不幸夭折的兄弟姐妹留下的孩子，另起一個名字，這些名字一般帶有恐嚇意味或非人性色彩。按照他們的觀念，死神見到這類名字，不是給嚇跑了，就是上當了，壓根兒不會把這些孩子看成人。同樣的道理，一個逃犯或有死罪的人也常常更名改姓，免得死神一下子把他認出來。由此可見，在原始神話思維中，一個人的生命與存在跟其名稱、文化之間的聯繫如此之緊密，只要該人的名稱被叫出來或留下來，就會令人感到他還活著、還動著。卡西爾認為，這種情況事實上不僅限於原始生活，而是相當普遍的。

總之，已有大量神話學和民俗學的材料可以證實，語言概念和神話概念在起源上是互為交織、相輔相成的，這種錯綜複雜的聯繫絕非出於偶然，而是深深地扎根於神話思維形式之中。前已述及，卡西爾認為神話思維是與科學思維截然相反的。分析到這裡，他又結合語言問題，進一步闡明了這兩種思維形式在功能上的根本差異。科學思維總是趨於推演、綜合、以及系統的聯繫，即總是依據某一公式，在某一給定的特殊現象和其它類似的或相關的現象之間建立聯繫，把這些現象統統納入存在的整體。因而對科學思維來說，語詞本質上就是觀念化的東西，是一種「記號」或「符號」，是實現上述目的的工具。至於語詞所指稱的對象，在科學思維看來也不是物質的實體，而是語詞本身建立的關係。由以上特點來看，科學思維的基本功能就是以語言概念為手段來實現思維的普遍化或觀念化。反之，神話思維則趨於集中、凝聚、以及個別的特性。因而，神話思維所理解的事物，並非間接的東西，而是其自身的呈現；它們總是被看作純粹的表象，並在意象中得以具體化。所以說，神話概念的形成過程本質上就是將個別事物加以實體化的過程。這樣一種思維方式在語言問題上必然走向科學思維的反面。在神話概念領域，除了現實中給定的事物，

其他任何東西都談不上意義或存在。這裡根本就沒有什麼「關聯」和「外延」，所有的思維內容均被直譯成直覺對象的專有名稱。於是，用來指稱思維內容的語詞就不再是某種單純的、約定俗成的符號了，而是與其對象同處於一個不可分割的整體之中。因此，我們在神話思維那裡看到的，不是經驗與語詞的簡單結合，而是前者為後者所包容。也就是說，凡是用名稱來確定的東西，不僅是實在的，而且是大寫的「實在」。由此可見，神話思維的基本功能就是通過語言概念來實現思維的個別化或實體化。

根據卡西爾的觀點，辨明神話思維的基本功能有著非同尋常的意義。他認為，不僅語言經歷了上述實體化的過程，而且所有的文化活動形式，不論是技術性的還是理智性的，也都經歷過這樣一個過程。以技術領域為例，當人類開始使用工具時，並沒有把自己看作工具的製造者，而是把工具看成一種有其自身根據、有其自身力量的存在物。因而在原始生活中，工具非但不受人們意志的支配，反倒成了統治人的神或鬼。由於人們感到自身的生存有賴於工具，所以也就出現了種種崇拜工具的宗教儀式或神話傳說。像斧子、錘子、鋤頭、魚鉤、矛和劍等等勞動工具，都曾成為原始部族的除拜對象。比如，依韋人就把錘子看作力大無比的神。又如，在古希臘文學中也可以找到有關工具崇拜的生動描寫，《七將攻忒拜》中就描述了帕耳忒諾派俄斯對劍的狂熱崇拜，在他的心目中，手中的劍就是神，就是天兵天將。這些事例都說明，原始部族向來就把工具看作「天賜之物」，認為工具起源於某些「文化英雄」。根據這一點可以斷定，在人類的早期生活中，把所有的文化價值歸之於「救主」的觀念是相當普遍的，在技術工具方面是這樣，在理智工具方面也是如此，因為這二者中間本來就不存在什麼明確的界線。

卡西爾之所以要把神話思維的實體化過程推而廣之。是為了推出其整個神話宗教研究的一條重要的結論。他深信，在這種實體化過程中蘊含著一個制約所有的符號創造形式或文化活動形式生成演變的辯證規律。為了準確起見，我們不妨把他的原話盡可能完整地引錄如下：「沒有哪種符號形式起先就是作為個別的、

可以單獨識別的形式而出現，相反，諸種符號形式最初無一不是從神話這一共同的母體中派生出來的。所有的精神內容，無論其多麼真實地呈示著獨立而有系統的領域和各自的『原則』，唯有把它們置於精神之中、並以神話為基礎，對我們來說才是切實可知的。理論的、實踐的和審美的意識，語言的和道德的世界，群體的和國家的基本形式——所有這些起初都是跟神話宗教概念息息相關的。這種聯繫如此密切，一旦鬆動，整個理智世界似乎就會面臨著瓦解與崩潰的威脅；這種聯繫如此之重要，一旦諸種個別形式從原初的整體中顯露出來，從此有別於尚無差異的背景而表現出具體的特性，它們便彷彿拔去了自己的根，喪失了某些自身固有的本性。這些形式只是漸漸地才表明：這種自我分離是自我發展的一部分；這種否定孕育著一種的新肯定的萌芽；正是這種分離才形成了一種新聯繫的開端。」⑫在筆者看來，卡西爾賦予其整個神話宗要研究的立意從上面這段話中足以反映出來了，這就是符號創造形式或文化活動形式尋根。

第三節　神話與人性

引導卡西爾由神話去認識人性地是這樣一個富有人情味綜合的判斷：既然哲學批判的最終目的在於認識自我；既然神話思維是人類諸神思維形式的「母體」或「根源」；既然神話是所有文化現象中最難理解的符號形式，那麼，神話研究無疑也最能從根本上揭示人性的本初面貌了。

照卡西爾來看，以往的神話研究之所以沒能做到這一點，其通病即在於慣用科學思維的範式來研討神化現象，這主要表現在不是把神話說成是「荒誕的」；就是把神話看作是「原邏輯的」或「偽科學的」；再就是把神話歸因於某種「自然現象」或「心理因素」。凡此種種做法無一不在用理智來約簡神話。這就在混淆兩種文化符號形式的同時，根本抹煞了神話思維的基本特徵。其實，諸種人類活動形式或文化符號形式得以確立的基本前提就在於，它們各有其不可取代的文化功能。「在所有的人類活動和人

類文化形式中，我們發現的是『多種功能的統一』。藝術給我們一種直觀的統一；科學給我們一種思維的統一；宗教和神話則給我們一種情感的統一。藝術向我們打開了『生活形式』的世界；科學為我們揭示了一個規律與原則的世界；宗教和神話則起始於人類意識到生命之普遍存在與根本同一。」⑬卡西爾再三強調，這種「情感的統一」或「生命的同一」即是原始文化生活中最強大、最根本的動力，它構成了原始思維所特有的生命觀與自然觀。

「儀式先於教義」，這個命題對現代人類學和宗教史研究來說似乎已經成了一條公理。它給人的啟示在於：神話或宗教首先不是系統的教義，不是存在於純粹的想像中，而是存在於具體的行為中。同理，神話思維的基本功能也只有在有關的儀式中才能得以充份的反映。例如，在許多原始部落，時逢男子走上戰場或參與其他冒險活動，家裡的女人就要在宗教儀式上用這樣或那樣的舞蹈來幫助出外的男人。在這類祭戰舞蹈中，狂歌勁舞的婦女們彷彿跟自己的丈夫融為一體，跟他們一塊分享著希望和恐懼、風險和危難，似乎一方所經歷的一切都會影響到另一方。卡西爾指出，這裡所反映的並不是一種「因果聯繫」，而是一種「交感聯繫」。它不但不會因兩者之間的距離而衰弱，反倒因此而增強。在原始文化生活中，大量習俗和禁忌的行為準則同樣也反映了上述交感法則。譬如，在達雅客人那裡，若有人去叢林狩獵，待在家裡的人就碰不得油或水，據說一旦犯忌，獵手們就會「拿不住東西」，到手的獵物也會溜掉。這也是一種交感聯繫。對種交感聯繫來說，事實重要的並非因果之間的經驗關係，而是感覺人類關係的強度與深度。

圖騰崇拜是原始文化的一個典型特徵。幾乎可以肯定，絕大多數原始部落的宗教生活和社會生活都是深受圖騰信仰支配的，就連一些比較文明的民族，其宗教信仰中也還是留有十分發達的動物崇拜體系。在圖騰崇拜中，人們並不只是把自己看作某類動物或植物的後代，而是確信現實生活中真有一條遺傳紐帶，它將全部物質的、社會的存在跟他們的圖騰祖先聯繫起來。原始人並

不了解什麼性生殖規律，所以在他們的心目中，出生總是一件神祕的事情，是一種靈魂的轉世。住在澳大利亞中部地區的阿倫塔人以為，動物祖先的靈魂老是待在哪兒，等著過往的女人，以便鑽進她們的體內得以復生。因此，活人不但是動物祖先的後代，而且就是他們的化身。每逢舉行最重要的宗教儀式「因蒂茨尤馬」（Intichiuma）時，他們並不覺得是自己在表現或模仿祖先的生活，而是認為這本身就是祖先的再現。此時此刻，祖先的在場和恩惠是歷歷在目、真切可感的。對他們來說，要是沒有祖先的存在與恩典，自然和人生就不會延續，上天就不會下雨，大地也不會結果，整個世界便會成為一片荒漠。斯泰恩（Steinen）說過，有的印第安人部落相信，他們跟動物祖先就是一回事，自己就是某種水棲動物。弗雷澤也說，迪累部落認為，他們的首領就是一種植物的化身。

從這些圖騰崇拜的實例中可見，原始人的生命觀和自然觀是與我們現有的思維方式截然不同的。我們在說明生命現象時，總是運用分類或系統的方法，把生命現象分成一些獨立有別的種類，諸如植物、動物和人類等等，認為這些界限是絕對不可混淆的。而原始人卻對所有這些界限置之不顧。在他們看來，生命就是一個綿綿延延、生生不已的整體，其間並沒有什麼涇渭分明的界線。生命現象恆動恆變，任何一種突變都會促使萬事萬物相互轉化。因此，他們的生命觀不是分析或系統的，而是綜合的（Synthetic）。再就自然而言，我們向來就以自然主義的眼光來看待自然，以實用態度或技術興趣去接近自然，把全部人類活動分為「理論的」和「實踐的」兩大領域。但對原始人來說，自然既不是純粹的知識對象，也不是直接的實踐對象。他們將二者混而統之，把自己的全部思想與情感都傾注於這樣一個更原始、更低級的層次。因此，他們的自然觀不是純理論或純實踐的，而是交感的（Sympathetic）。那麼，上述原始的生命觀和自然觀的基本意義何在？卡西爾認為，其意義即在於渴求一種情感的統一，或者說渴求個體生活、群體生命和自然生命三者的根本同一。原始部族正是懷著這樣一種強烈的情感，才在宗教的意義上徹底否定了

諸神生命形式之間的基本差異，從而達到了一種「生命一體化」（solidarity of life）的狀態。「所有的生物形式皆有血緣關係，這似乎是神話思維共有的一個先決條件。」⑭

對神話和宗教所追求的那種情感統一來說，自然絕非一個由物質規律統治的世界，而是一個博大的社會——「生命的社會」（the society of life）。在這個社會中，所有的生命形式，不論是人類還是動物和植物都處於同等地位，都不乏宗教尊嚴。唯其如此，我們才會發現：在圖騰崇拜社會裡，植物圖騰與動物圖騰比肩而立；在圖騰崇拜儀式中兩種認同行為並行不悖，這就是人類生命與圖騰祖先的根本同一、人類生命與自然生命的根本同一。不僅如此，這種渴求生命同一的強烈情感還深刻地反映於整個生命過程中。在原始人看來，世代更替也是一種生命的同一。祖先的靈魂寄生於後代，前人的生命為後人所保存。因此，過去、現在與將來溶為一體，各個世代之間也沒有任何分明的界線。

大量人類學資料可以證實，原始人渴望生命同一的情感是十分強烈、十分頑強的，以致他們對死亡這個事實本身也抱有完全否定的態度。在原始思維中，死亡從來就沒有被看作是一種順應法則的自然現象。相反，死亡不是必然的而是偶然的。一個人所以會死，無非是有某種巫術、魔法或其他不利因素在作怪。斯賓塞和吉倫（Gillen）在談到澳大利亞的原始部落時都指出，當地土著居民是絕對會承認有自然死亡這回事的。要是一個男人死了，肯定是被另一個男人或女人害死的，而殺人犯終究是會得到報應的。所以，對原始人來說，死亡不是不可避免的，因為死亡總是有其偶然原因的，或是出於死者的大意或者出於意外的事故。不少神話傳說都涉及到死亡的起因，但從中都很難找到類似「人固有一死」的觀念。柏拉圖的《斐多篇》給人留下的一個強烈印象就是，哲學思維的全部努力均在於雄辯地論證靈魂不朽這個主題。神話思維卻恰恰相反。要是有什麼東西需要論證的話，那決不是靈魂不朽而是死亡本身。更何況，原始的神話和宗教無論如何也是不會承認這類證明的。卡西爾指出，整個神話在一定的意義上就是對死亡現象的徹底否定。換句話說，原始宗教與其他任

何文化現象相比，恐怕是對生命現象的最頑強、最有力的肯定了。據有關學者考證，在最古老的金字塔文（Pyramid text）中，除了用於否定意義或用來描述敵人，通篇都找不到「死亡」這字眼兒。這些塔文可以說是人類最早最強烈地抗爭死亡的記錄。讀著它，我們彷彿聽到一種不屈不撓的信念：「死者依然活著。」

對於這種渴求「生命根本同一」的強烈情感，還可以從另一種更廣泛的文化現象——祖先崇拜來加以考察。祖先崇拜的宗教儀式是祭祖。世界上任何一個民族幾乎都有這樣或那樣的祭祖儀式。在這類儀式中，一項最高的宗教義務就是，生者為過世的長者供奉食物及其他生活必需品，以維持他們在天國裡的生活。在不少國家或地區，整個宗教生活乃至社會生活都取決於祖先崇拜的主要特徵。在中國，由於國家宗教的嚴格控制，祖先崇拜似乎是民間可以享有的唯一的一種宗教活動。德·格魯特（de Groot）在《中國人的宗教》一書中評論道，中國民間的祖先崇拜意味著：家族與死者之間的聯繫壓根就沒有中斷過，去世的祖宗們仍在行使著他們的權威，並保護著自己的家族。對中國人來說，老祖宗就是袪邪造福的自然保護神和家族守護神。因此，崇拜列祖列宗不能不說是中國人宗教生活和社會生活的核心所在。然而，祖先崇拜所內含的宗教動機卻是普遍的，並不為任何文化形式或社會條件所左右。甫斯特爾·德·庫朗日（Fustel de Coulanges）在其名著《古代城邦》中也指出，古羅馬的全部社會政治生活都留有馬納斯崇拜（the worship of the Manes）⑮的跡象。此外，有關的資料也表明，從阿拉斯加到巴塔哥尼亞高原，幾乎所有原始部落的宗教都和美洲印第安人的宗教一樣，其最顯著的特徵就是相信人類與祖先之間的精神交往，相信生命的延續。所以這些材料都充份證明：原始神話或原始宗教的一個帶有共性的、不可還原的根本特徵就是渴望生命同一的強烈情感。

為了找到一種能夠總括所有主要事實的、「最低限度的宗教定義」，人類學家付出了極大的努力。泰勒曾把萬物有靈論看作由史以來全部宗教哲學的理論根基；後來又有不少學者主張把所謂的「塔布——曼納公式」作為基本定義。但這兩種觀點都存在著

不少缺陷。卡西爾認為，論及原始的神話宗教現象，有一個基本的事實是無可置疑的：神話宗教從一開始起關注的就是生與死的問題。柏拉圖在《斐多篇》裡曾給哲學家下過一個定義。他說，哲學家是懂得一門最偉大、最深奧的藝術的人，他知道如何去死。當代學者則步柏拉圖的後塵紛紛主張，人走向自由的道路只有一條，這就是在心靈中祛除死亡的陰影。誠然，「神話對死亡問題並未作出一種理性的回答，但神話卻遠在哲學問世之前就已經成為人類的第一位導師，在人類的童年，也只有這位導師才能以一種原始心靈能夠理會的語言來提出並解答死亡問題。……在人類歷史上，神話必須擔負起的正是這樣一項艱難的使命。原始人不會安於死亡這一事實，不會把個體存在的毀滅作為一種不可避免的自然現象來接受。這就是神話所要否定和「辯解」的事實。神話告知人們，死亡並不意味著人生的終了，只是意味著生命形式的一種轉化。存在的一種形式僅僅被轉換為另一種形式，生與死之間並沒有什麼一清二楚的界線，區分二者的界線是含混不清的，甚至連生與死這兩個字眼也是可以交換使用的。」⑯神話就是這樣把神祕的死亡轉化為「一種意象」。於是，對原始人來說死亡現象不再是一種難以忍受的自然事實，而是變得可理解、可接受了。

　　總之，卡西爾認為研討原始的神話宗教現象有助於認識原始的人性，其關鍵就在於放棄傳統研究觀念中的理性範式，由原始神話宗教的主要儀式入手去把握一條情感紐帶——「生命根本同一」。認識原始人性是否也有助於揭示一般人性呢？卡西爾相信，正如情感是步向實在的第一級台階一樣，本初的人性對於繼續沿著神話宗教這一重要的文化維度去深入探討一般的人性，也不是不乏認識論意義的。那麼，隨著宗教與人性的不斷發展，二者是否還像原先那樣保持著一種內在關係呢？這就是卡西爾通過考察神話宗教思維的歷史沿革想要說明的一個主要問題。

第四節　宗教思維的歷史沿革

　　卡西爾認為，神話思維與宗教思維就起源而論並無本質的區別。它們都源於人類文化生活中的同一種基本現象——「生命同一的強烈情感」。或借用斯多葛派的概念來說，這是一種「整體的交感」，它促使人們「關懷一切、同情一切、參與一切」。因此，在整個文化進程中根本無法劃出一條明顯的分界線，以標明神話的終結或宗教的開端。神話與宗教在歷史上始終是難解難分的。一方面，宗教思維總是含有神話的成份，滲透著神話的內容；另一方面，甚至連最原始、最簡單的神話思維形式也早已蘊含著晚期宗教理想的某些動機。所以說「神話起先就是潛在的宗教」。⑰

　　即便如此，潛在的宗教與顯在的宗教二者之間畢竟還是有差異、有矛盾的。對此卡西爾是這樣理解的：神話與宗教雖然都以「生命的同一」或「整體的交感」為共同根源，但二者的「情感類型」或「交感類型」是不一樣的。神話的情感是一種社會經驗或群體經驗的具體化，所以神話思維尚未表露出個體的情感。而宗教的使命則在於把這種原初的人類情感逐漸引入一條新的渠道，為一種新的情感——個體的情感提供充分發展的機會。這樣就出現了一個矛盾：個體的情感意謂著有限的存在，有其特殊性，而宗教思維的根源卻是具有無限性的普遍情感。因此，前者縱然不是對後者的一種否定，至少也是一種限制。顯然，只要不破除這種否定或限制，便無從把握無限。但根據卡西爾的觀點，這裡暴露出來的有限性（或特殊性）與無限性（或普遍性）之間的對立，事實上正是宗教思維本身內含的一個基本矛盾。這個基本矛盾好似一個「歷史之迷」，構成了宗教思維在其歷史發展過程中不斷探求的對象。因此，對於從神話思維到宗教思維這樣一個複雜的問題，卡西爾主要是圍繞著上述基本矛盾或歷史之迷，從心理學、社會學和倫理學三種意義上來加以認識的。⑱

　　烏西諾認為，就神話概念的起源而言，最古老的神祇意象是瞬間神。這類意象往往出自危急關頭的心理需要或特殊情感，它

們總是帶有原始思維概念的含混性。卡西爾指出，根據有關的人類學和比較宗教學研究成果，現在已有可能把烏西諾的觀點向前推進一步了。英國傳教士、人類學家科德林頓（Codrington）在《美拉尼西亞人》一書中提出了一個非常重要的概念「曼納」（Mana）。在他看來，作為一種超自然力量的曼納，就是整個美拉尼西亞人宗教觀念的根基。這種超自然的力量時而存在於物體中，時而呈現於人身上；時而進入某物，時而又轉入他人。因此，它被當地人看作一種彌漫於萬事萬物之中的、既可敬又可畏的神祕要素。後來，人類學家們又在世界各地的原始部落中發現了大量類似於曼納的原始神祇概念，像阿爾昆金族的「瑪尼圖」（manitu）、蘇茲族的「瓦肯達」（wakanda）和易洛魁族的「奧蘭達」（orenda）等等。雖然目前研究者們對曼納一類概念還沒有達到共識，但起碼可以肯定這類概念是現今已知的最早的神祇意象，它們還不包含任何個性特徵或人格因素。對所有較高一級的宗教思維來說，其最基本、最重要的一項功能就是從諸如此類的原始神祇意象中發現並揭示出個性特徵或人格因素。

但是，當人類還沒有發現一種新的分類原則時，是決不可能把任何一種鮮明的個體形態賦予原始神祇概念的。卡西爾指出，從整個文化史來看，人類並不是在抽象的思維中而是在現實的活動中發現這種分類原則的，真正推動宗教思維走向新紀元的正是「勞動分工」這一事實。原始宗教研究表明，遠在「人格神」出現之前就已存在著「功能神」的概念。我們可以通過考察古羅馬宗教來詳細了解這些功能神的主要特徵，以及它們在宗教思維進程中的具體作用。在古羅馬，勞動分工已經達到了較高的程度。各種農活，不論多麼專門，均有其特定的宗教意義。譬如，有一類神祇看管著耙地，另一類看管著播種，還有一類看管著施肥等等。幾乎可以說，在所有的農業活動中沒有哪一類不處於功能神的監護之下，而這些神祇又各有特殊的儀式和習俗。由此可見，在羅馬宗教中，功能神還不像古希臘宗教中的人格神那樣，它們與奧林匹斯山上的諸神相比，還沒有專門的名稱，如宙斯、赫拉、阿波羅等等，有的只是一些形容其特殊功能的名稱。但另一

方面，它們也不再像曼納一類原始神祇概念那樣具有含糊性，它們均是具體的存在物，這種具體性反映在它們的現實活動中。在這樣一種宗教體系中可以看到古羅馬精神的典型特徵，即一種務實而有生氣的古樸精神。這是一種強大的凝聚力，因為對一個古羅馬人來說，生命就意味著積極的生活。這種精神傾向在功能神那裡得到了充份的表達。功能神所要實現的就是十分明確的實踐目的。它們並非宗教想像或神靈啟示的產物，而是作為特殊活動的主宰為人們所接受的。因而，所謂的功能神實際上就是一些分管著人類生活各個領域的「行政神」（administrative gods）。它們雖然尚無鮮明的個性，但它們的職責卻是明確有別的，而這種明確的職責即構成了宗教尊嚴的基礎。

與古羅馬宗教不同，在古希臘宗教中一開始就佔主導地位的是另一種思維傾向或情感傾向。古希臘藝術為形成一種新的神祇概念鋪平了道路。在以荷馬和赫西俄德為泰斗的古希臘詩歌藝術中，不僅命名了諸神，刻劃了它們的模樣，而且還把欺詐、盜竊、通奸等等一切人間醜態統統加到了眾神的頭上。始於古希臘詩歌的這種情感傾向成熟於古希臘雕塑。著名雕塑大師菲底阿斯栩栩如生地創作了宙斯的塑像。至此，古希臘宗教中的神祇意象便具備了鮮明的人格特徵。古希臘哲學家們不無道理地抱怨過，這些人格神在品質上是有缺陷的，但更應當看到，正是這些缺陷才在人性與神性之間搭起了一座橋樑，從而消除了二者之間的隔閡。在荷馬史詩中，人性與神性之間的屏障已被拆除，人通過神祇所描繪的正是他自己，他的千姿百態，他的所思所想，他的喜怒哀樂，乃至他的一切。古希臘宗教在藝術沉思中所追求的目的恰恰是古羅馬宗教在實踐活動中所拒斥的東西。因此，人格神所表現的不再是一種務實精神，而是一種精神理想。它們已經超過了那些專門監護某類實際活動的功能神，轉而關注作為個體的人。

卡西爾指出，從人格神到道德神，是宗教思維歷史進程中的最後一個步驟。這也就是通常所說的「眾多神論到一神論」的過程。以一神論為特徵的宗教均是道德力量的產物。它們關注的中

心問題就是善與惡。在古波斯宗教「瑣羅亞斯德教」中，只有一個最高的存在者「智慧之神」——阿胡拉·瑪茲達（Ahura Mazda）。在他之外，也就無所謂存在。他就是至高至上、至善至美的存在者，是絕對的主宰。於是，任何具有個性的東西，任何代表自然力量或精神品質的眾多神祇都蕩然無存了，原始神話被一種新力量、一種純粹的道德倫理力量戰勝了。這種道德力量在最初的神祇概念中是不會出現的。像曼納、瓦肯達、奧蘭達等等自然的力量，既是善又是惡的，既可以用於好的目的也可以用於壞的目的。從一開始起，古波斯宗教就不僅是跟這種原始神話思維的中立性根本對立，而且也是跟古希臘多神教的審美中立性根本對立的。因此，一神論宗教不是神話意象或審美想像的結果，而是道德意志的反映。

道德神把一切都納入了倫理生活的視野，甚至連自然也不例外。神話宗教思維一向重視自然與人類的關係問題。原始的神話和巫術主要是從情感方面來把握這種關係，把它理會為「交感的聯繫」。一神論宗教雖然並沒有否認這種交感的聯繫，卻把認識自然的角度由情感轉向了理性。如果自然含有神聖的因素，那麼，得以顯聖的並非自然生命的豐富性而是自然秩序的單一性。因而，與多神論宗教不同，一神論宗教不再把自然當作孕育生命的聖母，而是看作產生法則的領域。古波斯宗教是用「阿夏」（Asha）這一概念來描述自然。阿夏就是智慧之神阿胡拉·瑪茲達在自然領域的化身，是一種善的力量，一種主宰萬事萬物的秩序。星轉斗移、風雲變幻、萬物生長，所有這些都是由善的力量來維繫的。總之，隨著道德神的出現，整個世界似乎變成了一場大型的「道德劇」，全部人類生活也隨之變成了追求正義的不懈奮鬥，任何行為都內含宗教和道德的意義，無論何人都處於善與惡的鬥爭之中。一神論宗教正是以這樣一種普遍的「倫道交感」重新解釋了「生命同一」的原始情感，從而提出了一種新的自由理想，因為只有這樣，人類才能跟神明相通，並使自身具備神性。

以「曼納」之類朦朧的神祇意象為起點，中經「瞬間神」、「功能神」和「人格神」，最後以「道德神」為終點，這就是卡西

爾所概述的神話宗教思維進程。他強調指出，從初級的形態到高級的形態，這一過程決不可能是一蹴而就的，只能通過宗教思維和宗教情感緩慢而持續的發展才能得以實現。因此，宗教思維的發展過程並不意味著徹底消除神話思維的基本特徵。相反，所有較為高級的宗教思維必須完成的一個基本任務就是，以最原始的神話概念、最粗俗的異教信仰為原始素材，從中推出自己的特性，自己對人類生活的宗教解釋和道德理想。「禁忌」概念的演變過程充份說明了這一點。

禁忌堪稱一種普遍的文化現象。無論多麼原始或多麼文明的社會，幾乎都有一套完整的禁忌體系。「禁忌」一詞最早出現於波利尼西司群島。在當地語言中，該詞意指「整個宗教宗系」。在許多原始部落，所謂的過失就是指冒犯禁忌。一般說來，「禁忌」一詞在人類文明的早期階段是用來概括整個宗教和道德領域的。因此，儘管原始的禁忌體系帶有明顯的缺陷，但不少宗教史學家仍然給以很高的評價，將其喻為文化生活的萌芽，看作宗教與道德的先天原則。杰文斯（F. B. Jevons）在《宗教史導論》一書中指出，禁忌是原始人所能理解的唯一一種絕對命令。「某些事做不得」，這樣一種思想感情對他們來說是純形式而無內容的。因此，原始的禁忌實質上就是把某些東西看成危險的。這種信仰誠然荒唐，但它卻好像一只保護套，保護著一個珍貴的胚胎——「社會契約的胚胎」。這就是卡西爾之所以選擇禁忌來詳細說明宗教思維演進過程的主要原因。

從最早的字面意義來看，禁忌無非是指某種被劃分出來的東西。跟其它常見的、世俗的、無害的東西不同，作為禁忌的東西總是帶有超自然的色彩，籠罩著一種危險與恐怖的氣氛。對原始部族來說，這種劃分既不是經驗的更不是倫理的，而是先天的。一個犯罪的男人可以成為禁忌對象，一個分娩的女人同樣也可以成為禁忌對象。此外，作為禁忌的東西是不純潔、易傳播的。碰了死者的屍體可以成為不乾淨的人，摸了新生的嬰兒也可以成為不乾淨的人。有些原始部落十分忌諱剛剛出生的嬰兒，嬰兒在出生那天是決不能沾地的。弗雷澤在《金枝》中說，在原始人的心

目中，一個屬於禁忌的東西甚至可以傳染整個宇宙。原始的禁忌體系並不強調任何個人的責任。如果一個人犯了忌，不僅他本人，包括他的家族、朋友、甚至整個部落都會受牽連，都會處於危險的氣氛之中。原始的潔身儀式就是相應於上述觀念而形成的，這類儀式可以借助純外在的或純物理的手段，比如用流水沖掉罪孽的污點，或把罪過轉移到替罪的動物身上，等等。

如果說原始禁忌真是宗教思維的先天原則，那麼，後來的宗教體系要想達到更高一級的思維程度，便必須做到這樣兩點：既要繼承這一先天原則，又要對之有所超越。在卡西爾看來，這種繼承與超越作為一種歷史的聯繫，主要是通過以下兩個步驟得以實現的：(1)在禁忌對象上，區分聖潔與不潔的領域；(2)在宗教義務上，區分消極與積極的義務。

首先就禁忌對象的區分而言，把聖潔的領域與不潔的領域區分開來，這是宗教思維超越原始禁忌的第一個步驟。原始的禁忌體系一般是從物理意義上來理解聖潔與不潔的，因而這二者在本質上並沒有任何區別。某種東西之成為禁忌對象，可以因其好也可以因其壞，可以因其善也可以因其惡，可以因其高尚也可以因其低劣。有關研究成果表明，閃米特人的宗教起先也是以一種非常複雜的禁忌體系為基礎的，所有的閃米特人都有一些關於聖潔與不潔的規矩。一方面，這兩類規矩之間的界線經常是模糊不清，在細節上也和原始的禁忌體系有著驚人的相似性。這說明閃米特人的禁忌觀念在起源上是跟原始禁忌密切相關的。另一方面，閃米特人對聖潔與不潔又有所區分。雖然他們對神祕的善勢力與惡勢力都抱有防範態度，但這兩種防範態度卻是有道德差異的，後者僅僅出於恐懼，而前者則是以敬畏為基礎。這無疑是一種超越原始禁忌觀念的徵兆。

然而，要真正實現這種超越，還必須在有意違忌與無意違忌二者之間劃出一條明顯的界線。這條界線在原始禁忌體系中是根本不存在的。對原始禁忌來說，重要的是行為本身而不是行為動機。禁忌對象所帶有的是一種物理性的危險，這種危險是不受道德力量支配的。因而，無論違忌行為有意與否，其結果並無二

致。一種作為禁忌的東西不但可以靠觸摸而傳播，也可以靠視聽而傳播。所以，不管你是有意摸了一下還是無意瞥了一眼，都逃脫不了禁忌的懲罰。而在猶太教中，禁忌概念的宗教意義卻發生了真正的變化。舊約先知書所反映出來的是一種新的思維傾向。在那裡，聖潔的概念已經截然不同於原始禁忌體系中的神話思維。不僅物質的東西，甚至包括人類行為本身都無所謂聖潔或不潔，唯一具有宗教意義和宗教尊嚴的聖潔，就是心靈的純潔。

其次再就宗教義務的區分而言，原始的禁忌體系往往把無數的義務強加於人，但所有這些義務有一個共同的特點：它們都是純消極的，並不包含任何積極的理想。某些東西必須迴避，某些行為必須戒除，所有這些對原始部落來說無非是些清規戒律，而不是什麼道德的或宗教的要求。因此，原始禁忌只能導致恐懼，而恐懼只會阻止行為不會引導行為。換言之，原始禁忌只能使人提防危險，而不能使人煥發積極的道德力量。可以說，禁忌體系越發達，人類生活便越是面臨著僵化的危險。面對種種禁忌，人們不能吃不能喝，不能走不能停，甚至連說點什麼也會陷入莫名其妙的危難境地。在波利尼亞的一些原始部落，不僅說出某個酋長或死者的名字是犯忌，而且無意間講了同音的字眼也屬於犯忌。然而，儘管禁忌體系存在著缺陷，可它卻是人類現有的唯一一種社會約束與社會義務的信仰體系。因此，禁忌歷來就是整個社會秩序的基石。全部人類生活的任何組成部分無一不是藉助於相應的禁忌來加以調節、治理的，政治生活、經濟生活、家庭生活、臣民關係、財產關係、兩性關係等等概莫例外。

因而，對較為高級的宗教思維來說，若想徹底否定原始禁忌體系是根本不可能的，取締禁忌便意味著容忍社會秩序紊亂。但是，所有那些後起的高級宗教卻相繼在人身上發現了一種新的衝動、一種肯定的力量，並藉此推動著原始禁忌功能的轉化，即由消極的順從心理轉向積極的宗教情感。對於上述轉化過程，卡西爾是這樣理解的：「禁忌體系的危險在於，使人類生活最終成為一種難以承受的負擔。在這種體系的長期壓迫下，人類的整個生存，無論是物質方面的還是精神方面的，均處於窒息的狀態。宗

教正是在這裡介入了。所有比較高級的倫理性宗教，像以色列先知創立的宗教、瑣羅亞斯德教、基督教，都使其自身致力於一項共同的艱巨任務。它們解除了禁忌體系的沉重負擔；但另一方面，它們又發現了宗教義務更深刻的含義，這就是不再把宗教義務當作一種約束或強制，而是看作關乎人類自由的一種嶄新而積極的理想之表達。」⑲

第五節　二十世紀的政治神話

　　為什麼在如此文明的二十世紀還會出現帶有濃厚的神話色彩、以德國納粹專制政治為典型代表的「政治神話」呢？這個問題一度深深困惑著年近古稀的卡西爾，幾乎使他為此付出了在世最後幾年的全部精力。卡西爾死於一九四五年，享年七十一歲。據查爾斯·W·亨德爾說，卡西爾從一九四三年開始思考這個問題，構思《國家的神話》一書。該書於一九四五年脫稿，但作者卻別世於即將付梓之時。上述事實從具有權威性的《恩斯特卡西爾著作年表》中也可以反映出來。⑳

　　表面看來，二十世紀的政治神話似乎是一個純政治學課題。作為一位知名的哲學家，卡西爾在其長達半個多世紀的治學生涯中一向專注於純學術問題，很少論及現實政治。那麼，為什麼他在最後幾年會集中精力潛心研討當代專制政治現象呢？筆者認為，這至少有如下兩方面的原因：其一，這是卡西爾晚年思想的邏輯歸宿。前面講過，《論人》一書實際上是「回應時代要求」的產物，是想用一種文化哲學的眼光來審視當代人類困境。而就其社會歷史原因來說，在卡西爾生活的年代，西方的人類困境不能不直接歸咎於動盪不安的政治局勢，尤其是由德國法西斯挑起的第二次世界大戰。因而，以德國納粹專制政治為代表的當代政治神話，自然而然也就成了卡西爾在深入考察現實的人性時必須解釋的一種文化現象。

　　其二，這是卡西爾個人命運的最後總結。卡西爾的個人命運不乏悲劇色彩。他不僅是一個德國人，而且還是一個猶太人。這

樣，他就難免成為德國納粹專制政治的直接受害者。早在納粹運動初期，卡西爾似乎就預感到納粹主義一旦得勢後的所作所為。而當聽到納粹分子瘋狂地叫喊：「效忠元首，就是有理！」他愈加深信：「這就是德意志的末日」。所以，希特勒上台不久，他便憤然辭去漢堡大學校長職務，遠走他鄉，開始了長達十二年的流亡學者生活。②可以想像，當卡西爾行將走完坎坷的人生道路時，當他順應時代的需求去沉思人性問題時，必然會聯想到在自己的祖國上演的那幕荒誕而又殘忍的政治神話鬧劇。因此，在卡西爾的眼裡，「二十世紀的政治神話」就不會再是一個純政治學課題，而是文化哲學或人的哲學不可忽視的研究對象了。卡西爾的真實意圖即在於，把文化哲學、神話學和政治學融為一體，透過「神話的歷史」來把握「神話的現實」與「神話的人性」。可以毫不誇張地說，正是在這裡，卡西爾似乎有意蘸著最後幾滴心血為自己的整個學術生涯劃一個醒目的句號；也正是在這裡，後人真正看到了一種具有時代感的文化哲學，一個富有社會責任心的思想巨匠。

卡西爾對現代政治神話現象的思考，相對集中地反映於下列專論或專著中：《哲學與政治》（講演稿，一九四四年三月，康涅狄格學院）、《猶太教與現代政治神話》（論文，刊於《當代猶太人檔案》，一九四四年第七卷）、《當代政治神話的技巧》（講演稿，一九四五年一月，普林斯頓大學）、《國家的神話》（一九四六年，耶魯大學出版社）。只要泛讀一下上述文獻，幾乎都可以在頭一段找到這樣一個觸目驚心的命題：在兩次世界大戰期間的幾十年，當代政治生活最重要、最鮮明的特徵就是政治神話力量的迅猛崛起。比如，卡西爾在《國家的神話》一書的開頭是這樣提出上述命題的：在過去的三十年，即兩次世界大戰期間，我們不僅在政治生活和社會生活方面經受了一場危機，而且在政治思想方面也經歷了一次劇變。就當代政治思想的發展而言。其最重要、最驚人的特點也許就在於出現了一種新的力量——神話思維的力量。在當今的某些政治制度中，這種神話力量經過一場短兵相接顯然已經壓倒了理性思維，取得了決定性的勝利。那麼，神

話思維在當代政治生活中是如何得勢的呢？對於這種政治神話現象又作如何解釋？

卡西爾認為，現代政治神話主要是三種因素相互作用的產物，即思想理論觀念、社會歷史條件和神話製作技巧。從思想理論觀念來看，現代政治神話並沒有什麼新鮮東西，只不過是在利用一些陳舊觀念，像卡萊爾的英雄崇拜論，戈比諾的種族優越論等等。顯然，如果缺乏社會歷史條件和神話製作技巧，這些觀念是不會陳渣泛起、廣為流傳的。社會歷史條件好比是培育政治神話的土壤，是形成政治神話的前提。但是，如果沒有製作神話的人工技巧，現實土壤也不會結出果實。而神話製作技巧則好似一副催化劑，既能催生陳舊觀念又能催化現實土壤。因而，它是現代政治神話形成過程中的決定性因素。

在卡西爾看來，現代政治神話賴以生成的社會歷史條件早在第一次世界大戰結束後就已經形成了。當時，所有的參戰國都面臨一些帶有共性的嚴重困難，開始意識到這場戰爭根本無濟於事，無處不在冒出新的問題，無處不可以感到國際的、社會的、以及人類的衝突日趨緊張化。不過，對英國、法國和北美等國來說，總歸還是有希望通過常規手段來解決這些衝突。但德國的處境就不同了。魏瑪共和國領袖們面臨的一系列重大問題日趨尖銳化、複雜化，儘管他們竭盡全力，動用了外交或立法等等手段，最終還是於事無補。在德國現代史上，那是一個通貨膨脹、普遍失業的年代，整個社會經濟生活瀕臨崩潰的邊緣。對於這樣一個動亂時期，一切可以嘗試的正常對策似乎都顯得無能為力。這便形成了政治神話得以滋生的天然土壤。

然而，有其土壤並不等於有其果實。即使在全部社會生活和社會情感都深受神話制約的原始社會，神話思維的力量也並不總是以同樣的方式與強度發生作用。正如馬林諾夫斯基指出，在原始社會中，巫術也不過局限於某些特殊的活動領域。對原始人來說，如果某些問題可以憑藉理性或知識來理會，可以依靠經驗或技能來解決，他們決不會求助於巫術。只有當他們碰到某種超出自身能力的事物，陷入某種異常而又危險的處境時，有關的巫術

和神話才會應運而生，並達到十分發達的地步。卡西爾認為，這種觀點同樣也適用於人類政治生活的高級階段。他力圖用整整一本《國家的神話》向讀者表明：自古希臘羅馬以來，西方政治思想史上就一直貫穿著理性思維方式與神話思維方式的矛盾鬥爭，而社會政治生活的發展與進步，也正是在理性的力量不斷克服神話力量這樣一個艱難而曲折的歷史過程中逐步得以實現的。

與原始社會相比，雖然可以說「理性的社會組織」早已在當今政治生活中取代了「神話的社會組織」，這種理性異組織在相對穩定的和平時期是易於維持能夠經受各種衝擊的。然而，在政治生活中真正的平衡是從來沒有過的，在這裡所能看到的只是一種動態的平衡，決非靜態的平衡。所以說，「在政治領域，我們向來就生活在火山口上，必須準備應付那驟然間出現的突變和噴發。時逢人類社會生活處於危急關頭，種種理性力量均無法確保自己能夠抵制那些古老神話觀念的興起。在這等關頭，復興神話的時機就到來了。因為神話並沒有被真正地抑制和征服。它從來就存在於政治領域，暗中潛伏著，等候著自己的時機。一俟由於這樣或那樣的原因，人類社會生活中的其他約束力失去了自己的力量，不能再與那些惡魔般的神話力量相抗衡，這種時機便到了。」②正是在上述意義上，現代政治神話把現代政治神話形象地比喻為「絕望的招數」（desperate means），同時也叫「社會的巫術」（social magic）。

看起來，卡西爾十分讚賞法國人類學家杜丹（E. Doutlé）的神話觀點，在幾處都引用了杜丹的神話定義。杜丹認為，神話就是「人格化了的集體願望」。照卡西爾來看，對於現代政治生活中的專制觀念及其領袖觀念也可以作如是觀。迫切需要領袖人物的集體願望，只有同時具備以下兩方面的條件時才會出現：一方面，某種集體的意願佔有壓倒一切的優勢；另一方面，以通常的方式來實現這種意願的一切希望又都落空了。這時，集體願望不僅是強烈的、可以感受到的，而且還是人格化的，即以某種具體的、可塑的和個體的形象呈現於人們眼前。於是，集體願望所造成的社會緊張感就在個別領袖身上得以具體化，同時以往的種種

社會凝聚力，像法律、道德、習俗等等也隨之失去意義，剩下的只是領袖的權威和神話的力量。正是在這種情形下，卡萊爾的英雄崇拜觀念在德國大地上死灰復燃。它對那些盲從集體意願的人們尤其具有感召力，為非理性的領袖觀念提供了「理性的根據」。卡萊爾一再強調，英雄崇拜在人類歷史上是一種必然的現象。在任何時代，人類都需要尋找一個偉人來作為時代的救主。偉人彷彿「閃電」，而凡人就是「燃料」。沒有前者，後者便不會燃起熊熊的火焰。

可是，卡萊爾並沒有把自己的理論當作明確的政治綱領。他的觀點只不過是一種浪漫的英雄主義，跟現代政治生活中的「現實主義」實在相去甚遠。因而，要想演出政治神話這幕鬧劇，政治現實主義者們還必須動用更富有戲劇性的手段，就是神話製作技巧。有些文明史學家認為，人類在其自身發展過程中必須經歷兩個不同性質的階段：「巫術的人」與「技術的人」。如果這種歷史分期觀點有其道理，那麼，我們所面臨的現代政治神話就的確是一種既怪誕又矛盾的現象了。因為現代政治神話將兩種相互排斥的活動混為一體，而專制政治領袖們也把兩種截然不同的功能集於一身，他們同時扮演著雙重角色，即「巫師」和「技師」。但在卡西爾看來，這種矛盾現象恰恰反映了現代政治神話的本質特徵。「這種怪誕的結合就是現代政治神話發展中一個最顯著的特徵。」㉓

一般來說，原始神話是無意識活動的結果。但現代政治神話卻是有意識、有計劃的產物，是一種前所未有、理性化了的神話。在二十世紀這樣一個偉大的技術時代，也出現了一種製作神話的高超技巧。如同機槍、大炮、飛機等兵器一樣，政治神話也可以被發明、被製作、被用於國內外戰爭。直到一九三三年，世界政壇才開始對德國的重新軍事化及其後果有所憂慮。事實上，德國的軍事化不僅早在很多年前就已經開始，而且還是跟政治神話的興起同時起步的。嚴格地說，德國在軍事方面的舉動只不過是由政治神話所帶來的精神軍事化的必然結果。卡西爾指出，這種精神軍事化過程所邁出的第一步就是語言功能的轉變。詞語在

人類文明史上主要具有兩種功能：「描述的功能」與「情感的功能」（descriptive function and emotional function）。[20]在正常情況下，詞語或表達人類情感，或描述對象與對象之間的關繫，這兩種功能是各有其用，互不相混的。但現代政治神話卻把上述兩種功能之間的平衡徹底打破，使其重心完全倒向狂熱的情感，以致把描述性或邏輯性的詞語轉化成巫術咒語。瀏覽一下德國近十年來出版的思想理論書籍，人們不禁驚奇地發現，其中不但有大量杜撰出來的新詞，甚至連一些常用詞也變成十分費解。卡西爾舉了下面這個頗有諷刺意味的例子：

一九四四年，在紐約出版了一本書《納粹德語：當代德語用法匯編》。該書收集了近二十年來納粹當局編造出來的新詞。作者有心想把這些新詞譯成道地的英文，但實際上他所能做的只是轉彎抹角地釋義。因為這些詞彙根本就不可能準確地加以對譯，它們並不具有客觀的意義，而是充滿了十分強烈的主觀情感。據作者解釋，在當代德語中Siegfriede和Siegerfriede的用法是不大一樣的。但即使對一個德國人來說，這兩個詞的用法也是很難區別的，它們的語義似乎完全相同。Sieg意為「勝利」，friede意為「和平」。所以，Siegfriede和Siegerfriede的意思無非都指「勝利後的和平」。然而，根據《匯編》一書說法，這兩個詞的含義卻是截然不同。Siegfriede的意思是「德國勝利後的和平」，而Siegerfriede一詞則是指「盟軍統治下的和平」。那麼，這種區別的根據又何在呢？對任何了解德國納粹意識形態的人來說，是不難理解的。在Siegfriede中，「勝利」一詞為單數，而在Siegerfriede中該詞則變成了複數。很顯然，按照德國納粹的邏輯，複數是決不能用來描述德國人的，因為德國人並不是成千上萬的男男女女的相加，而是一個同質的整體，是一個優越的種族。而德國人的對手們卻根本沒有什麼統一性可言，他們名曰「聯盟」，其實不過是些四分五裂的東西。卡西爾指出，德國納粹主義者正是靠這種簡便的語言把戲，就輕而易舉地達到了卑鄙的政治目的。他們有本事在一個詞甚至一個音節中，注入自己的政治熱情與政治目的，注入一個黨派的全部情感，像仇恨、惱怒、狂妄、高傲、鄙夷、歧視等

等、等等。

　　但是，光有制作巫術語言的技巧是遠遠不夠的。即便在原始巫術活動中，咒語也僅僅是另一種更重要的力量——儀式的解釋或補充。因此，在形成政治神話的過程中，有了咒語之後還必須進而創造有關的儀式。在這一方面，國社黨的首領們也幹得無可挑剔。第一次世界大戰後的幾十年間，德國的社會生活發生了根本的變化。對每個德國人來說，所有的政治行為均有其特定的儀式。任何階層、任何年齡、任何性別的人都必須嚴守各自的規矩，就連在街上跟鄰居或朋友打個招呼，也要行使帶有政治色彩的禮儀。否則的話，就是有意冒犯首領，有損於國家尊嚴。儀式總是有其功能的。在原始文化生活中，儀式並非個人的行為，而是群體的或部落的活動，其主要功能在於把部落成員聚集起來，作為一個整體去感受、去思考、去行動，而根本就不考慮個體的人格或責任。與此相比，現代政治神話有過之而無不及。德國納粹正是通過日復一日地重演著相同的政治儀式，麻醉著人們的判斷力與批判力，消解著個人的情感與責任心，乃至最後致使一些有教養、有知識的人們也輕易放棄了人之為人的個性與自由，拜倒在新的神祇——極權主義國家的腳下，淪為納粹元凶手中的玩偶。

　　此外，德國納粹的政治領袖們還必須扮演原始巫師的角色。在原始社會，巫師總是從神祇的名義露面，顯示著神靈的意志、占卜著人類的未來。因此，他們在原始文化生活中佔有顯赫的地位，具有重要的作用。甚至在人類政治生活有了較大發展以後，占卜士或預言家依舊擁有上述古老的地位與特權。在古羅馬，任何重大的政治決策或軍事行動也還是離不開占卜士或腸卜僧。所以，羅馬軍隊每次出征總是有些腸卜僧隨行。克勞狄烏斯·普爾喀《占卜學》一書就是獻給西塞羅的，西塞羅在其政治生涯中所扮演的就是「占卜官」的角色。即便是在這一方面，德國納粹的首領們也重蹈了原始巫師的覆轍，所不同的只是他們的占卜技巧更複雜、更現代化。他們不再原封不動地照搬原始巫師的法術，像觀察候鳥的遷徙，檢驗動物的內臟，抓鬮或抽籤等等，而是打

著科學或哲學的招牌，裝扮成「時代的先知」來傳播「政治福音」。這樣一來，古老的占卜技巧就被改造成為現代政治神話的重要組成部分。

　　在卡西爾看來，德國納粹政權所利用的占卜技巧是十分令人尋味的，因為它最早並不是德國政治的發明，而是德國哲學的產物。一九一八年，德國歷史哲學家奧斯瓦爾德·斯賓格勒的《西方的沒落》一書出版。在西方歷史上，恐怕還沒有一本哲學專著能像該書那樣在情感方面取得如此巨大的成功。該書幾乎被譯成各種文本，一時間不論是哲學家、科學家、政治家，還是學生、商人、市民都在爭相傳閱。為什麼斯賓格勒會如此受人歡迎？卡西爾認為，斯賓格勒獲得成功的秘密與其說在於該書的內容，不如說在於該書的標題。該書出版之際正值第一次世界大戰剛剛結束，許多西方人開始意識到，以往倍受讚賞的西方文明而今卻處於衰敗之中。《西方的沒落》這個醒目的標題就像一束火花，激發了廣大讀者的想像力，一語道破了焦慮不安的社會心態。但就內容而論，這本書決不是什麼科學的著作。斯賓格勒自稱發現了一種可以預見歷史進程的新方法，其準確性不亞於天文學的觀測手段。根據他的說法，真正推動人類歷史向前發展的並不是自然規律，而是一種更強大、更神祕的力量「歷史命運」。因此，任何一種文明都是有生有滅、由興到衰的，而所有這一切就是一個「命定的過程」。卡西爾指出，上述觀點實際上並不是什麼新思想，而是一種最古老的神話觀念——宿命論的復活。正是這種宿命論才是《西方的沒落》一書取得成功的真正原因。

　　但是，斯賓格勒的觀點在當代德國哲學中並非個別現象，馬丁·海德格爾也有相同的思想。乍看起來，海德格爾似乎跟斯賓格勒毫無相同之處。他是以另一種獨特的思想方式來建立自己的理論體系。作為胡塞爾的學生，海德格爾被公認為德國現象學的傑出代表。他的主要著作《存在與時間》就是在胡塞爾主辦的《哲學與現象學研究年鑒》上發表的。然而，該書的基本觀點卻有背於胡塞爾的哲學精神。胡塞爾的整個現象學都是建立在邏輯分析基礎上，他的根本目的是要使哲學成為一門「精確的科學」。而

海德格爾壓根就不承認有什麼永恆的真理和嚴謹的哲學思維邏輯方法。照他看來，致力於一種「邏輯的哲學」注定是徒勞的，我們所能建構的只是一種「存在的哲學」。這種存在主義的哲學並不企圖揭示任何客觀的、普遍的真理，因為任何一位思想家只能闡釋其自身存在的真理。這也就是說，真正能夠體現歷史之特徵的是個體的存在，而個體的存在又是與特定的境況息息相關。所以，人類所能做到的只是接受、理解和闡釋自身存在的歷史境況，切不可企及改造境況。為了說明上述基本觀點，海德格爾獨創了一個新詞「被拋入的境況」（Geworfenheit）。他認為，人之存在被拋入時間之流，這是當代人類境況的一個既定的、根本的特徵。

卡西爾一再強調，他在此討論斯賓格勒和海德格爾的哲學論點，並不是說這兩位思想家的研究工作跟後來德國納粹政治神話的形成有什麼直接的聯繫。哲學是「思辨的」，而政治是「現實的」，因此不宜把二者相提並論。但無論如何，宿命論在當代德國哲學中的重演的確漸漸削弱了人們抵制政治神話的思維能力。這樣一種有意預言「文明必定衰落」的歷史哲學，這樣一種格外注重「人類被拋境況」的存在哲學，無疑都是在徹底放棄重建人類文化生活的積極希望。這就難免不使現代哲學成為納粹黨徒製作政治神話的思想材料。

卡西爾在上述分析的基礎上著重指出，二十世紀政治神話的驟然興起，應當促使我們深入思考一個帶有普遍性的問題：在政治學領域，孔德及其後學力圖建立一種實證科學的期望恐怕過高、過早了。現代政治學還遠遠不是一門實證的學科，更談不到任何精確性。不必懷疑，當我們的子孫後代回過頭來翻閱現今的大量政治學論著時，其感受決不會亞於現代天文學家或化學家重讀占星術或煉金術書籍時的感觸。現代政治學迄今為止並沒有為自己打下牢固的基礎，沒有建立起一套明確的法則，而是隨時面臨著突然回歸原始神話思維的嚴峻威脅。很早以前，古人就深信巫術技巧可以改觀自然進程。數千年來這種信念雖然屢經挫折，充滿失望，但還是流傳了下來，並作為「絕望的招數」迷惑著人

們。因而，神話和巫術在現代政治生活中的重新抬頭，並非是難以思議的怪事。當某些渺小的政治團體真想把自己的狂妄意志強加於整個社會乃至其他民族時，也許會一時得逞。然而，這也不必悲觀，正如自然領域有其法則一樣，社會政治生活也有其歷史邏輯，政治神話畢竟是短命的。

那麼，作為一門古老學問的哲學在反對現代政治神話的鬥爭中又能做點什麼呢？卡西爾尖銳地指出，近現代的哲學家們似乎早就放棄了干預社會政治進程的願望。黑格爾對哲學的價值給予很高的評價。但他在《法哲學原理》中講過這樣一段頗有消極影響的話：「當哲學把它的灰色繪成灰色的時候，這一生活形態就變老了。對灰色繪成灰色，不能使生活形態變得年輕，而只能作為認識的對象。密納發的貓頭鷹要等到黃昏到來，才會起飛。」⑤如果真像這段名言說的，那麼，哲學只能消極無為，只能步現實生活的後塵，只能作為一種思辨的消遣。而這無疑是跟哲學的本性與歷史相背離的。正像柏拉圖說過的那樣，歷史上的傑出思想家們不僅僅是「在思想中理解他們各自的時代」，而且還要時常在思想中抗爭並超越他們的時代。假若缺少這樣一種理智的與道德的勇氣，哲學就無法在人類文化生活中實現自身肩負的歷史使命。當然，僅憑哲學的力量是不足以粉碎現代政治神話的，因為神話本來就屬於另一種有別於理性的思維方式，它不會因理性的邏輯而動搖。但哲學卻能使人理解神話。這裡所說的理解神話不僅意味著知其所短，更重要的是知其所長。也就是說，只有首先正視神話，才能知道如何破除神話。因而，卡西爾大聲疾呼：我們早就不該低估現代政治神話的強大力量，早就應當放棄輕視現代政治神話的簡單幻想，早就應該縝密地研究現代政治神話的起源、結構、方法和技巧了。在筆者看來，恐怕正是懷著這種深刻的憂慮、這種強烈的責任心，年邁的卡西爾才甘願把自己的最後幾滴心血全部注入了二十世紀政治神話研究。

第六節　從「卡西爾注康德」說起

在當代哲學界，卡西爾是一位屈指可數的康德研究專家。卡西爾不僅編過十卷本的《康德全集》，著有權威性的《康德的生平與學說》；更值得注意的是，他還一貫申明符號形式哲學或人類文化哲學所討論的問題、運用的方法也都源於康德的批判哲學。因此，如何理解卡西爾與康德之間的理論關繫，也就成了卡西爾研究中的一個關鍵問題。幾乎可以說，以往卡西爾研究中的有關評論大多都是由此入手，而意見分歧也主要是由此產生。

首先需要指出的是，在以前的卡西爾研究中，大多數中外學者一般是以《符號形式哲學》和《論人》兩部著作為依據來討論卡西爾與康德的關係，而很少注意到其他零散的文獻。這種做法固然無可非議，但依筆者所見，最能說明上述關係的原始資料還是一篇簡短的講稿——「作為一種文化哲學的批判唯心主義」，這是卡西爾於一九三六年五月二十六日在英國沃泊格研究所（Warburg Institute）作的一次講演。與這篇專題講稿相比，上述兩本書中的有關論述倒顯得相對鬆散了。所以，我們在此還是首先結合這份講演稿，梳理一下卡西爾的文化哲學與康德的批判哲學之間的邏輯關係，以便為進一步評價卡西爾的神話宗教研究打下比較牢靠的基礎。

我們在這一章的開頭就已提到，照卡西爾看來，康德哲學在方法論上的革命意義即在於徹底改變了關於認識與對象關係問題的傳統觀念。在「作為一種文化哲學的批判唯心主義」一文中，卡西爾著重闡發自己對上述意義的具體認識。他認為，康德哲學之所以能夠實現一場具有劃時代意義的認識論觀念變格，關鍵在於提出了一種「先驗的唯心主義」。在康德那裡，所謂先驗的東西就是指關於認識形式的知識，而所謂先驗的唯心主義則是指把關於認識形式的批判作為全部認識活動的出發點。根據康德的觀點，只有藉助於諸種認識形式，不同的認識對象——經驗的、科學的、宗教的或形而上的——對認識主體來說才是可理解的。這

無非是想明確哲學批判的一個先天原則：認識形式的研究必須先於認識對象的研究；因此也就產生了康德哲學的基本問題：物理學是何以可能的？自然科學是何以可能的？形而上學是何以可能的？卡西爾認為，康德就是這樣以一種「先驗的批判」或「純粹的分析」超越了笛卡爾、貝克萊等人的形而上學本體論，為走向一種「文化的哲學」鋪平了道路。

卡西爾坦率地承認，康德在其主要著作中既沒有提及文化哲學的名稱，也沒有論述文化哲學的主題。康德基本上還是沿襲了古希臘以來的觀點，把哲學研究劃分為物理學、倫理學和邏輯學，後來又加上了美學。但在卡西爾看來，「如果我們不是從其特殊的歷史條件，而是從其整個體系的任務去看待康德的唯心主義，我們會被引向一個寬廣得多的領域。」⑥康德哲學的基本問題並不限於討論一些特殊的認識形式，比如邏輯的、科學的、倫理的、美學的等等。事實上，我們無須改變其本性便可以把這一基本問題的意義推廣到所有的認識形式，諸如思維，判斷，認識，理解，乃至情感等等。所有這些認識形式都不是感覺材料中給定的對象的簡單模寫，都不是靠反映他物而閃光的；相反，它們均有其自身的光彩，它們本身就是一些本初的光源。如果能在上述意義上探入把握康德哲學的基本問題，那麼，語言、藝術、科學、神話和宗教等等紛紜複雜的符號體系，就不僅能夠一併融入哲學分析，而且還迫切需要加以這樣一種分析了。卡西爾強調指出，上述所有這些符號體系雖然各不相同，但它們卻具有一種內在的統一性。這種統一性正是認識得以建構的前提，同時也是認識得以展開的力量。但必須清醒地意識到，這裡所說的統一性並非實體的而是文化的，因此決不能用傳統形而上學的實體性方式去描述，而必須用一種新文化哲學的功能性方式去理解。以上這些大致就是卡西爾從康德那裡悟出的學理。

按中國文化傳統來說，研習經學不外兩種方式，一是「我注六經」，一是「六經注我」。借用一下這種老說法，卡西爾對康德哲學的詮釋當屬「康德注我」了。很明顯，卡西爾所感興趣的並不是歷史地看待康德，而是借康德的問題發個人之主張。因此，

康德哲學的基本問題在卡西爾的文化哲學中不僅沒有被完整地保留下來，甚至可以說是基本走樣了。嚴格地講，康德哲學基本問題的真正價值即在於：如實地表達了「現象」與「本體」在認識論或知識論裡的深刻矛盾。當然，康德本人並沒有根本解決這個矛盾。他一方面有力地證實了知性把握現象的法則，另一方面又輕易地把本體推諉於信仰，最後陷入了頗受後人責難的二元論和不可知論。但無論如何，有一個基本的事實是不容易忽視的：本體問題的認識論意義在康德哲學中不但沒有喪失，反倒顯得愈發突出，愈加緊迫地需要道明了。而這一點對卡西爾來說卻是無關緊要的，因為他的本意不是要注釋康德，而是要超越康德；不是要探究本體，而是要剔除本體；不是要確定認識的極限，而是要打破這一極限。所以說，簡單地把卡西爾看作康德哲學，恐怕是有點離譜。卡西爾的文化哲學實質上既不是二元論的，更不是不可知論的。

從整個哲學史來看，所謂的本體問題無非是要探究「最後的根據」或「終極的意義」。這恐怕是哲學的本性所致。卡西爾的文化哲學雖然有意迴避了「本體」，但終究不能回避「意義」。於是，我們在卡西爾那裡看到了這樣一種選擇：一方面，他堅持認為所謂的「自在之物」或「絕對存在」對文化領域來說是難以想像的；另一方面，他又承認在文化領域中存在著另一個跟「本體」同等重要、同樣困難的問題，即「客觀價值」或「客觀意義」。那麼，這種客觀的價值或意義又是什麼呢？卡西爾指出，這即是指諸種文化形式所要達到的根本目的，就是建構「一個思維與情感的共同世界」，或者說「一個人性或自由的文化世界」。更耐人尋味的是，他還進一步解釋道：「在建構此一文化世界的過程中，這些個別的形式並非遵循某一預先設定的圖式，即可以按照一種先驗的思維方式來進行徹底描述的圖式。我們所能做到的一切就是窮究諸種形式在歷史上表現自身的緩慢進程，或者說是標出這條道路上的各個里程碑。」[27] 從上述觀點來看，卡西爾就離康德更遠了。至於卡西爾的無化哲學是否可以在康德的意義上稱為「先驗論」，似乎也要打上一個「問號」。

總結以上分析可以看出，卡西爾對康德哲學的基本態度，與其說是一種詮釋、一種師承，毋寧說是一種改造、一種超越。康德與卡西爾畢竟分別屬於兩個哲學時代。因而，簡單地把二者放在一起比照，尤其是以前者來說明後者，的確是很難比較到好處的。換句話說，研究卡西爾的意義主要不在於說明他與康德的聯繫，而在於指出他的理論個性，即他相對於說明他與康德的進步之處。如果研究者們能在這一點上達成一致的意見，那麼，對於以往卡西爾研究中的一些基本結論，像「卡西爾的立足點始終沒有離開過康德的知識論」，「卡西爾在文化領域中貫徹了康德的二元論」，「卡西爾承繼了康德的現象學」等，均需要重新加以斟酌。

　　因此在我們看來，就康德哲學的基本問題而論，卡西爾主要是保留了問題的形式，袪除了問題的內容。所以，在討論卡西爾的文化哲學時首先應當注意到：卡西爾提出的基本問題雖然跟康德哲學的基本問題十分相似，但二者卻蘊含著不同的意義。為了區別起見，我們可以把卡西爾文化哲學試圖說明的基本問題概述如下：唯有首先批判文化形式是何以生成演變的，才有可能進一步理會整個人類文化活動的價值或意義。在這裡，文化形式所指稱的是符號形式或思維方式，其特徵是歷史的、動態的，不是先驗的、靜態的；而文化價值或文化意義所體現的就是人性或自由的創造過程，其特徵是倫理的、功能性的，不是本體的、實體性的。這樣一來，卡西爾便把文化活動歸結為符號式思維，把文化意義歸結為人性式自由，從而形成了其特有的主觀唯心主義的文化哲學。卡西爾明確說過，作為一種文化哲學的批判唯心主義，其出發點即在於以一種純分析的方式來描述語言、藝術、宗教、科學等等文化形式，目的則在於綜合諸種文化形式及功能，以求發現心靈的法則，更好地理解人性的世界。㉘上述方法論原則作為張本，實際上貫通於卡西爾文化哲學的整個建構過程，特別是在其中最有特色、最有建樹的部分——神話宗教研究中得到了充份的體現。

　　就整體而言，我們可以通過以下兩個命題來總括卡西爾的神

話宗教研究的主要特徵：

第一，卡西爾的神話宗教研究是一種以文化為視角、以人學為主旨的宗教文化觀。這個命題想要概括的是卡西爾有關神話宗教研究對象的基本認識。我們在前文的概述中已經看到，按照卡西爾的觀點，神話宗教首先是一種文化形式，或曰一種符號形式、一種思維方式。這種意義上的神話宗教與語言、藝術、科學等等文化現象比肩而立，相得益彰，共同構成了同一文化整體，展示著人類文化創造活動的多樣性與豐富性。正如卡西爾在《論人》一書的結語中所說：「一種文化哲學是從以下假設出發的：人類文化世界並非零散事實的簡單總和。它試圖把這些事實作為一個體系，一個有機整體來理解。在此，我們所感興趣的是人類生活的廣度，我們專心研究的是諸種特有現象的豐富性與多樣性，我們所欣賞的是以『多彩畫法』與『復調音樂』表現出來的人性。」㉙正是基於上述構想，卡西爾把神話宗教作為整個人類生活的一個重要方面、作為全部文化現象的一種基本成份納入文化哲學的批判視野，力求展現人類文化的豐富內涵。

另一方面，我們也看到，在卡西爾的文化哲學中有這樣一個重要的限定：所謂的文化價值或文化意義就是人性或自由。因而，全部文化活動、符號形式或思維方式的演變過程實質上也就是一個塑造人性、創造自由的歷史進程。如果說作為一個整體的文化規定了「人性的圓圈」，展示了「人類自我解放的歷程」，那麼神話宗教研究便是人性的「一個扇面」，是人類走向自由的「一個階段」。㉚這樣一來，神話宗教研究在卡西爾的整個文化批判中就有了一種非同一般的認識論意義，正因神話宗教是人類文化現象中最原始、最複雜、最神祕的一種符號形式或思維方式，所以，神話宗教批判亦將更深刻、更具體、更生動地揭示出人性或自由的本真面目。借用卡西爾在上述引文中的比喻，神話宗教研究可以說是整個文化哲學為人性或自由塗上的「第一種色彩」，譜出的「第一種音調」。

第二，卡西爾的神話宗教研究是一種以思維方式為主線、以深層情感為根基的符號功能論。這個命題想描述的是卡西爾在神

話宗教研究方法上的主要特點。卡西爾的神話宗教研究方法是其整個文化觀的必然結果。照他看來，構成同一文化整體的諸種活動形式儘管在歷史上有先有後，但在邏輯上決無主次之分。所有這些文化活動形式均有其特殊的符號體系與符號功能，彼此之間既不可還原也不可替代。這也就是說，它們都是人類精神走向客觀、創造文化、表達人性的不同方式。在卡西爾那裡，這樣一種「多元文化形式觀」勢必引出一種「多元符號功能論」。因而，卡西爾在其文化批判過程中對諸種文化形式實際上是分而治之的，在他的整個文化哲學體系裡分別有科學符號論，藝術符號論，神話宗教符號論等等。關於這一點，卡西爾曾用語言學的術語打過比方，他把各種文化形式或符號形式比作不同的「語言」，把諸種形式的基本功能比作不同的「語法」，在上述意義上又把整個人類文化稱為「語言的活動」。由此可見，主張符號功能或思維功能的多元性的確是卡西爾文化哲學研究方法的一個顯著特徵，這對研究者們來說是不可忽視的。

　　就神話宗教研究而言，卡西爾本著上述方法論觀念，首先是把神話宗教符號作為一種特殊的思維方式來看待。他的基本思路在於：既然神話宗教原本就是一種思維方式，那麼與之有關的研究不但應當摒棄形而上學的抽象思辯，同時也理應捨棄科學思維的知識範圍，轉而以文化形式批判為功，即按照神話宗教這一思維方式的語言來理解該種符號形式的「語法」，追隨這一思維方式的沿革來考察該種符號形式在文化過程或人性創造中的特定功能。而要達到上述目的，則必須探討神話宗教思維方式的深層結構。卡西爾認為，遠在人類生活初期，原始神話就形成了其特有的感知方式。這種方式是情感的，是低於理性的，但它同時又是人類經驗中最原始的傾向、最基本的形式。從整個人類經驗結構來看，神話宗教所反映的基本情感事實上處於較之理性更深的層次，是知覺與概念的源頭。因此，只有追至這一更深的經驗層次，才有希望真正揭示作為一種思維方式的神話宗教的符號功能。從前文的介紹中不難看出，卡西爾對神話宗教所作的整個分析是沿著這一基本思路展開的。

由此可見，卡西爾的神話宗教研究，無論在對象上還是在方法上都作出了一些積極嘗試。尤其值得重視的是，卡西爾的神話宗教研究是作為一個哲學體系的重要組成部分來設計、來展開的，所以其方法論觀念也就顯得更完整、更有邏輯性，同時也更發人深省了。大家知道，西方哲學的邏輯主流從來就沒有偏離過主觀精神或主體意識。特別是到近代，通過康德、謝林、黑格爾等人的研究工作，主觀精神或主體意識的能動作用顯得越來越突出。但總的來說，整個近代西方哲學所高揚的主觀精神或主體意識還是一種理性，甚至可以說是一種理想化、完美化了的「科學理性」。這種完美的科學理性在被視為最高境界的同時，無形中也就成了一種積極界限，也就是說，大大限制了哲學思維的批判力與創造力。從承上啟下的關係來看，卡西爾制定的「認識論計劃」就是衝著上述限制而來的。儘管在他的文化批判中科學仍然處於很高的地位，科學的理性被看作文化活動或符號形式的最高成就，但卡西爾並不因此而貶低神話與宗教，相反卻把神話與宗教一起推到了整個文化批判的前沿，將神話宗教情感與科學理性相提並論、再三比較，以期證實神話宗教是一種符號形式或思維方式，也是人類實現人性或自由的一個必要步驟。不僅如此，他還把作為一種符號形式或思維方式的神話宗教看作其他一切符號形式或思維方式的「母根」、「發源地」。顯而易見，像這樣一些做法都具有強烈的反傳統傾向，其根本目的就在於提高神話宗教的研究價值，將其原有的認識意義和主體能動性充份揭示出來。卡西爾的上述嘗試無疑為進一步研討主觀精神或主體意識展示了十分可觀的想像空間，同時也為建立一種新的宗教文化學準備了可資借鑒的思想材料。

從另一個角度來看，卡西爾通過其神話宗教研究固然拓展了哲學批判的視野，有力地推動了有關主觀精神或主體意識的研究，但與此同時他也使西方哲學的邏輯弊端暴露得更加明顯了。卡西爾的神話宗教研究之所以令人別開生面，一個很重要的原因就在於他把作為一種符號形式或思維方式的神話與宗教定性為「情感的」，並由情感經驗去闡明神話與宗教的能動作用和文化功

能。然而，要是說深受近代西方哲學推崇的「科學理性」距離社會生活還稍遠一些的話，卡西爾所大書特書的「神話宗教情感」簡直可以說是與現實生活難分難離了。問題在於，卡西爾把神話宗教歸結為符號形式或思維方式，顯然還是沒有擺脫西方哲學偏重精神活動、輕視物質生活的傳統觀念，這就難免使其研究結論流於空泛，顯得蒼白無力。譬如，他對原始神話社會功能的解釋基本上還停留在馬林諾夫斯基的水平；他通過追溯神話宗教的概念形成過程而勾畫出來的人性或自由的創造過程，也不過是一個欠缺現實生活依據的抽象概念系列。而一旦將其基本結論用於解釋現實問題，上述邏輯破綻便更加明顯了。在討論當代政治神話問題時，卡西爾只是把社會歷史條件作為次要的因素一帶而過，武斷地把所謂的「神話製作技巧」視為具有決定性意義的因素。我們認為，問題的關鍵就在於：現實的生活無疑要比抽象的觀念有力得多，由現代意義上的文化觀來看尤其如此。這是我們在揚棄卡西爾的神話宗教研究成果時應當記取的一個方法論教訓。

　　總而言之，卡西爾的神話宗教研究是得失相兼的。一方面，他積極借鑒了當代人文科學的研究成果，不無創見地把神話宗教引入了文化哲學的廣闊視野，從而為宗教文化學提供豐富的哲學觀念。但另一方面，卡西爾所作的這些嘗試並非對近代西方哲學傳統的徹底否定，而是對這一傳統的繼承與發展。因此，就其理論實質而言，卡西爾的宗教文化學觀念所代表的是西方學術界中久居統治地位的唯心主義在宗教研究領域的一種現代傾向。

【注解】

①這是卡西爾本人的一種特殊提法。在他看來，神話與宗教並無本質區別，兩者同屬一種思維方式，即神話思維方式。關於這一點，後面論及卡西爾的宗教觀念時還會詳細介紹。

②卡西爾：《符號形式哲學》（THE PHILOSOPHY OF SYMBLIC FORMS, Yale University Press, 1957），第一卷，第七十四頁。

③《符號形式哲學》（英文版），第一卷，第七十八頁。

④《符號形式哲學》（英文版），第一卷，第八十頁。

⑤參見卡西爾：《國家的神話》（THE MATH OF STATE, Yale University Press, 1946），「前言」。

⑥卡西爾：《論人》（AN ESSAY ON MAN, Yale University Press, 1944），第二十六頁。

⑦《論人》（英文版），第二〇八頁。

⑧猴迷樹，也叫智利南美松，枝葉茂密，據說連猴子也難以攀援，故名。

⑨卡西爾：《語言與神話》（LANGUAGE AND MYTH, New York 1953），第三十三頁。

⑩《語言與神話》（英文版），第四十一頁。

⑪《語言與神話》（英文版），第四十二頁。

⑫《語言與神話》（英文版），第四十四頁。

⑬卡西爾：《國家的神話》（THE MYTH OF THE STATE, Yale University Press, 1946），第三十七頁。

⑭《論人》（英文版），第八十二頁。

⑮馬納斯（Manes），是古羅馬人對死者的神化了的靈魂的稱呼。

⑯《國家的神話》（英文版），第四十九頁。

⑰《論人》（英文版），第八十七頁。

⑱以上觀點參見《國家的神話》（英文版），第四十七頁；《論人》（英文版），第九十五—九十六頁。

⑲《論人》（英文版），第一〇八頁。

⑳以上資料可參見《國家的神話》（英文版），「序言」；《恩斯特·卡西爾的哲學》（THE PHILOSOPHY OF ERNST CASSIRER, The Liberary of Living Philosophers Vol. VI. Open Court Publishing Company, 1949），

「恩斯特‧卡西爾著作年表」。

㉑參見《恩斯特‧卡西爾的哲學》（英文版），第二十八—二十九頁。

㉒《國家的神話》（英文版），第二八〇頁。

㉓卡西爾：《符號、神話和文化》（SYMOBOL, MYTH, and CULTURE,
Yale University Press, 1979），第二五三頁。

㉔在《國家的神話》一書中，卡西爾又稱之為「語義學的功能」和「巫
術的功能」（Semantic function and magical function），雖表述不一，但
意思相同。參見該書英文版，第二八二—二八三頁。

㉕中譯文見《法哲學原理》，商務印書館一九七九年版，第十四頁。

㉖《符號、神話和文化》（英文版），第七十頁。

㉗《符號、神話和文化》（英文版），第七十三頁。

㉘《符號、神話和文化》（英文版），第九十頁。

㉙《論人》（英文版），第二二二頁。

㉚參見上書，第六十八、二二八頁。

第八章　不是結論的結論

簡要評述過以上六位著名學者的宗教文化研究思想，筆者不由想起了幾年前讀過的一本小書《六人》。①在這本小書中，作者從世界文學名著中選了六位主人翁，借其不同的人生經歷回答了一個主題——人是什麼？尤其叫人難忘的是，作者把這六種人生分別比做通向斯芬克司像前的六條道路。據巴金先生介紹，該書的英譯者蔡斯教授（Ray E. Chase）曾說：「《六人》是一曲偉大的交響樂」。②我不知道就宗教文化研究這一博大的主題來說，我們討論過的六位著名學者能否代表幾條主要途徑，他們的工作能否共同譜出一部動人心弦、催人奮起的交響樂？

以上這些話不過比附而已。無論如何，我們通過討論前述六位學者的有關工作已經清楚地看到，宗教文化研究在現代人文科學領域已引起諸多前列學科的普遍關注，而且該項研究涉獵問題之廣，探討角度之多，特別是主題之重要，都已使其成為當代學術活動中的一個熱點或一門顯學。從上述學術背景來看，現代人文科學領域是否真能崛起一門新的學科——宗教文化學，恐怕就不是一個假設的問題，而是一個時間的問題了。但另一方面也應看到，就研究現狀而言，宗教文化學至多也只能算作一門初露萌芽的學科，前述幾個研究實例存在問題之多，理論分歧之大，同樣也是一個明顯的事實。在這種情況下，本書作為一種探索性、開放性的研究，也不該過早地得出任何帶有絕對性、封閉性的結論。所以，我們在最後一章僅就宗教文化學的研究主題、基本方法、以及學術價值等問題，提出一些初步的意見，以供讀者參考。

第一節　主題辨析

宗教文化學是什麼？這顯然是首先擺在我們面前的一個問題。儘管可以說前幾章已從諸多角度論及了這個問題，但在這裡

我們最好還是把這些鬆散的內容扼要總結一下，以便找到一個比較明確、完整的答案。

首先，從整體上概覽六個研究實例，我們可以看到以下兩個特點：

(1)現代西方宗教——文化研究跟宏觀文化背景有著明顯的聯繫。我們在第一章提到，西方的現代是在第一次世界大戰的炮火聲中拉開歷史序幕的。從那時起，殘暴的世界大戰、劇烈的社會矛盾、空前的經濟蕭條、驚人的道德敗落、悲觀的社會心態……這種種跡象無一不在預示著一場社會總危機。從本上說，這是一種「文化的危機」。它迫使人們不分國度地把西方世界作為一個文化整體加以反省，來思考整個西方文化的前途問題。一般說來，這就是現代西方的文化研究得以興起的主要歷史根據，而宗教文化研究則是這股學術熱潮的重要組成部分。從我們選取的幾個研究實例來看，這一特點在湯恩比和道森那裡反映得最直接、最明顯。湯恩比的整個文明形態理論就是以全面回答西方文化的前途問題為主旨的；從其學術活動背景來看，道森也是因關注西方文化危機問題而轉入中世紀文化史研究的。卡西爾身為猶太人對「時代的普遍要求」無疑有著真切的感受，他在遠離故土的異國他鄉乾脆把自己的符號形式哲學叫做「人學」或「人性研究」，以期通過思辨的哲理引導人們去沉思當代人類困境。至於他的當代政治神話研究與現實文化背景的密切聯繫，就更是一目了然。而作為神學家的蒂利希顯然也是在抓住世俗文化危機這一緊要關頭，為人類回歸其應有的本性，為現實重返其應盡的深度，總之為消除西方文化危機提供了一種神學答案。此外，如果我們不是把學術探討看作「理想真空中的游戰」或「書齋裡的主觀沉思」，那麼就其活動年代而言，馬林諾夫斯基和韋伯的宗教文化研究應當置於上述文化大環境中才能獲得一種比較恰當的解釋。

(2)現代西方宗教——文化研究跟人文科學發展更有明顯的聯繫。我們在第一章還提到，現代西方文化研究主要是基於人文科學的兩大邏輯走向而形成的，即從歐洲中心論轉向文化多元論、從理性主義轉向非理性主義。這兩大邏輯走向在宗教文化研究中

有其具體反映。像馬林諾夫斯基力圖借助原始宗教與原始巫術研究來類推一般意義上的宗教信仰在文化進程中的普遍功能；韋伯從一種因果聯繫全面展開世界宗教系列比較研究；卡西爾使「神話的思維方式」與「科學的思維方式」比肩而立，再三對比；湯恩比直接把文化多元論作為其整個歷史哲學體系的一個基本前提等等，所有這些理論嘗試儘管還難免在這裡或那裡留有歐洲文化中心論的殘跡，但其基本觀念顯然都是文化多元論的。否則的話，要想在這一重要領域進行任何真正意義上橫向或縱向的比較研究，都是很難想像的。說到第二種邏輯走向對宗教文化研究的影響就更明顯了。譬如，馬林諾夫斯基在原始宗教文化問題研究中首先一反傳統觀念，明確劃分了「俗的一面」與「聖的一面」，並緊緊抓住後一面究根究底；韋伯精心描述著新教經濟倫理向世俗經濟倫理潛移默化的轉變過程；蒂利希和湯恩比將「宗教」或「上帝」視為整個人類精神活動的「終極層次」；卡西爾則著重強調作為一種思維方式的神話宗教現象的符號功能等等，凡此種種嘗試無一不體現出一種積極的非理性主義精神，即超越以往社會科學方法論的歷史局限性，從「自然的理性」走向「文化的非理性」，從表層的意識走向深層的潛意識，力求發現「自然」的對立物「文化」的內在動因。在這樣一種情形下，現代人文科學的一些主要成就，像心理學的、人類學的、神話學的、語言學的、符號學的等等，被廣泛引入宗教文化研究也就成了一種必然的現象。這突出地反映在對於「文化」和「宗教」兩個基本範疇的具體理解上。

為了進一步說明上述特點，下面我們就來總結一下六位著名學者有關「文化」與「宗教」的具體認識。馬林諾夫斯基重新把文化人類學厘定為「研究文化的特殊科學」。在他那裡，我們看到的文化概念雖然還類似於傳統的說法，即把文化看作人類社會生活中的兩類基本現象——物質與精神的總和，但他對宗教的認識卻完全是屬於現代的。對以泰勒、馬累特、繆勒、塗爾干等人為代表的近代宗教觀念，馬林諾念，而是一種相伴於「生命過程」、有其特定功能的人類基本需要。這種基本需要既是生理的又是心

理的，既是個體的又是社會的，歸根到底是文化的。

韋伯與道森對文化的具體理解大致上可以併作一類，這是因為他們二人所關注的是同一個問題——西方近代文化的起源問題，而它本身就是由西方文化前途問題誘發出來的文化尋根傾向的直接反映。所以，韋伯與道森都是把整個西方世界作為一個文化整體來加以歷史探討的。韋伯和道森對宗教的看法也有明顯的類似之處，這主要表現在兩人都把宗教視為一種基本的文化特性，都注重揭示宗教信仰在西方近代文化起源過程中對文化中心理產生的重大影響。但相比之下，道森的研究規劃顯然要比韋伯複雜得多。韋伯十分謹慎地反覆驗證宗教經驗倫理與世俗經濟倫理之間的歷史聯繫，而道森則大膽勾畫著宗教與文化這張錯綜複雜的「歷史關係網」。他在廣泛考察基督教的教義、儀式和制度對中世紀政治、經濟、學術、藝術等領域的歷史意義的基礎上，突出強調作為一種文化氛圍的宗教信仰對社會下層的長遠影響。儘管由於史料等各方面的嚴重限制，道森自嘆就此可說的太少、太淺，但這項工作畢竟還是向後人提示了一個非常有價值、有潛力的研究方向。

相對於以上三人來說，湯恩比可稱得上是一個集大成者。湯恩比的整個文明形態理論是以一種新的歷史觀念為邏輯前提的，即「歷史就是文明」（在此文明特指繼原始文化之後的文化）。他堅持認為，像傳統歷史研究那樣單就國家而論歷史，歷史的意義即寓於作為歷史之現象的文明之中；而宗教信仰則是文明社會的本質體現，是文明過程的生機泉源。於是，在湯恩比規模龐大的歷史哲學體系中，馬林諾夫斯基一帶而過的宗教信仰與文化結構的關係問題真正被提到了研究日程；韋伯和道森側重考察的西方近代文化起源問題也被融入了一種文明通史，在全盤涉及明的起源、生長、衰落和解體的系統研究中獲得了前後關係。此外，像宗教與文化類型的關係問題，宗教與文化變遷的關係問題，以及宗教作為一種文化心理或文化潛意識的基本功能等問題，都可以在湯恩比那裡找到比較詳細的論述。

最後，我們在蒂利希的文化神學與卡西爾的文化哲學中看到

的是一些更抽象的概念。蒂希利並沒有過多地糾纏於文化概念，他真正關心的是從文化神學的角度來澄清混亂不堪的宗教定義。但從其有關現代西方文化特徵的背景分析來看，蒂利希顯然也是在接受了現代意義上的文化觀念的前提下來討論宗教問題的，即把西方世界看成一個文化整體。他認為，就廣義而言，所謂的宗教壓根就不是人類精神生活的一種特殊機能，而是整個人類精神生活的「底層」，是貫穿於全部人類精神活動的一種「終極的關切」，其基本特徵是終極性、無條件性、整體性和無限性。所以，宗教是文化的本體，而文化則是宗教的形式。在上述認識中，宗教首先被世俗化而文化也隨之被神聖化了。蒂利希就是這樣由神學本體論推出了一種調和宗教與文化的具體方案。

與蒂利希根本不同，卡西爾是一個徹底的人本主義者，他首先關注的是一種「文化的批判」。相應於此，文化的本質問題也就在卡西爾的整個文化哲學體系中顯得格外突出。照卡西爾來看，所謂的文化哲學實質上就是一門「人學」。人是文化的主體，是一種「符號的動物」。因而，本義上的文化就是一個人性自我創造與人類自我解放的過程，就是一整符號創造活動；而宗教則是文化整體中的一種基本形式、人性創造中的一個重要側面、人類自我解放中的一個必要階段、符號思維活動中的一種原初形態。這樣一來，隨著卡西爾文化哲學意識的不斷深化，神話宗教研究也就顯得越來越關鍵了，以致最後成了「人性尋根」或「符號形式尋根」的第一個步驟。

綜上所述，我們可以推出這樣幾個結論：(1)就理論背景而言，宗教文化學是現代西方文化進程的學術反響，是人文科學邏輯走向的必然產物；(2)就學科性質而言，宗教文化是在兼容並包文化研究最新成果的基礎上形成的一個綜合性學科；(3)就研究主題而言，宗教文化學具體是指專門研討宗教與文化的關係文題，闡明宗教信仰在文化整體中的特型、本質、地位與作用的一門人文科學。

那麼，作為一門新興的人文科學，宗教文化學與其他宗教學科的主要區別又在哪兒呢？這對我們說也是一個不可迴避的問

題。儘管隨著人文科學的不斷進步，特別是跨學科研究或綜合性研究的迅速發展，各門科學之間的基本界限變得越來越模糊了，更不用說同一研究領域中各個學科之間的基本界限，但我們還是不得不就此說些什麼，況且也能說出點什麼。不過，在具體討論宗教文化學與其他宗教學科的主要差異之前，我們最好還是先在識別標準上達到某種共識。當代著名哲學家艾耶爾（A. J. Ayer）在探討二十世紀的哲學發展時說，現代哲學研究是有進步的，但這種進步並非像自然科學那樣表現為直線的形式。因而，要想說明哲學的進步便不應把注意力放在一批傑出學者的理論貢獻上，而是要格外注意一批循環出現的問題的演變。也就是說，哲學的進步並不在於任何古老問題的消失，也不在於諸多衝突派別之間的消長，而在於提出各種問題的方式不斷變化，以及解決這些問題的方式日趨一致。③在筆者看來，上述觀點對於我們辨別宗教文化學與其他宗教學科的基本區別同樣是有啟發的，因為在宗教研究領域宗教文化學的出現實際上也可以看作是一種帶有總體性的學術進步。

從嚴格的意義上說，宗教學還是一門年輕的學問。西方學術界一般都把英籍德國語言學家、東方學家麥克斯·繆勒（Max Muller 1823-1900）看作宗教學的創始人，並將其講演集《宗教學導論》（INTRODUCTION TO THE SCIENCE OF RELIGION, 1873）視為宗教學的奠基性文獻。在這本書中，繆勒對古今、東西的諸種宗教進行了初步比較，首次提出了「宗教學」的概念。從那時算起，宗要學研究大致經歷史了兩個階段。第一階段大約從十九世紀末到二十世紀初。在這一時期，繆勒的宗教研究觀念逐漸得到普遍承認，不少西方學者開始廣泛收集世界各地的宗教資料，試圖通過比較研究闡明宗教現象的起源與發展。其中，繆勒在英國及大立的後學一直把他們的研究工作稱為「宗教學」（Science of Religion），而其他學者則更強調宗教研究的比較性質，為此而把宗教學改稱為「比較宗教研究」（Comparative Study of Religion）或「比較宗教學」（Comparative Religion）。但上述分歧基本上還是學科名稱上的差異而不是研究觀念上的不同。這可以從約爾丹

（L. H. Jorand）寫的第一部比較宗教學說史中得到證實。約爾丹指出：比較宗教學就是指這樣一門科學，「它對世界上各種宗教的起源、結構和特徵進行比較，同時考察確定各種宗教真正的一致之外和歧異之處，它們彼此之間的關係範圍，以及將其視為不同類型時，它們相對的高低優劣。」④總的來說，這一時期的宗教學基本上是近代自然科學的方法論，特別是在生物進化論的影響下發展起來的，所謂的比較研究也還沒有脫離歐洲文化中心論的學術氛圍。

第二階段大致可以看作是跟西方現代史同時起步的。與其他人文科學一樣，宗教學隨著歐洲文化中心論的破滅也逐步轉向了相對冷靜的比較研究。一方面，大多數學者開始以批判的眼光來審視近代宗教研究，日益傾向於以「宗教史學」（History of Religion）來取代「宗教學」或「比較宗教學」，以標明新時期宗教研究的主要特點。但整個看來，即使那些繼續沿用「宗教學」或「比較宗教學」概念的學者也已經在比較研究觀念上跨入了新時期。所以，一如上次名稱之爭一樣，這兩部分研究者事實上都在盡力擺脫傳統比較方法的歷史缺陷，注重對各種宗教形態進行經驗性的描述、歷史性的比較。另一方面，一些分支學科，諸如宗教心理學、宗教社會學、宗教現象學、宗教語言學、宗教民俗學、宗教考古學等等相繼出現了。這也是第二階段的一個顯著特點。

不言而論，宗教文化學與上述分支學科，像宗教心理學、宗教社會學、宗教語言學等等相互之間並不存在明顯的可比性，因為前者與後幾個學科在研究主題上的差異類似於整體與部分、或全方位與單方面的區別。所以，我們還是把比較的重點放在宗教文化學與比較宗教學或宗教史學的主要區別上。

從前面簡要的歷史回顧來看，儘管不能說以往的比較宗教學或宗教史學研究從未涉及宗教與文化的關係問題，更不能輕易斷言它們壓根就不討論或不重視宗教信仰在人類文化活動中的地位與作用，但就其學術主流或基本觀念而言，自繆勒以降的宗教學研究始終沒有把宗教與文化的關係問題擺在至關重要的邏輯位

置，因而也就沒有可能充分揭示宗教現象的豐富文化意蘊。換句話說，迄今為止在比較宗教學或宗教史學名義下所作的研究工作依然在相當大的程度上沿襲著其創始人繆勒的治學風格，主要還是就宗教本身而探討宗教的，或以宗教現象為研究中心去旁及其他問題的。而宗教文化學的研究主題則是宗教與文化的關係問題。我們借前述六個研究實例可以清楚看到，這六名著名思想家雖然在宗教與文化的關係問題上持有的認識角度與解釋方法構成的邏輯視角不僅不是毫不相干或彼此排斥的，反而是互為關聯、相輔相成的，它們實際上已從不同異層面或側顯示出了同一研究主題的豐富內涵與巨大潛力，從而在學術取向上達成了某種觀念的統一。質言之，這六位著名學者所力主的種種邏輯認識視角均發自同一種新的學術觀念，這就是將宗教與文化的關係問題推至首要地位，作為整個研究過程得以起始、展開、回歸的「一元問題」或「基本關聯」。在這一元問題或基本關係中，「文化」所涵蓋的是「人類歷史活動的整體」，而「宗教」則意指「一種基本的歷史現象或文化形式」。因此，現行宗教文化研究的主導傾向就在於，借助當代人文研究的最新方法，以及對於「文化」與「宗教」兩個基本範疇的最新理解，著意強調宗教與文化的內在關係對於全面而具體地研討宗教現象的關鍵性意義。在筆者看來，這即是新興宗教文化觀念的基本精神所在，也是它所孕育著的那門新學科宗教文化學區別於比較宗教學或宗教史學的主要地方。

顯然，宗教與文化的關係問題作為一個新的邏輯出發點或參照系而得以確立，是對傳統宗教學研究主題的一種觀念更新。與傳統學術觀點相比，所謂的宗教在這個新的邏輯參照系中不再簡單地比變為純精神信仰或純意識形態，其諸多層面的文化意蘊予以展露出來了，諸如傳統的、習俗的、人性的、心理的、情感的、價值的、人格的等等；這樣一來，宗教與政治、經濟、道德、藝術、思維等主要人類活動方式的相互關係，也隨之被一併納入宗教與文化「這張錯綜複雜的歷史關係之網」中重新加以理解，進行認識了。由此可見，宗教文化觀念所帶來的學術進展，首先表現在有力地拓寬和深化了宗教學研究主題，並使之在現有

人文研究成果的基礎上獲得了一種全方位的表達，這就為今後的宗教研究展現了相當可觀的發展前景。

第二節　方法批判

對一門新科學來說，除了要首先確認研究主題外，另一個基本問題就是研究方法的建設了。通過前一節的討論我們已經看到，馬林諾夫斯基等六人對研究主題的具體理解雖然不盡相同，但在諸種理論分歧中還是含有某種觀念統一的。這種分歧與統一的關係勢必會在方法論問題上得以深刻的反映，因為研究主題與研究方法總是相互聯繫、相互影響的，毋寧說二者原本就是一個邏輯整體，只是為了研討得以方面或可能，我們才把它們分而論之。因此，在剛剛起步的宗教文化學中盡管研究方法上的分歧較之研究主題方面的分歧無疑會更嚴重、更深刻，但我們還是試圖透過這種外在的分歧去探討某些隱含的共性。相應於第一章的求證設想，以下的方法論批判也將分作兩個層次進行，即具體方法的批判與哲學觀念的批判。

(1)第一層次的方法論批判——具體方法批判。

綜觀六個研究實例不難看出，現有宗教文化學傾向中的具體研究方法有其「多樣性」，這種多樣性至少具有如下兩個特點：

第一，多種具體研究方法的並存性。這是宗教文化學具體方法之多樣性的明顯反映。一眼看去，前述六個研究實例首先可以看成圍繞著同一研究主題——宗教與文化的關係問題而形成的六種初步嘗試、六種認識途徑或六種研究方法。譬如，馬林諾夫斯基提出的是功能分析學派的文化人類學方法；韋伯運用的是理想類型化的宗教社會學方法；道森主張的是傳統的信仰主義的文化史學方法；蒂利希傾向的則是現實的信仰主義的文化神學方法；在湯恩比那裡佔主導地位的是經驗論的歷史哲學方法；最後我們在卡西爾那裡看到的是符號功能論的文化哲學方法。

第二，多主具體研究方法的交叉性。闡釋了一個比較複雜的研究主題，不僅需要諸多具體研究方法的並存，還會引起幾種具

體研究方法的交叉，這對宗教文化學來說也是如此。從我們選取的六個研究實例來看，馬林諾夫斯基的文化人類學方法十分重視生理與心理的分析；韋伯的宗教社會學方法較為強調經濟史與倫理史的考據；道森的文化史學方法本身就跟教會史學、尤其是教會制度史學的方法難解難分；湯恩比的歷史哲學方法與歷史、考古學、心理學等學科的研究方法均有密切關係；蒂利希的文化神學方法與卡西爾的文化哲學方法也都明顯吸收了語言學、符號學、心理學的方法。至於神話學的方法、宗教歷史學的方法、比較宗教學的方法對上述各個研究拾例的普遍影響，就更是明顯的事實了。

需要進一步指出的是，上述「並存性」和「交叉性」主要還是就現有宗教文化學研究傾向中具體方法的外在形式特徵而論的。但我們的主要目的並不僅僅在於總結出這些外在的形式特徵，而是要借其形式特徵去說明其內容特徵。我們為求證而選取的六個研究實例皆出自現代人文科學研究的一些前列領域，因而從其並存性來看，這些具體研究方法不是當代人文研究前列學科的直接產物，就是在廣泛借鑒當代人文研究主要成果的基礎上產生的；從其交叉性來看，它們又都是以一門前列學科的基本認識方法為主，輔以其並存性與交叉性這兩種外在形式下蘊含的新方法論內容，對於進一步認識宗教文化學的基本性質和理論意義都是不無裨益的。

如果說宗教文化學是一門新的、綜合性的學科，那麼，所謂的「新」主要是指其研究主題的新提法與研究方法的新取向，而「綜合性」主要是指其研究主題的複雜性與研究方法的多樣性。若進一步就主題與方法的相互關係而論，研究方法的多樣性是研究主題複雜性的必然反映；或者說，研究主題的複雜性主要是借助研究方法的多樣性展現出來的。在具體研究過程中，主題彷彿構成了一個從問題到答案的圓圈，而不同的方法就像環繞著這個圓圈完成一個邏輯過程的種種途徑。所以說，前述諸種嘗試、途徑或方法同時並存、彼此交叉的局面恐怕不會只是現行宗教文化研究中的一時現象，而應當看作宗教文化學研究主題之複雜性的邏

輯要求。可以預斷，如果我們納入批判範圍的研究實例不斷增多，特別是隨著宗要文化研究的長足發展，具體研究方法上的這樣一種多樣性肯定還會愈發顯得五彩繽紛。

筆者一向認為，人文研究中的學術進步主要體現為方法論的發展，尤其是一些具體認方法的推陳出新。眼下，宗教文化學研究傾向中的這些新方法，一方面是伴隨著新的主題──宗教與文化的關係問題而出現的；另一方面又為切近這一主題展示了一些新的途徑，即為從各個角度充份揭示宗教與文化關係問題的豐富內涵提供了一些新的手段。鑒於主題與方法二者之間的上述基本聯繫，我們應當把第一層次的方法論批判即具體研究方法批判，作為目前研究的一個重點，以便按照不同的途徑或手段去識別現有宗教文化研究中提出的諸多基本問題及其學術價值。僅從我們選取的六個研究實例來看，圍繞著同一主題──宗教與文化的相互關係已經形成了一系列重要問題，像宗教與文化本體、宗教與文化結構、宗教與文化過程、宗教與文化功能，宗教與文化心理或文化潛意識等等。顯而易見，如果捨去具體研究方法批判這一環節，所有這些問題的基本意義均是難以估價的。

(2)第二層次的方法論批判──哲學觀念批判。

在前六章裡，哲學觀念批判一直是我們對各個研究實例加以評述的落腳點。這項基本工作已經說明，哲學方法論問題是我們與前述六位西方知名學者在宗教文化研究中的根本理論分歧之所在，這種分歧實質上也就是現存的兩種社會歷史觀──唯物史觀與唯心史觀的根本對立。考慮到哲學方法論問題在宗教文化學研究中佔有舉足輕重的地位，我們在此想把前面的個案批判再總結一下，以提出幾點可資參考的意見。

如所周知，西方人文研究領域至今還是以唯心史觀為其基本哲學觀念的，現代西方的宗教文化研究也是如此。雖然前述六位學者的哲學觀點不無差異，有的力主經驗論或實證論，有的則堅持唯理論或有神論等等，但就其根本哲學立場來看無一不是唯心史觀的。這是現代西方宗教文化研究在哲學方法論上的一個共有特徵。一般說來，唯心史觀思維方式的基本特點在於：不是以社

會存在來說明社會意識，而是以社會意識來說明社會存在。這種思維方式在現代西方宗教文化研究中則具體表現為：不是以文化來解釋宗教，而是以宗教來解釋文化。譬如，道森把整個西方文化的基本特性歸結為基督教傳教活動，以教會制度的歷史演變為主線來梳理西方近文化的歷史根源，湯恩比把宗教信仰比喻為文明社會的生機泉源，依據宗教類型來識別文明型態，描述文明的起源、生長、衰落和解體，以致最後把「統一教會」看成更高一級的社會形態；蒂利希一口斷定宗教是文化的本體，而文化則是宗教的形式；卡西爾則首先把人規定為「符號的動物」，進而把原始神話中的神祇意象比作所有的符號活動或思維方式的「母根」；甚至連注重實地考察或實證研究的馬林諾夫斯基和韋伯最終也沒有擺脫唯心史觀的思維模式。前者僅僅根據其源始文化研究即把宗教與巫術的文化功能推而廣之，並將這些功能拔高為一種最基本的人類需要或文化需要；後者在左右搖擺於不同的哲學觀念之間的同時，也大有片面誇大宗教經濟倫理在整個西方近代無化起源過程中的社會作用的嫌疑。

不必諱言，上述六位學者在宗教文化研究中沿襲的這樣一種唯心史觀的思維方式，是我們無法同意的，因為從整個人類認識史來看，唯物史觀的形成的確是對唯心史觀的一次革命、一種超越。在西方，宗教問題無論是在現實歷史上還是在學術研究裡一直處於相當重要的位置。所以，早在唯物史觀創建初期，馬克思和恩格斯就曾對宗教問題進行了認真的研究。今天看來，重新理解他們的基本觀點，對於我們深刻反省現代西方宗教文化研究中的唯心史觀仍然是很有啟發的。在這裡，我們僅想針對宗教研究中的哲學思維方式這一根本問題，著重指出唯物史觀創始人的兩個基本觀點：

第一，將神還諸於人，將宗教還諸於歷史，即用人來解釋神，用歷史來解釋宗教，這是在宗教研究領域確立深刻的哲學思維方式的基本前提。

在發現唯物史觀的過程中，馬克思對黑格爾法哲學的批判是一項基礎性的工作，而這項工作又是深深得益於宗教研究的。馬

克思在其著名的《〈黑格爾哲學批判〉導言》一文中指出，對宗教的批判是其他一切批判的前提，只有完成對天國的批判才能真正進入塵世的批判。而「反宗教的批判的根據就是：人創造了宗教，而不是宗教創造了人。就是說，宗教是那些還沒有獲得自己或是再度喪失了己的人的自我意識和自我感覺。但人並不是抽象的棲息在世界以外的東西。人就是人的世界，就是國家，社會。國家、社會產生了宗教即顛倒了的世界觀，因為它們本身就是顛倒了世界……」⑤就當時德國的理論背景來看，馬克思的這些觀點實際上是對施特勞斯、鮑威爾、費爾巴哈等人宗教批判觀念的一種理論超越、一種哲學總結，同時也為在宗教研究領域樹立一種深刻的哲學思維方式作好了思想準備。上述觀點在馬克思於同一時期所寫的《論猶太人問題》中表達得更為具體。他說：「我們不是到猶太人的宗教裡去尋找猶太人的祕密，而是到現實的猶太人裡去尋找猶太教的祕密。」所以，「我們不把世俗問題化為神學問題。我們要把神學問題化為世俗問題。相當長的時間以來，人們一直用迷信來說明歷史，而我們現在是用歷史來說明迷信。」⑥從其整個思想發展過程來看，馬克思就是基於上述觀點而為宗教研究確立了一種深刻的哲學思維方式的。

第二，不是用任何思想關係來解釋宗要的本質，而是用物質關係、特別是生產關係來解釋宗教的本質。這是馬克思和恩格斯在宗教研究領域所實現的哲學觀念變革的基本結論，也是唯物史觀的思維方式在宗教問題研究中的具體體現。

《德意志意識形態》是唯物史觀形成的主要標誌。馬克思和恩格斯在這部哲學名著中第一次系統闡發了唯物史觀的基本原理，批判了唯心史觀的主要觀點，其中包括宗教研究領域裡的唯心史觀。他們指出：「那種使人們滿足於這類精神史的觀點，本身就是宗教的觀點，因為人們抱著這種觀點，就會安於宗教，就會認為宗教是Causa Sui〔自身原因〕（因為「自我意識」和「人」也還是宗教的），而不是從經驗條件解釋宗教，不去說明：一定的工業關係和交往關係如何必然地和一定的社會形式，從而和一定的國家形式以及一定的宗教意識形式相關聯。」事實上，「宗教本身

既無本質也無王國。在宗教中，人們把自己的經驗世界變成一種只是在思想中的、想像中的本質，這個本質作為某種異物與人們對立著。這決不是可以用其他概念，用「自我意識」以及諸如此類的胡言亂語來解釋的，而是應該用一向存在的生產和交往的方式來解釋。這種生產和交往的方式也是不以純粹概念為轉移的，就像自動紡機的發明和鐵路的使用不以黑格爾哲學為轉移一樣。如果他真的想談宗教的『本質』即談這一虛構的本質的物質基礎，那麼，他就應該既不在『人的本質』中，也不在上帝的賓詞中去尋找這個本質，而只有到宗教的每個發展階段的現成物質世界中去尋找這個本質……」⑦

我們在此之所以要扣住宗教研究中的哲學思維方式這一根本問題來簡略追述馬克思和恩格斯的思想發展過程，一方面是想在這個根本問題上給讀者一種歷史的印象；另一方面是想指出，現代西方宗教文化研究中的唯心史觀的確跟傳統的唯心史觀有著明顯的、本質的聯繫，這主要表現在本末倒置地用宗教信仰來解釋全部人類歷史。回顧與反思前述歷史哲學觀念更新換代的基本過程，應給我們帶來如下哲學方法論啟示：馬克思、恩格斯所創立的唯物史觀本質上是一種歷史主義的認識方法，它的理論主旨即在於人類歷史從哪裡發端，邏輯思維也就從哪裡起始；人類歷史如何發展，邏輯思維也就如何推演。正如馬克思、恩格斯當年曾在一些重大宗教問題的研究論著中，首先把人類的物質生產活動確認為理論前提，進而再以它為主線去追究宗教現象的產生與發展、本質與作用一樣，我們今天也應把這樣一種事實求是的歷史主義經神通慣於宗教文化研究之中。無須否認，人類社會進步了，當代人文研究也隨之發現了大量新問題。文化比較研究的興起，的確有助於擴展人類歷史認識的視野，而「宗教文化觀念」的形成，也很有可能將人們對於宗教現象的理解與認識提高到一個新的層次。但無論如何，作為全部人類歷史之載體的文化活動，原本就是一個「人化自然」過程，而不是什麼「神化自然」的造物。因而，如果說文化活動的萌發標示著人與自然的分化，文化的發展水平象徵著人與自然狀態的分離程度，那麼歸根到

底，文化的產生與發展還是取決於人類自身的實踐活動，尤其是物質生產活動。正因為如此，作為一種文化現象、文化形式或文化產物的宗教信仰及其活動形式，其本質與作用也只有置於人類社會的文化整體與歷史進程當中，根據物質生產活動及其實質關係才能得到一種真實的、透徹的理解。在宗教文化研究的哲學方法論上，我們之所以力主消除唯心史觀的不良影響，主要的邏輯依據也即在於此。

但與此同時我們也要清醒地意識到，上述哲學方法論問題還有更複雜的一面：現代西方宗教文化研究領域存在的唯心主義傾向，並非傳統的唯心觀或信仰主義的簡單重複，而是一種發展變化的、即現代形態的哲學觀念。從前幾章的個案分析中可以看出，這些西方著名學者一般都在廣泛吸收當代哲學與人文研究成果的基礎上深化著對宗教範疇的認識，他們也確實不無根據地論證了宗教是一種既定的、基本的人類文化現象，而作為一種廣為流傳的信仰形式、特別是文化傳統、文化心理或文化潛意識，宗教活動在整個人類文化進程中有其不可漠視的地位與功能，有時甚至可能發揮重大歷史作用。因此，依筆者所見，若想在宗教文化研究這個前沿領域克服唯心史觀或信仰主義的消極影響，樹立唯物史觀的學術權威，只是簡單地套用馬克思、恩格斯、列寧等人有關宗教問題的一些論述去批評某些現代西方學者的方法論觀點，恐怕是不能從根本上解決問題的。真正富有成效的理論建設途徑還在於，以唯物史觀的基本觀念為學術探索導向，深入而紮實地研究宗教文化的關係問題，以求在這一當代人文研究前沿領域早日取得一批真能體現唯物史觀的邏輯深度、具有當代學術水平的理論成果。

第三節　是一幅素描、是一塊處女地……

無論從「述」的方面還是從「評」的程度來看，本書所做的理論探討都只能說是不成熟的、充滿嘗試性的。因此，在結束全書的討論時，如果有些讀者能對書中的「假設」與「求證」產生

一種懷疑的興趣，並自帶著這樣或那樣的疑問走向當代人文科學研究前沿領域，試去批判更多的宗教文化研究實例，那麼，本書的價值就算徹底實現了，因為它原定的最高期望值即在於：捕捉一種學術探索晚近動向，為之勾畫「一幅邏輯素描」。

作為一科超前性、開放性的學術思考，本書的文字儘管只能草就眼下這幅邏輯素描，可以選題、構思、寫作、修改，一直到付梓，也有幾個春秋過去了。坦率地說，它不是作者個人的成果，而當屬集體勞動的產物。

首先，我要感謝我的師長與同事樓宇烈教授。他從一開始就關心著本書的構思與寫作，多次與我討論過一些基本看法。對我作過長期指導的還有中國社會科學院世界歷史研究所研究員陳啟能先生。在本書的寫作與修改過程中，我的兩位同學，北京大學外國哲學研究所副教授王煒和中國社會科學雜誌社副編審李存山，也提出過許多有價值的學術看法與修改意見。

本書的第一稿剛脫手，筆者即去舊金山大學中西文化歷史研究所做訪問研究工作。在那裡，我第一次以本書的研究構想為主題作了講演，得到了與會專家、學者及研究生們的熱烈反映與不同意見。這促使我進一步完善原始資料，強化假設與求證，並注意於此後的學術交流中尊重與反省各種觀點，尤其是對立的學術觀點。在這段時間裡，我應特別感謝舊金山大學中西文化歷史研究所所長愛德華‧馬愛德教授（Edward J. Malatesta）和該校人文研究項目主任約翰‧埃利奧特教授（John H. Elliott）。他們無論在資料上還是學術上都給我很大的幫助。

原始資料的全面搜集是一項長期而費力的工作。在這一方面，我也該向北京大學、加州大學柏克利分校、芝加哥大學、聖母大學等校圖書館的朋友或工作人員們的熱情幫助致謝。

最後一筆謝詞，我要留給我的妻子劉俊秀。在目前如此艱苦的治學環境下，若無她的力量，很難想像我能專心投入這項冷僻的工作。

總之，由這幅集體創作的邏輯素描不難看出，在當代人文科學的前沿領域，在文化研究與宗教研究的交匯點上，一種現代形

態的學術觀念已然萌發，一個跨學科、綜合性的研究課題也已具雛形。目前看來，這個新課題雖然正強烈吸引著諸多人文科學，且有一些國際知名學者從不同的角度或以不同的方法進行了初步探討，但就現有學術成果而言，其研究主題所包含的複雜內涵與哲學方法論上存在的薄弱環節都在表明：它仍然還是處於當代人文研究前沿領域、尚未取得實質性進展的「一塊學術處女地」。而筆者之所以急於將本書作為一幅草就的邏輯素描交由讀者審視，主要是想儘早傳遞理論信息，以吸引眾多的拓荒者與建設者走向這片學術處女地。

一幅好的素描留下的是多維的想像空間，一塊豐饒的處女地蘊含的是巨大的創造潛力。且不論本書勾勒出來的邏輯景觀品格高低，假若在當代文化研究與宗教研究的相會之處真的生成了這麼一塊學術處女地，如果中國學術界歷經幾十年的探討、挫折、反思、重建等等已對科學的人文研究方法論有了較深刻、較全面的把握，那麼，在這塊學術處女地上無疑應當留下一群當代中國學者的探索足跡和理論建樹。

是為「不是結論的結論」。

第一稿完於一九九一年一月
修改稿完於一九九三年二月

【注解】

① 《六人》，（德）魯多夫・洛克爾著，三聯書店一九八六年版。

② 參見上書，「譯者後記」。

③ 參見艾耶爾：《二十世紀哲學》，上海譯文出版社一九八七年版，第一章「哲學的遺產」。

④ 約爾丹：《比較宗教學史》，上海人民出版社一九八八年版，第二頁。

⑤ 《馬克思恩格斯全集》第一卷，第四五二頁。

⑥ 《馬克思恩格斯全集》第一卷，第四四六、四二五頁。

⑦ 《馬克思恩格斯全集》第三卷，第一六二、一七〇頁。

主要原始文獻參考書

馬林諾夫斯基：

1. 《文化》（CULTURE, Typewritten Manuscript, 北京大學圖書館收藏）
2. 《巫術、科學與宗教》（Magic Science and Religion, 收入 SCIENCE RELIGION AND REALITY, The Macmilian Company, 1925）
3. 《原始心理中的神話》（MYTH IN PRIMITIVE PSYTHOLOGY Psyche Mjniatures Edition, 1926）
4. 《一種科學的文化理論》（A SEIENTIFIC THEORY OF CULTURE, New York, 1960）

韋伯：

5. 《新教倫理與資本主義精神》（THE PROTESTANT ETHIC AND SPIRIT OF CAPITALISM, New York, 1958）
6. 《馬克斯·韋伯論社會科學方法論》（MAX WEBER ON THE METHODOLOGY OF THE SOCIAL SCIENCE, New York, 1949）
7. 《經濟與社會》（ECONOMY AND SOCIETY, University of Galifornia press, 1968）
8. 《中國宗教》（THE RELIGION OF CHINA, New York, 1951）
9. 《古代猶太教》（ANCIENT JUDAISM, New York, 1952）
10. 《印度宗教》（THE RELIGION OF INDIA, New York, 1958）
11. 《馬克斯·韋伯社會學論文選》（FROM MAX WEBER, ESSAYS IN SOCIOLOGY, Oxford, 1958）
12. 《馬克斯·韋伯論經濟與社會法則》（MAX WEBER ON LAW IN ECONOMY AND SOCIETY, Simon and Schuster, 1954）

道森：

13.《進步與宗教》（PROGRESS AND RELIGION, New York, 1929）

14.《中世紀宗教》（MEDIEVAL RELIGION, New York, 1934）

15.《論秩序》（ESSAYS IN ORDER, New York, 1939）

16.《宗教與文化》（RELIGION AND CULTURE, New York, 1948）

17.《中世紀論文集》（MEDIEVAL ESSAYS, New York, 1954）

18.《宗教與西方文化的興起》（RELIGION AND THE RISE OF WESTERN CULTURE, Image Books Edition, 1958）

19.《世界歷史之動力》（THE DYNAMICS OF WORLD HISTORY, Sheed and Ward INC, 1956）

湯恩比：

20.《歷史研究》，1-10卷縮寫本（A STUDY OF HISTORY, Abridgement of Volume I-VI, VII-X, Oxford, 1947, 1957）

21.《歷史研究》，第11卷（Oxford, 1959）

22.《歷史研究》，第12卷（Oxford, 1961）

23.《經受著考驗的文明》（CIVILIZATION ON TRIAL, Oxford, 1947）

24.《世界與西方》（THE WORLD AND THE WEST, Oxford, 1953）

25.《一個歷史學家的宗教觀念》（AN HISTORIAN'S APPROACH TO RELIGION, Oxford, 1956）

26.《從東方到西方》（EAST TO WEST, Oxford,, 1958）

27.《古希臘文化》（HELLENISM, Oxford, 1959）

28.《變遷與習俗》（CHANGE AND HABIT, Oxford, 1966）

29.《經歷》（EXPERIENCES, Oxford,1969）

30.《選擇人生》（CHOOSE LIFE, Oxford, 1976）

蒂利希：

31.《信仰的動力》（DYNAMICS OF FAITH, Haper and Row Publishers, 1957）

32.《文化神學》（THEOLOGY OF CULTURE, Oxford, 1959）

33.《系統神學》（SYSTEMATIC THEOLOGY, Three Volumes in One, The University of Chicago press, 1967）

34.《根基的動搖》（THE SHAKING OF THE FOUNDATIONS, New York, 1948）

35.《愛、力量與正義》（LOVE POWER AND JUSTICE, Oxford, 1954）

36.《新的存在》（THE NEW BEING, New York, 1955）

37.《〈聖經〉的宗教與對終極實在的探求》（BIBLICAL RELIGION AND THE SEARCH FOR ULTIMATE REALITY, The University of Chicago Press, 1955）

38.《永恆的現在》（THE ETERNAL NOW, New York, 1963）

39.《道德與超越》（MORALITY AND BEYOND, New York, 1963）

40.《我對絕對的探求》（MY SEARCH FOR ABSOLUTES, Simon and Schuster, 1967）

卡西爾：

41.《論人》（AN ESSAY ON MAN, Yale University Press, 1944）

42.《國家的神話》（THE MYTH OF THE STATE, Yale University Press, 1946）

43.《語言與神話》（LANGUAGE AND NYTH, New York, 1953）

44.《符號形式哲學》（THE PHILOSOPHY OF SYMBLIC FORMS, Yale University Press, 1957）

45.《知識的問題》（THE PROBLOM OF KNOWLEDGE, Yale University Press, 1969）

46.《人文科學的邏輯》（THE LOGIC OF THE HUMANITIES,

Yale University Press, 1974）

47.《符號、神話和文化》（SYMBOL, MYTH AND CULTURE, Yale University Press, 1979）

48.《恩斯特·卡西爾的哲學》（THE PHILOSOPHY OF ERNST CASSIRER, The Liberary of Living Philosophers Vol. VI, Open Court Publishing Company, 1949）

國家圖書館出版品預行編目資料

宗教文化學導論 / 張志剛著. -- 初版. -- 台北縣永
和市：世界宗教博物館基金會出版；[台北縣新店
市]：農學總經銷，2005[民 94]
　面；　公分
ISBN　957-29564-5-0(平裝)

1.　宗教 – 文化

214　　　　　　　　　　　　　94020950

宗教文化學導論

作者／張志剛
發行人／釋了意

編輯主任／郭玉文
責任編輯／李逸華
校對／周思瑋、林于巧
封面設計／吳靜慈
排版公司／紫翎資訊有限公司

法律顧問／永然聯合法律事務所
出版者／財團法人世界宗教博物館發展基金會附設出版社
地址／234 台北縣永和市保生路 2 號 17 樓
電話／02-2232-1008
傳真／02-2232-1010
E-mail／books@ljm.org.tw

總經銷／農學股份有限公司
印刷／皇城廣告印刷事業股份有限公司
初版一刷／2005 年 11 月
定價／280 元
ISBN　957-29564-5-0(平裝)

此書繁體字版由東方出版社授權本社獨家出版發行

宗博出版社　　收

234 台北縣永和市保生路 2 號 17 樓　出版部

電話：（02）2232-1008　傳真：（02）2232-1010

················請沿虛線折起················

請沿虛線剪下

謝謝您購買這本書！

請您詳細填寫各欄，寄回本出版社，即可不定期收到最新出版資訊及優惠專案。

此次購買的書名是：＿＿＿＿＿＿＿＿＿＿

姓名：＿＿＿＿＿＿＿＿＿＿＿身分證字號：＿＿＿＿＿＿＿＿＿＿　性別：□男 □女

生日：＿＿＿＿年＿＿＿＿月＿＿＿＿日　聯絡電話：＿＿＿＿＿＿＿＿＿＿

住址：＿＿＿＿＿＿＿＿＿＿＿＿＿＿＿＿＿＿＿＿＿

E-mail：＿＿＿＿＿＿＿＿＿＿＿＿＿＿＿＿＿＿＿＿＿

學歷：1.□高中及高中以下 2.□專科與大學 3.□研究所以上

職業：1.□學生 2.□資訊業 3.□工 4.□商 5.□服務業

6.□軍警公教 7.□自由業及專業 8.□其他

您以何種方式購書：1.逛書店購書 □連鎖書店 □一般書店

2.□網路購書 3.□郵局劃撥 4.□其他

您購買過我們哪些書：

1. □ 地球書房：＿＿＿＿＿＿＿＿＿＿＿＿

2. □ 靈鷲山般若文教基金會附設出版社：＿＿＿＿＿＿＿＿＿＿

3. □ 宗教博物館發展基金會附設出版社：＿＿＿＿＿＿＿＿＿＿

您對本書的評價：

（請填代號 A.非常滿意 B.滿意 C.普通 D.不滿意 E.非常不滿意）

書名＿＿＿＿　內容＿＿＿＿　封面設計＿＿＿＿

版面編排＿＿＿＿　紙張質感＿＿＿＿　整體＿＿＿＿

此書閱讀感想與建議：＿＿＿＿＿＿＿＿＿＿＿＿＿＿＿＿＿＿＿

＿＿＿＿＿＿＿＿＿＿＿＿＿＿＿＿＿＿＿＿＿＿＿＿＿＿＿＿＿＿

＿＿＿＿＿＿＿＿＿＿＿＿＿＿＿＿＿＿＿＿＿＿＿＿＿＿＿＿＿＿

讀者服務信箱：books@ljm.org.tw